教職教養講座 第14巻
教育経営

京都大学特任教授　京都大学准教授
高見 茂　　　服部 憲児　編著

高見 茂・田中 耕治・矢野 智司・稲垣 恭子　監修

協同出版

刊行の趣旨

　『新・教職教養シリーズ』が、和田修二先生、柴野昌山先生、高木英明先生の監修で刊行されて以来、早や4半世紀が経とうとしています。まだ駆け出しの研究者であった私達は、先生方のご指導の下、シリーズ刊行のお手伝いをさせて頂いたことを昨日の如く鮮明に記憶しています。

　この間わが国の教育は、国際環境の変化、国内の経済・産業構造や人口動態の変化、児童・生徒の興味・関心や父母の教育要求の多様化等、従来には見られなかったダイナミックな変化に晒され、同時多面的な対応を迫られて参りました。こうした実情に対応すべく、教育行政、学校教育、教育課程、教員養成等の改革・改善を志向する教育政策が矢継ぎ早に打ち出されました。

　何れの時代においても、教育界の基幹的任務は人間の育成であります。取り分け変化が激しく先行きの見通しが不透明な今日、変化を的確に捉え時代の要請に柔軟に応答できる人間の育成が求められています。そのためには、現職の教員もまた生涯学び続ける能力の獲得が重要となると考えられます。同じ基準の下、国民全般にわたって広く人間の育成を担うのは、学校教育現場の教員であり、教員自身の資質・能力の向上が今ほど求められている時代はありません。最先端の知見を吸収し、日常の教育指導実践に活かせることが大切です。

　今回刊行される『教職教養講座』全15巻は、『新・教職教養シリーズ』の継嗣に当たるもので、京都大学大学院教育学研究科・教育学部の現職スタッフが中心となり、教職課程の教科書として編まれたものです。編集方針としては、京都帝国大学文科大学の「教育学教授法講座」以来の伝統を受け継ぎ、人間・心・社会と教育の関係を軸に、教職に関わる最先端の研究成果と教職の在り方を全国に発信・提案することをねらいとしています。本講座が読者の知的好奇心を満たし、今後の糧となり道標になることを祈って止みません。

京都大学白眉センター特任教授　　髙見　茂

京都大学名誉教授　　田中 耕治

京都大学大学院教育学研究科教授　　矢野 智司

京都大学大学院教育学研究科長・教授　　稲垣 恭子

まえがき

　近年、学校そして教育界を取り巻く環境にはたいへん厳しいものがある。いじめ、不登校、いわゆる学級崩壊、保護者対応など、非常に解決が難しい問題が山積している。今日において、これらは個々の教員の対応で解決できる問題ではなくなってきており、学校が組織として対応することが求められている。また、子どもたちの教育を学校だけで行うには限界があり、家庭や地域、外部の諸組織と連携してそれに取り組むことも必要とされている。

　他方、長期的な財政難は好転の兆しすら見えず、ふくらみ続ける医療費や社会保障費等のあおりを受けて、教育予算は常に削減の危機に瀕しており、たいへん厳しい現実に晒されている。人的・物的・金銭的資源がますます枯渇していく中、大所高所的観点から、それらをいかに効率よく有効に活用するかを考える必要性に迫られるとともに、新たな資源を獲得する方途を考えていかなければならなくなっている。学校を、そして教育全体を見渡して組織的・計画的にマネジメントしていく能力がますます必要とされている。

　本書は、教師を目指す学生、いずれはスクールリーダー・管理職として、あるいは指導主事として、教育経営を中心的に担っていくことになる教員・教育行政関係者のために、教育経営に関する基礎的な知識を提供するために作成したものである。編集にあたっては、教育経営に関する基本的な事項や領域を網羅的に押さえると同時に、最新の政策動向や新たに生じつつある諸課題を組み込むことを心掛けた。

　第1章から第4章においては、教育経営の基本的事項について記述している。第1章では教育経営とは何か、その概念について説明している。これを受けて、第2章では教育行政と教育経営との関係について、第3章では教育経営に関係する様々な法について、第4章では教育経営の基盤となる教育財政について論じられている。

　第5章から第11章までは、様々な段階における教育経営や教育経営における重要事項について記述している。このうち第5章から第7章では様々な段階（国

1

レベル、地方レベル、私学）におけるに教育経営について、第8章から第11章ではとりわけ近年において教育経営で重視されるようになっている諸問題（エビデンス、学校の組織構造、意思決定・リーダーシップ、カリキュラムマネジメント）について説明がなされている。

第12章から第15章では、教育経営における新しい課題、これからますます重要になっていくであろう問題を取り上げている。具体的には教育の情報化、保護者・地域との連携や経営への参加、評価と改善、リスクマネジメントである。これらはとりわけ学校経営において、その現実場面で直面する諸問題である。

さて、教育経営をめぐっては、国内外に豊富な研究が蓄積されている。各章末尾には、さらに学びたい読者のために、「推薦図書」を掲載している。合わせて御参照いただきたい。

本書には、読者が自らの展望をもって教育経営に取り組む一助としたいという願いを込めている。しかしながら、不十分な点については率直なご批正をいただければ幸いである。

最後に、本書の刊行にあたっては、協同出版、ならびに担当編集者である諏訪内敬司氏に多大なご支援をいただいた。記して御礼申し上げる。また、同氏には、一部原稿の遅れにより多大なご迷惑をおかけしたことを心よりお詫び申し上げる。

2017年9月

編著者　高見　茂・服部憲児

目　次

教職教養講座　第14巻　教育経営
目　次

まえがき・1

第1章　教育経営の概念 ………………………………………… 7
はじめに・7
第1節　教育経営の実体・7
第2節　教育経営概念の類型化と課題・8
第3節　近年の教育部門のガバナンスの変化と教育経営・10
第4節　教育経営概念の新たな地平・13

第2章　教育行政とその経営的機能 …………………………17
第1節　教育行政とは何か・17
第2節　教育経営の意義・20
第3節　教育行政の経営的機能と特質・23

第3章　教育経営を支える教育法制 ……………………………29
第1節　教育法制の基礎・29
第2節　教育法制の理念と展開・33
第3節　教育経営を動かす教育法制・38

第4章　教育経営と教育行財政 ………………………………… 47
第1節　教育財政の機能と構造・47
第2節　学校経営と財務・60

第5章　国の教育経営——人材育成策を中心として—— …………71
第1節　国の教育経営の概要・71
第2節　教育課程政策・75
第3節　生涯学習の推進・77
第4節　教員政策・78
第5節　学校組織の充実・81
第6節　福祉的課題やグローバル化と教育政策・83

第7節　初等中等教育に係る国の教育経営の三つの視点・85

第6章　地方公共団体の教育経営 …………………………………… 87
　はじめに・87
　第1節　地方公共団体と教育事業の経営・88
　第2節　教育委員会の組織と学校管理・93

第7章　私立学校の経営と助成 …………………………………… 103
　第1節　私立学校とは・103
　第2節　近代国家の成立と私学・104
　第3節　私学制度の確立・106
　第4節　戦前の私学助成・107
　第5節　戦後の私学と教育行政・108
　第6節　私学助成制度化の意義と課題・111

第8章　教育経営とエビデンス …………………………………… 117
　はじめに・117
　第1節　エビデンスに基づく教育経営──英国の事例──・117
　第2節　英国におけるエビデンスに基づく教育の展開・122
　第3節　日本におけるエビデンスに基づく教育政策の動向・127
　第4節　エビデンスに基づく教育経営の課題・129
　おわりに・133

第9章　学校の組織構造と経営 …………………………………… 137
　はじめに・137
　第1節　学校の法制度上の位置づけ・138
　第2節　組織としての学校・140
　第3節　学校経営の組織と構造・144
　第4節　学校経営構造の新たな展開・149

第10章　意思決定とリーダーシップ …………………………… 153
　第1節　教育経営における情報と選択・153
　第2節　官僚制／非官僚制のもとでの情報とその認知・156
　第3節　短期的／中期的な選択肢とその判断・159

第4節　職位的／属人的リーダーシップ・161

第11章　教育内容行政と教育課程経営……………………………………　165
第1節　国・地方の教育内容行政・165
第2節　教育課程編成と学校経営・173

第12章　教育の情報化政策と学校経営………………………………………　181
第1節　「教育の情報化」とは・181
第2節　「教育の情報化」政策の史的展開・182
第3節　「教育の情報化」政策の現状・187
第4節　学校経営にみる「教育の情報化」の影響と課題・196
おわりに・201

第13章　学校運営における保護者・地域住民の連携・協働と参加…　205
第1節　当事者としての保護者・地域住民・205
第2節　保護者・地域住民の学校運営への参加・206
第3節　「地域とともにある学校」とは・213

第14章　学校評価・教員人事評価と学校改善…………………………　219
第1節　学校評価と学校改善・219
第2節　教員人事評価と職能成長・243

第15章　リスクマネジメント……………………………………………………　251
第1節　リスクマネジメントの主体・251
第2節　学校保健安全法におけるリスクマネジメント・255
第3節　リスクマネジメントの諸側面・262

索引・269

第1章

教育経営の概念

はじめに

　白石　裕編『新・教職教養シリーズ・第10巻　教育経営』（協同出版、以下旧版第10巻）が刊行されてから、20年以上の歳月が流れた。この間、教育を取り巻く社会・政治・経済的諸環境は大きく変貌し、現実の教育経営にも規制緩和、自主的・自律的な学校づくり、資源調達面での民間資金の導入等新しい諸施策が取り込まれた。それと歩調を合わせるべく教育経営研究も大きく進展し、教育経営概念の含意もかつての意味論争の俎上に乗った論点とはややズレが生じているようにも見える。

　本章では、近年の教育経営をめぐる新しい動向——教育制度、教育政策等の変化を踏まえ、改めて教育経営の概念を現代的に捉え直すことを課題とする。

第1節　教育経営の実体

　旧版第10巻で、白石は教育経営の概念について、基本的には学校や社会教育の場を含むあらゆる教育組織体における経営であると指摘している[1]。近年の教育経営には、経営の要素である人的・物的資源およびそれを支える財源、情報等の調達・配分・調整に関しては、企業その他の一般組織体で行われている経営に共通する部分も見られる。ゆえにアメリカの教育経営論や学校経営論の影響を受けて、教育経営という場合には、近代経営学のアナロジーや導入によることが多かったことは否定できない[2]。しかし、その組織活動の目的は、

7

物財の生産やサービス供給といった生産活動一般とは異なり、人間の能力の発達の支援・促進に関わるものであり、その組織構成においても人的要素の占める割合が圧倒的に大きく、極めて労働集約的組織特性がある。

　また、教育組織体と言っても、学校教育法第1条に定める一般学校のように知的能力を養い、基本的行動様式を教えるようなところから、ある各種学校のように特定の技術教育を教えるところまでさまざまである⁽³⁾。そして教育組織体の設置主体の違い、すなわち国、地方自治体、学校法人、そして近年にあっては株式会社等によっても、そのねらい、目的、組織運営の在り方は大きく相違する。したがって教育経営概念には、一般企業とは相違する独自の経営概念が含まれ、またその設置目的・設置主体の違いによって大きな差異があると指摘できる。すなわち、国公立学校においては、法規による詳細な規定が設けられ、文部科学省、教育委員会といった教育行政機関の指示に従う形での管理や、予算配賦という形での人的・物的資源供給に依存する部分が大きなシェアを占めている。そのため教育組織体には弱い教育経営概念しか成立しないとする向きもある。他方私学は、国公立学校同様、私立学校法等の教育法規による規制、設置認可・補助金配分等に関わり文部科学省、知事の監督下にはあるが、大幅な裁量権が認められるとともに組織経営については自己責任の原則が貫徹されている。ゆえに教育組織体には強い教育経営概念が成立すると考えられる。だが、何れにしても経営とは効果的・効率的にその組織体を維持、発展させることを目的とする営為であり、教育分野にあっては厳しい資源制約下にある今日、教育組織体においても不可欠な組織活動であると言える。

第2節　教育経営概念の類型化と課題

第1項　教育経営概念の類型化

　「教育経営」という言葉は、1958（昭和33）年に教育経営学会の発足前後を境として、教育経営という課題意識に立つ研究が志向されるようになり、こうした概念の成立を促したとされる⁽⁴⁾。南部初世は、教育経営概念に関わる先

行研究を整理し、教育経営は新たな時代における教育事象を総括的に把握・分析する概念としての意味を付与され、その内部に対象を学校とする「学校経営」を位置づけようとするものが多いと指摘する[5]。また白石は、基本的にはその概念は、ⅰ）多領域併合概念、ⅱ）主体概念、ⅲ）機能概念、ⅳ）目的概念に類型化されるとする[6]。ⅰ）は、学校教育、教育行政、社会教育という三つの領域に関わる経営を包括する概念として教育経営を構想するものである。すなわち、教育が人間の成長・発達の様々な面に関与していることから、教育経営の役割の異なるいくつかの組織体の協同あるいは統合の必要性を示唆するとする。その結果、伝統的な学校管理概念、学校経営概念を超えて、教育経営への視座の拡大、視点の転換を求められることになる。ⅱ）は、どの教育組織体も経営主体になり得るとするが、ただ公共部門の設置する教育組織体にあっては、教育経営主体として学校や教育行政機関の位置づけについて多様な見解があり、行政、管理、経営概念をめぐって論点があるとされる。国および地方自治体等の行政機関は、国公立学校の直接的経営主体であると言える。しかし、国や知事は私学に対しては直接的な経営権能は有せず監督権限のみを、また国は地方自治体・教育委員会に対して指導助言権能のみをそれぞれ有するのみであり、教育活動を規制する権力的作用と助長する非権力的作用の存在が確認される。それは、正に教育行政というべきものであり、それらが教育経営概念に包括されるかどうかは議論の分かれるところである[7]。ⅲ）は、教育経営教育とは、教育組織体において、教育目標の設定、その達成のための計画の策定、実施、結果の評価といった一連のマネジメント機能であるとする。具体的には、人、物、金、データといった経営資源の調達、効果的・効率的配分と活用を図る活動と捉えられる。さらにⅳ）は、教育経営は、教育組織体の教育目的を達成するための活動であるとする。

　ⅲ）ⅳ）を踏まえると、教育経営とは、計画的に財源を調達し人的・物的資源をより効果的に配分することを通じて、それぞれの教育組織体、教育機関のなかで、学習者の成長・発達を支援・促進するような教育内容・教育方法等の条件を効果的・効率的に整備し、所期の教育目標・教育目的を達成するための活動と指摘できよう。

第2項　課題

　教育経営概念の課題として、旧版で白石は四つに類型化される教育経営概念の課題について若干の検討を行い整理を試みている[8]。ⅰ）領域併合概念については、人間の発達の全面性・多面性、自己完結的な組織形態をとりにくい教育組織体のあり方から見た場合、有効な概念であるが、多領域を併合した経営体制の全体像の具体的イメージや、その実装可能性について疑問なしとしないとする。またⅱ）主体概念については、何れの教育組織体も強弱の差はあるものの経営機能を果たしていることには変わりはなく、実体的な概念であるとする。しかし上記のように、教育行政機能と教育経営機能の関係性を巡っては論点があるとされ、法制度的観点からの縄張り論を超えて機能的観点も含めた主体論の展開が課題となっている。ⅲ）機能概念については、四つの概念の中で最も実体的であり、有効な概念であるとするが、教育経営理論と教育組織体の実際の運営との乖離をどう埋めるのか、が課題であるとする。最後にⅳ）目的概念については、教育目的を具体的操作的なものへ概念化し、教育成果の達成度を可視化し評価可能な形で表示し得る教育目的の策定が重要な課題となる[9]とする。

第3節　近年の教育部門のガバナンスの変化と教育経営

　上記の指摘があってから20年を優に超える歳月が流れ、この間教育部門をめぐる社会・政治・経済的な環境は大きく変化した。とりわけ近年の財政難に起因する教育資源の希少化と国際政治環境の変化は、教育部門のガバナンスに大きな変化をもたらした。すなわち行政管理全般へのNPM（New Public Management：新公共管理）の導入によって、民間企業の経営手法等を公共部門に適用し、そのマネジメント能力を高め、効率化・活性化を図るという施策が採用された。そこでは、ⅰ）政策の企画立案と実施施行の分離、ⅱ）経営資源使用の裁量権の拡大と業績・成果による評価、ⅲ）可能な限り市場メカニズムの活用、ⅳ）顧客主義、ⅴ）統制しやすい組織への変更といった原理が導入されている。

そして行政サービス全般をより効率的で質の高いサービスに転換し、行政活動の透明性や説明責任を高め、国民・地域住民の満足度を高めることを志向する[10]。このことは、わが国においては具体的に行政サービス全般の分権化と規制緩和という形で立ち現われた。教育部門においても、2003（平成15）年7月には国立大学法人法等関係6法が成立し、2004年には「今後の学校の管理・運営の在り方について」が答申された。さらに翌2005年10月には「新しい時代の義務教育を創造する」が答申される等、NPMに沿った改革方針が矢継ぎ早に提起された。以下、国立大学法人化、初等・中等レベルにおける自律的な学校運営に焦点を当てて検討してみよう。

第1項　国立大学の法人化

国立大学の法人化によって、文部科学省の出先機関という位置づけから独立した法人格を持つ自律的教育組織体に転換し、様々な制度改革・改変が行われた。すなわち、文部科学大臣が大学法人側の原案にしたがって中期目標を制定し、中期計画が認可される仕組みに移行した。大学側は、計画期間の6年間で中期目標・中期計画を達成することを前提として、活動原資としての運営費交付金を配分される。しかし、希少資源化の中で資源配分を巡っては、単純な一律支援配分から企画提案型競争的資金配分に移行した。また規制が大幅に縮小され、大学の責任でもって予算・組織等を決定する仕組みとなった。その管理運営には、民間的発想に基づくマネジメント手法が導入され、全学的観点から資源を最大限活用した経営を推進するため、経営に関する事項を審議する「経営協議会」が設置され学外者が参画する道が開かれた。そして人事システムも「非公務員型」による弾力的なシステムが導入され、能力・業績に応じた給与システムを大学側の責任で構築することも可能となった。さらに大学の教育研究実績を「第三者評価」（機関別認証評価、国立大学法人評価）導入による事後評価・チェックすることとし、その評価結果を大学の経営改善・資源配分に確実に反映することとされた。さらに評価結果、財務内容、教育研究等の情報の広範な公表が求められた。

第2項　自律的な学校運営のための施策

　初等・中等教育レベルにおいては、自律的学校づくりの推進をねらいとして様々な改革施策が展開された。地域に開かれ信頼される学校を実現するため、保護者、地域住民の意見・要望を的確に集約・反映させ、学校と共に地域の教育に責任を負うという認識の下、学校運営への積極的な関与・協力を誘引することが重要となった。そのため、学校が地域、子ども達の実情に応じて主体的に創意工夫のある教育活動を展開し、自主的・自律的な学校運営ができるよう、教育課程、予算などについて学校の裁量の拡大が図られた。そして保護者、地域住民の参画しやすい環境整備を整え、開かれた学校づくりを実現する仕組みとして、学校評議員制度や学校運営協議会制度（コミュニティ・スクール）が具体化されたのである。学校評議員制度は、教育委員会から学校評議員に委嘱された保護者や地域住民等が、校長の求めに応じて学校運営に関する意見陳述を通じて学校運営に参画する仕組みである。他方学校運営協議会は、コミュニティ・スクールの指定を受けた学校に設置されるもので、保護者や地域住民が一定の権限と責任を持って学校運営に参画する仕組みとして機能する。校長の作成する学校運営の基本方針の承認や、教職員の任用に関して任命権者である教育委員会に意見陳述する権能が法制度上認められている。ある意味では、保護者、児童・生徒、地域住民の多様なニーズを迅速に的確に学校運営に反映させる「ガバナンス」への転換であると指摘できよう。

　また自主的・自律的学校づくりの推進は、権限移譲（エンパワメント）の拡大に伴い、必然的にステイクホルダーである保護者・地域住民に対する結果についての説明責任（アカウンタビリティ）を増大させる。それゆえ、学校評価と情報提供を通じて学校の組織的・継続的改善改革を図り、保護者や地域住民に対する説明責任を果たすことが求められる。

　さらに、博物館・図書館・体育館等の公共の生涯学習施設管理への指定管理者制度の導入、給食事業の民間委託の導入、公財政支出教育費の不足を補填するPFI（Private Finance Initiative：民間資金による社会資本整備）の活用、学校選択制の導入等は、市場原理の導入である。

第1章　教育経営の概念

第4節　教育経営概念の新たな地平

　以上に照らせば、わが国においてはNPMの思潮と手法が行政一般および教育行政部門にも導入され、分権化、規制緩和、市場原理の活用によって公教育サービスの生産と供給は効率化と活性化が図られると言えよう。こうした動向は、先進諸国においても同様である。たとえば英国においては、1980年代以降、財政難の中、公私協働による公的セクター改革の支援策を打ち出し公的部門の縮小が図られた。教育条件整備手法としてPFIをいち早く導入したのも英国であった。また、教育改善推進地域（Education Action Zone：EAZ）の運営のための仕組みとして、教育行政機関ではない「教育アクション・フォーラム」に法人格とエリアの教育管理権限を付与した。さらに、規制緩和の流れの中で、効率の悪い教育成果の上がらない地域の教育行政機能を民間のコンサルタントに期限付きで委託する事例も見られた[11]。他方学校の経営管理面では、教育改革の進まない公立学校（失敗校）の改革を促進するため、企業等のスポンサーの支援を得て経営管理機能を向上させ、教育水準の向上を図るスポンサーアカデミー制度が導入された。アカデミー制度は、失敗校に限らず評価の高い公立学校も導入可能で、地方教育当局の管理下からスピンアウトした学校群が共同で管理・支援機関としてのトラスト（マルチアカデミートラスト）を形成し、学校群がトラストを核にして自律的な学校経営を推進する仕組みが急拡大している。

　このように近年の教育経営組織体を巡る変化は、教育経営概念のうち、ⅲ）機能概念については、以前にも増して教育経営理論と現実の教育経営実態の乖離は縮小し、教育経営の実体をより正確に記述する重要な概念となった。さらに現場サイドへの分権化・規制緩和に伴い、教育成果の達成度を可視化し評価可能な形で表示し得る教育目的の策定が重視されるようになった。その結果ⅳ）目的概念については、今日的には効果的な評価手法の開発を必然化させることも相俟って、合理的資源配分基準の策定を促進し教育経営効率の向上に寄与・貢献するものとなった。ⅱ）主体概念については、NPMの導入により教

13

育行政機能が民間委託されたり民間に代替される現象が見られる等、教育行政機能の縮小に伴い公共部門においてもより強い教育経営概念が成立するものと思われる。また、教育部門は政治・経済の急激な変動に呼応すべく変革を迫られ、伝統的な学校管理概念、学校経営概念を超えて、教育行政、社会教育を含む教育経営への視座の拡大、視点の転換を求められている。このことは、必然的に関連諸科学の成果と方法を摂取した学際的研究を必然化し、教育事象を総括的に把握・分析する概念としてのⅰ）多領域併合概念の意義が認められるのである。その守備範囲は、教育目標論、教育課程管理論、意思決定・リーダーシップ論、経営構造論、人間関係論、学校評価、人事考課、教育環境・安全、資源調達・配分等多岐に及ぶ。

　本巻においては、以下の14章で、教育経営と教育行政・教育法制・教育財政の関係、国及び地方の教育経営実態、私学の経営と助成、教育経営とエビデンス、学校の組織構造、意思決定とリーダーシップ、教育課程経営、教育の情報化、保護者・地域社会との連携と学校経営参加、学校評価・人事評価、リスクマネジメントについて検討・考察し、教育経営を巡る今日的課題を踏まえつつその全体構造を解明する。

〈注〉

（1）白石　裕編『新・教職教養シリーズ第10巻　教育経営』協同出版、1993年、9頁。

（2）海後宗臣・村上俊亮・細谷俊夫監修『教育経営学辞典』帝国地方行政学会、1973年、67頁。

（3）白石、前掲書、10頁。

（4）海後・村上・細谷監修、前掲書、73頁。

（5）南部初世「第7章　学校経営」高見　茂・服部憲児編著『教育行政提要（平成版）』協同出版、2016年、151頁。

（6）白石、前掲書、18頁。

（7）白石、同上書、21頁。

（8）白石、同上書、26-27頁。

（9）同上書、同所。

（10）高見・服部編著、前掲書、18頁。

（11）同上書、19-20頁。

〈推薦図書〉

和田修二・柴野昌山・高木英明監修、白石　裕編著『新・教職教養シリーズ第10巻　教育
　経営』協同出版、1993年。

佐々木正治・山崎清男・北上正行編著『新教育経営・制度論』福村出版、2009年。

堀内　孜編『公教育経営概説』学術図書出版、2014年。

高見　茂・開沼太郎・宮村裕子編著『教育法規スタートアップ ver.3.0 ――教育行政・政策
　入門』昭和堂、2015年。

高見　茂・服部憲児編著『教育行政提要（平成版）』協同出版、2016年。

第**2**章

教育行政とその経営的機能

第1節　教育行政とは何か

第1項　教育行政の定義

　近代国家においては、権力の集中を回避するために三権分立が採用されている。すなわち、国の統治機能を立法・司法・行政の三権に分離し、互いに抑制と均衡を図る仕組みが取られている。教育行政は国の行政機能のうち、教育に関するものということになる。

　教育行政の定義は、これまで様々な研究者等によってなされてきた。それらは大きく①消極説、②公権力のイデオロギー政策貫徹説、③目標達成手段説に分けられる。「消極説」は、内務行政のうち教育を対象とするものが教育行政であるとするもので、教育行政の権力的側面に力点が置かれる。「公権力のイデオロギー政策貫徹説」は、教育行政を公権力機関（国・地方公共団体＝政権与党）による教育政策の合法的実施であるとするものである[1]。これらに対して「目標達成手段説」は、教育行政の機能的側面に着目するものであり、その経営的側面を重視するものである。ここでは教育行政は「目標達成のための手段」ないしは「教育条件整備作用」であると捉えられる[2]。

　高木英明は、これら諸説・諸定義を踏まえつつ、教育行政を多角的に捉え直して以下のように定義している。

　　教育行政とは、包括的な権力団体としての国家または地方公共団体（具体的に

17

はその機関）が、教育政策（国民または住民の教育に関する施政上の方策）を定立し、公的承認を受けながら、それを実現化する作用または行為を言う[3]。

　この定義においては、教育行政の主体は支配団体・統治団体としての「権力団体」、客体は「国民または住民」と位置づけられている。しかしながら、教育政策の形成・実施過程には「公的承認」、すなわち国会や議会の決定を経ることが求められる。議会は選挙で選ばれた国民・住民の代表であり、そこで審議され、法律・条例の制定や予算案の形で承認されなければならない。また、「実現化」という言葉には教育行政の動的側面が表現されていると見ることができる[4]。

　高木の定義は今から約30年前になされた定義である。その間に社会・経済・政治の状況、そして教育を取り巻く状況も大きく変化した。この点に関して、高木の定義の現代的通用性について検討した高見茂は、現代社会においては教育政策の策定・実施主体が多様化してきており、「一見既存の教育行政機関に取って代わる新たな権力機関が創出されたかに見える」が、それは一部権限が、「移譲」ではなく、限定的に「委譲」されているに過ぎず、業務執行部門を切り離し、資源を企画・管理部門に集中していると指摘する。「国、地方公共団体（公権力機関）が究極的な教育管理権限を有し、教育管理に関する最終的責任を負うという構造には何ら変わりはない」として、高木の定義は基本的に現代においても有効であると結論づけている[5]。

第2項　教育行政の対象領域

　教育行政は、「教育」と「行政」という二つの語を接合した用語である。「教育」は本来的には私的な営みであり、国家や行政を前提としなくても成り立つものである。国家という概念が成立する有史以前から教育的営みは当然に存在したし、家庭等で行われる教育は国家権力の影響下にはない私的な営みと捉えることができる。教育という営みは、国家との関係が必須ではない。一方の「行政」は近代国家の統治機能の一部であり、国家の存在を前提とする。近代国家が成立すると教育は行政の対象となり、国家による教育の管理としての教

育行政が登場する。ここに「教育」と「行政」が結びつくことになるのである。

教育には個人的・私的な側面だけではなく、社会的な側面も存在する。とりわけグローバル化が進行している現代においては、国の教育の成否が国家・社会の栄枯盛衰、ひいては存亡にもかかわる事柄として認識され、また限られた資源を有効に活用するため、「教育振興基本計画」に象徴されるように、目標を設定し、それを計画的に実現していく方策がとられている。

次に、そのような教育行政の対象領域について見てこう。国レベルで教育行政を中心的に担うのが、言うまでもなく文部科学省である。文部科学省の任務や所掌事務は「文部科学省設置法」で定められており、その第4条では同省の所掌事務が規定されている。その数は93に上る。教育に関することに加えて、科学技術・研究に関すること、スポーツに関すること、文化に関することなど近接領域に関する事務も含まれている。これらの事務を遂行するために、文部科学省には、内部部局として生涯学習政策局、初等中等教育局、高等教育局、科学技術・学術政策局、研究振興局、研究開発局党が、外局として文化庁とスポーツ庁（平成27年新設）が置かれている[6]。なお、文部科学省の英語名称は "Ministry of Education, Culture, Sports, Science and Technology" であり、日本語名称よりも実際の業務が一目瞭然である。

第3項　教育行政の作用

行政一般の活動には規制作用、助成作用、実施作用の三つの作用が存在する。規制作用は国民・住民一般の自由や財産を規制することを内容とし、権力的作用と位置づけられる。規制作用には就学義務の賦課・猶予・免除、学校の設置・廃止等の認可、教科書検定などが挙げられるが、これらの実施には法律上の根拠が必要となる。残りの二つは非権力的作用であり、国民・住民の生活一般およびその福祉の向上のために積極的な役割を担うことを内容とする。助成作用は、国民（住民）一般の自主的な活動を助長・援助するもの、実施作用は行政自らが事業経営するものである。助成作用は給付行政的性格を有し、文部科学省や教育委員会が行う様々な指導・助言、金銭的支援、人的な援助等がこれに該当する。実施作用は事業経営作用とも呼ばれるが、公立学校の設置・運営、

文部科学省や教育委員会による講演会の開催、各種出版物の作成・配布などが該当する。

　これら作用の観点から、先に触れた文部科学省設置法第４条に規定される文部科学省の所掌事務を見てみると、非権力的作用が多いことが分かる。そこに「指揮」「監督」「命令」といった権力性の強い語はなく[7]、「変更」の語が見られる程度である。逆に、「指導」「助言」「勧告」「補助」「援助」といった非権力的作用に関わる語が多く見られる。また、許認可権限数で見ても、文部科学省は国土交通省、総務省、厚生労働省、財務省などと比べてその件数が著しく少ない[8]。規制作用が少なく、助成・実施作用が多いのは、教育が本来私的な営みであり、自主性・自発性を重要視する領域であることに起因している。この点では他の行政領域と比べて特殊性を有しいている。しかし一方で、教育行政も行政の一領域であるから、公権力と切り離すことはできず、法的根拠がある場合に限定されるものの、強制的な部分も有するのである。

▲ 第２節　教育経営の意義 ▼

第１項　教育経営とは何か

　教育経営とは何かを考えるに先だって、経営とは何かを確認しておきたい。「経営」の語を国語辞典（講談社『日本語大辞典』）で引いてみると、「①計画を立てて事業を行うこと」、「②営利的な事業を、継続的に利益が上げられるように運営すること」とある。そもそも教育は営利事業ではないから、教育経営といった場合の経営は①の意味ということになる。つまり教育経営とは、教育を計画的に上手く運営することとなる。

　さらに詳しく理解するために、『新版 学校教育辞典』（教育出版、2003年）の「教育経営」の項目を見てみると、「広義には公教育経営として国、地方公共団体、さらには学校を含む各機関が教育を経営することを意味する。狭義には学校など教育機関で行われる教育の経営を意味する」。「教育経営は、当然に教育課程を軸に展開される教育活動を計画し、実施することに関わる活動であ

る。教育課程の基準設定、教科書検定、教材基準の設定など教育課程に関わる政策や行政、学校の教育経営に対する指導・助言などは公教育経営という教育経営である。それに対して学校が行う教育経営は、教育課程を計画し、実施、運営する活動である」と定義されている。ここから、教育経営とは、様々なレベルにおいて、諸条件を整備しながら、教育に関わる様々な要素を適切に配置し、教育目標を効率的に実現する営みと言える。

　このような教育経営を効果的に行うには、実行された諸活動やその結果を常にチェックして必要な改善を行い、より良い教育活動が行われ、より高い成果が得られる仕組みが必要となる。マネジメント・サイクルと呼ばれるものである。これにはいくつかの種類があるが、現在最も有名で様々な領域で広く用いられているのは「PDCA サイクル」である。これには目的・目標が存在することが前提になるが、教育の領域においては達成すべき教育目的・教育目標ということになろう。それらを効率的に実現していくためには、計画を立てる（Plan）ことが必要になる。そして立てられた計画に従ってそれを実行していく（Do）。次にその結果がどうであったか、目的・目標がその程度達成されたか、どこがうまく機能し、どこに課題があったかなどを点検する（Check）。最後にそれをもとに次のサイクルに向けて必要な行動、すなわち改善を行う（Action）。そして次のサイクルにおいて、より高度になった計画が立てられ実施されていく。このように四つのポイントからなるサイクルを繰り返しながら、螺旋状に教育活動の質を向上させていくために、教育現場でもマネジメント・サイクルの導入が求められている。教育や行政事務の質の向上のために、学校現場においては学校評価、教育行政のレベルにおいては教育事務に関する点検・評価の実施が法的に求められている。

第2項　学校経営と学校管理

　次に、実際に教育活動が行われる現場である学校における経営的機能、すなわち学校経営について見てみよう。同じく『新版 学校教育辞典』を見ると、学校経営とは「それぞれの学校において、学校教育目標の達成を目指して教育活動を編成し展開する中で、人的、物的等に教育諸条件の整備とその組織運営

に関わる諸活動を管理して実現を図るとともに、教育活動の持続的な改善を求めた創意的な機能ととらえられる」と定義されている。上述の狭義の教育経営に相当すると言えよう。

　学校経営には二つの系列と二つの機能があるとされる。二つの系列とは目標系列と条件系列である。前者は学校の教育目標を設定し、それを実現するために学校の教育計画を打ち立て、それに従って教育活動を実践し、その結果を評価するというものである。後者は、教育目標を実現するために、様々な次元・局面において、いかに人や物を配置するか、予算をいかに配分するか、教育活動を行うに必要な諸条件をいかに整備し、運営するかというもので、限られた資源をより効果的に活用することが重要となる。言うまでもなく、学校経営を行う上で両者は密接に関連し、より適切に組み合わせることで効率的な教育活動の展開が期されることになる。

　学校経営における二つの機能とは、組織としての秩序を維持・実現していく機能と、学校改善を図る創意工夫機能である。前者は、後述する学校管理と呼ばれるもので、学校の教育目標を実現するために、組織としての学校を適切に運営していくという意味において重要ではあるが、この機能が強くなりすぎると管理主義傾向が強くなるとされる。後者は、狭義の学校経営と捉えられるもので、学校の活性化や特色ある学校づくりを行う上で、また教職員のやる気を引き出す上でも重要な機能として位置づけられる[9]。

　さて、上述の学校管理は「学校教育の目的を達成するために、人的物的諸条件を整備し、その組織を運用していく作用」（『新版　学校教育辞典』）とされるが、経営という概念に比べると、管理は「設置者管理主義」に代表されるように法的な用語と言える。学校管理は、教育行政の実施作用と深く関わり、学校が法制上求められる役割・機能を果たすための規制・助成・様々な措置を含むものと捉えられる。学校管理をその主体から見ると、設置者によって行われる外的管理と、管理職によって行われる内的管理がある。前者は設置者管理主義（学教法第5条）に基づくものであり、後者は「校長は、校務をつかさどり、所属職員を監督する」との規定（学教法第37条第4項）に基づくもので、上述のように学校経営の一部として行われる[10]。

第2章　教育行政とその経営的機能

　学校管理は、内的管理であれ外的管理であれ、人的管理（教職員等に関すること）、物的管理（学校の施設設備、その維持・修繕など）・財務管理（教育費、学校予算など）・運営管理（学籍、教育課程、指導、保健衛生といった教育活動の管理）の領域に分けてとらえることができる。なお、公立学校の外的管理、すなわち教育委員会による学校管理については、学校管理規則（教育委員会規則）で規定される。そこでは、学期・休業日、学校の組織、施設・設備、学校保健、学級編制、教育計画、教科書採択・教材、校外における教育課程、性行不良による出席停止、学校評価などが規定されている。

　1998（平成10）年の中教審答申「今後の地方教育行政の在り方について」の提言により、各地で学校管理規則の見直しや校長裁量経費の措置等が行われた[11]。教育委員会の権限を縮小して学校の裁量権を拡大する政策動向の中で、学校の自主性・自立性を高めるための学校経営の重要性は高まっていると言える。ただし、学校教育の質保証の観点からも、学校経営における学校管理の要素が不要というわけではない。学校管理と狭義の学校経営（創意工夫機能）は、学校教育目標の達成という観点において共通しており、学校経営はこれらを含む目標達成ための総合的な活動として捉えられるものである。

◤ 第3節　教育行政の経営的機能と特質 ◢

第1項　教育行政の経営的機能

　既に述べてきたように、教育行政には経営的側面がある。逆の見方をすれば、教育経営の中には教育行政に関わる部分が存在する。その要となるのは、目標を設定して、それを計画的に達成するという点である。従来から法定の目的・目標を踏まえた学校教育目標の設定と教育課程の編成は行われてきたが、とりわけ近年の教育行政の動向の中に経営的機能が強く現れている。

　2006（平成18）年の教育基本法改正では、教育振興基本計画を策定して教育の振興を図ることとされた。地方公共団体については、その策定の努力義務が課されるとともに、地教行法で教育等の振興に関する総合的な施策の大綱を定

めることとされている。また、文部科学省が実施する教育政策は政策評価の対象となっている。政策評価は2001年に中央省庁改革の一環としてスタートしたもので、担当省庁の総務省は「政策評価の機能は（中略）政策のマネジメント・サイクルの働き」[12]と説明している。一方、教育委員会の事務についても先述の通り点検・評価を行うこととなっているし、学校は学校評価を実施して、運営を改善し、教育水準の向上に努めることになっている[13]。

このように、教育行政や学校現場にも経営的な要素が強く浸透してきていることが分かるが、民間（企業）における経営と教育行政における経営的機能とを全く同列に扱うことはできない。前者は私的経済活動であり、利潤の追求が最大の目的であるのに対して、後者は公的統治活動であり、かつ国民・住民の公共の福祉・公益の観点から一定の制約を受ける[14]。教育行政において提供される公共サービスにおいては、教育を受ける権利の保障、教育の機会均等、教育の質保証等の実現を考えなければならない。そのために、教育行政には固有の特質があり、次項に示す基本原則に沿って行われなければならない。

第2項　教育行政の特質・原則

（1）教育行政の法律主義

教育行政の基本原則として、第一に法律主義の原理があげられる。法律主義とは「法律に基づいて行政が行われること」である。すなわちこれは、選挙を通じて立法府の国会議員を選出することで、民意を反映した法律に従って教育行政が行われることを意味する。教育行政の根拠となる法律の制定において国民の意向反映をする仕組みである。ただし、実際には細目まで法律で規定することには限界があること、さらには地方自治の観点から、法律以外の法形式（政令、省令、条例など）に基づいて教育行政が行われている。これは法律主義の例外となるが、政令等は法律の範囲内（あるいは「法令に反しない」範囲）でのみ制定できることになっており、法律主義を脅かすものではない。

（2）教育行政の地方自治

地方自治法では地方公共団体が「地域における事務」（教育を含む）を処理

することを定めており、できるだけ中央統制を排した教育行政が求められる。地方自治には団体自治と住民自治という二つの側面がある。前者は、地方公共団体が国から一定程度独立して、地方固有の事務を処理するという制度的要素である。後者は、住民の意思が地方自治体の行政に適切に反映されるべきという民主主義的要素である。教育行政の団体自治を実現するために、法的対等性という考え方が採用されている。すなわち、文部科学大臣、都道府県教育委員会、市町村教育委員会が対等独立であり、三者は権力性の強い監督・命令よりも非権力的な指導・助言・援助等によって連携・協力することが望ましいとするものである。一方、教育行政の住民自治を制度として具体化したものが教育委員会である。発足当初の教育委員会は公選制が採られており、自らの自治体の教育事務を管理執行する住民の代表者を選出することで、教育に対する住民の意向の反映が保障されていた。ただし、その後地方公共団体の長が任命し、議会が同意する制度に改正された。

（3）教育の自主性・専門性の尊重

　教育は「人間の知的な形而上的な価値創造の営み」であり、関係者が「主体的な活動を営むことによって成果が上がるものである」とされ、教育行政においては規制・監督よりも助成・指導に比重が置かれることになる。また、教育においては学習者の主体性はもちろんのこと、教育者の主体性も重要であり、その専門性が尊重される必要がある。ただし、それらは勝手気儘を許すというものではない[15]。教育行政の自主性・専門性については、一般行政からの独立と指導・助言行政に大きな特徴があるとされている。前者は戦後設置された教育委員会の理念の一つであり、教育が他の行政部門から著しい影響を受けないよう教育委員会に一定の権限が付与されている。後者については、教育行政は可能な限り非権力的で助成的なものとし、命令や監督は最低限にとどめて指導・助言・援助等を与える形が望ましいとされている。

（4）教育行政の中立性

　教育行政の中立性は、理論的にはあらゆる事柄において求められるものであ

るが、ここではその主要なものとして政治、宗教、経済に関するものを取り上げる。政治的中立性には、特定の政党を支持したり反対したりする政治教育・政治的活動を禁ずる教員に対する政治的行為の制限と、教育委員会構成員のうち同一政党に属する者の数は半数未満に制限する教育委員に関する制限とがある。宗教的中立性は、国公立学校においては特定の宗教・宗派のための教育や宗教的活動を行ってはならないとするもので、宗教的中立性の確保は教育委員会の役割の一つである。ただしこれは国公立学校のみが対象であり、私立学校においては宗教教育や宗教的活動が容認されている。教育行政の経済的中立性は、「教育行政が教育条件する場合、無理・無駄のない効果的・効率的な資源配分をすることや、保護者に負担を求める場合、過重な教育費負担を抑制し保護者の多くが負担可能な水準であることを求めるもの」[16]である。

第3項　近年における教育行政の動向

戦後教育改革により教育行政制度が再構築された時点から社会情勢、政治や経済をめぐる状況は大きく変化している。とりわけ近年は国家財政が極めて厳しい状況にあり、教育行政にも新たな活動原則が求められるようになり、教育経営の面でも新しい動きが見られるようになっている。

教育行政の新しい活動原則を、ここでは教育行政の効率性・透明性として捉えておく。効率性は、厳しい財政事情の中で教育行政を行うにあたり限られた資源の効果的活用を求めるものである。教育行政において効率性を求めるということは、達成すべき教育目標を設定し、それを最も能率良く実現できる方途を選択することである。その際に費用を可能な限り低く抑えることは重要な要素となる。ただし、その費用が単に安ければよいことを意味するものではない点には注意が必要である。透明性は、教育政策の遂行にあたって公費の投入が適切に行われ、それに見合うだけの成果が上がっていることを納税者に対して説明する責任が求められることに由来する。そのためには、政策の有効性や必要性などを適切に評価する（政策評価）と同時に、それを検証可能にする情報公開が必要となる。

さて、近年の教育行政においては、その運営において政府機関等だけでなく、

様々な主体が関わるようになっている。学校の教育活動の種類と量が従前より
も拡大する中で、様々な関係者（市民、NPO、民間など）の関与なくしては公
教育の目標を十分に達成できなくなっており、それらが教育行政の経営的機能
を考える上で不可欠の要素となっている。教育行政においても、行政機関のみ
が主体となるガバメントから、多元的な参加者を含むガバナンスへの転換が起
こっている。「公的アクター以外の多様なアクターがネットワークとしてつな
がりを持って教育政策の形成と決定に関与し責任を分有する教育ガバナンスが
求められる」ようになっているのである[17]。地域住民や保護者が学校運営に
関わる学校運営協議会制度（コミュニティー・スクール）の導入、多様な専門
スタッフの導入や専門機関との連携を図る「チームとしての学校」政策の推
進、地方教育行政制度の改革により首長と教育委員会が協議する場としての総
合教育会議の創設など、教育行政や学校がそれらを取り巻く様々な関係者と連
携・協力の中で教育を行っていく方向に向かっている。このことは教育・教育
行政の活動の資源が増えたと見ることもできる。教育目的・目標の達成のため
に、それらをいかに効果的に配置・活用していくこと、教育行政の経営的機能
を適切に高めていくことが今後の課題となろう。

〈注〉

（1）宗像誠也の定義が有名である。宗像誠也『教育行政学序説（増補版）』有斐閣、1969
　　年、1頁。

（2）高見茂「教育行政の概念」高見茂・服部憲児編著『教育行政提要（平成版）』協同出版、
　　2016年、11頁。

（3）高木英明「教育行政の概念」村山英雄・高木英明編著『教育行政提要』ぎょうせい、
　　1987年、35頁。

（4）村山・高木編著、同上書、35-36頁。

（5）高見・服部、前掲書、22頁。

（6）文部科学省の内部組織については、森田正信「中央教育行政の組織」高見茂・服部
　　憲児編著『教育行政提要（平成版）』協同出版、2016年参照。

（7）第九十三号に「法律（法律に基づく命令を含む。）」とあるが、ここでの「命令」は

法形式としての命令（政令や省令など）である。

(8) 高見・服部編著、前掲書、16頁。

(9) 児島邦宏「学校経営」今野喜清他編『新版 学校教育辞典』教育出版、2003年、126頁。

(10) 清水俊彦「教育行政とその経営的機能」白石裕編『新・教職教養シリーズ第10巻 教育経営』協同出版、1993年、36頁。

(11) 惣脇宏「地方教育行政の組織」高見茂・服部憲児編著『教育行政提要（平成版)』協同出版、2016年。

(12) 総務省行政評価局「政策評価 Q＆A（政策評価に関する問答集)」平成27年5月版、2頁。

(13) 学校教育法第42条は小学校に関する規定であるが、準用規定により中学校等の他校種にも適用される。

(14) 高木英明、前掲書、31-32頁、清水俊彦、前掲書、38頁。

(15) 木田宏『教育行政法［新版]』良書普及会、昭和58年、41-42頁。

(16) 高見茂「教育行財政に関する法制度・政策を読み解く」高見茂・開沼太郎・宮村裕子編『教育法規スタートアップ ver.3.0 ――教育行政・政策入門』昭和堂、2015年、240-241頁。

(17) 小松茂久「教育行政のフロンティア」小松茂久編『教育行政学――教育ガバナンスの未来図――』昭和堂、2013年、12-15頁。

〈推薦図書〉

河野和清編著『新しい教育行政学』ミネルヴァ書房、2014年。

小松茂久編『教育行政学――教育ガバナンスの未来図――』昭和堂、2013年。

高見 茂・開沼太郎・宮村裕子編『教育法規スタートアップ ver.3.0 ――教育行政・政策入門』昭和堂、2015年。

高見 茂・服部憲児編著『教育行政提要（平成版)』協同出版、2016年。

堀内孜編『公教育経営概論』学術図書出版社、2014年。

第**3**章

教育経営を支える教育法制

▲ 第1節　教育法制の基礎 ▲

第1項　教育経営と教育法制の概念

　はじめに教育法制の語について簡潔に検討しておく。法制という語は法と、制度・体制とを併せた語と考えられる。法規自体の体系をシステム＝体制として指すこともあれば、法によって成り立つ制度を指すこともある。

　法制の語は多分に曖昧だが、この語でしか表現できない意味合いもありうる。制度の語だけでは非公式的慣行も含めて扱う場合があり、法制という語に含まれる"法"の意味合いは薄れる。法規の語であれば、憲法・法律・命令・条例等を指し、個々の規定内容や拘束力には目が向くが、制度や体制の意味が減じられ、相互連関や全体としての作用への意識は弱まる。

　公教育が国家的・社会的に高度に整備された今日、教育を支える基盤としての意味を十分に把握しようとすれば、教育法制の語を、上記のいずれの意味も包摂しうるものとして押さえておく必要がある。ひとまず本章では、教育法制を「教育に関する法を中心にして展開される制度的枠組みとその理念」と広義に理解しておきたい(1)。

　では、教育経営と教育法制の関係はどう考えていけばよいであろうか。まず、教育の法・制度・経営の関係を一般的に概括するならば、法の規定によって学校など組織・施設の枠組みが整備され、そこでの各主体の行為も、ある程度は指示される。制度と言えば見えやすい組織や施設だけを想定する向きもある

29

が、事実分析の深化のためには、主体の相互作用で生起して規範化する行動様式も制度として考えるべきという立場もある[2]。

　いずれにせよ教育では、事前の指示や規定どおりに組織等を動かす定型的な管理・運営の発想だけでなく、自由裁量を活かした臨機応変かつ柔軟な行動が、他領域にも増して求められる。ゆえに教育経営の発想、たとえば教育目的・理念を実現すべく、諸主体の協働や諸資源の活用を図り、国から学校まで任意の一定範囲の組織に"創造的な動きをつくる"ような発想が重要になる。

　教育法制は、こうした教育経営が可能となるよう、責任・権限関係を整備し、人員配置など各組織の構成を定め、資源調達や計画−実施−評価−改善の諸過程の枠組みを示す等、いわば確固たる土台を提供するものである。

　以上を念頭に本章では、現代日本における教育法制について概説を試みる。法規条文の個別内容については、他章において教育経営の実像が解説される際、その法的根拠として自ずと言及されることになる。各条文の詳細な説明についてはそちらに譲ることとして、本章では、とくに教育法制の全体像・枠組みや基本的な考え方を中心としながら、それらが教育経営をいかに支えているのかを講述していく。

第2項　法規の種類

　教育法制の基本要素となるのは各種法規である。だが、それらすべてが同等な位置にあるわけではない。主として決定の主体や手続きに応じた種類があり、それぞれ効力や優先順位が異なる。教育法制の全体理解の上で重要になるため、法規の一般的な種類や関係について整理しておく。

　「日本国憲法」は「国の最高法規」とされ、憲法に反する法律や命令は効力を有しない。憲法改正には独自規定があり、各議院3分の2以上の賛成での発議と、国民投票における投票数の過半数の賛成が必要となる。

　「法律」は国会（衆参両議院）において制定され、基本的には各議院における出席議員の過半数の賛成で可決される。

　「政令」は憲法第73条第6号の授権に基づき内閣が定めるもので、「命令」の一種とされる。法律の委任なき罰則設置、義務賦課、権利制限は禁じられる。

これは下記の省令も同様である。なお、内閣とは内閣総理大臣とその他の国務大臣から成る組織全体を指し、国会に対して連帯責任を負う。よって閣議決定は全員一致が慣行とされ、反対する大臣は辞職・罷免となる[3]。

「省令」も命令の一種である。各省の所管事務の実施のために、それぞれの省の大臣（主務大臣とも言う）が定める。政令と異なって、憲法ではなく国家行政組織法という法律で規定され、政令より下位とされる。

なお「法令」という語は、法規と同様またはそれより広い意味でも使われるが、狭義には前述の法律と命令を指す。狭義に「法規」という語を用いる場合、法令に加えて地方公共団体の制定する下記の条例と規則を含む[4]。

「条例」は地方議会において、住民の代表たる議員の過半数で制定される。国の法令との関連について述べれば、条例は「法律の範囲内」で制定できることが憲法第94条に明記され、また地方自治法第14条では「法令に違反しない限り」で制定が認められる。よって法律・法令が優先すると言えるが、自治権に基づく自主立法として条例の意義を重視する声もある[5]。

「規則」は、地方公共団体の長（知事、市町村長など）が議会の議決を必要とせずに制定できる法規範である[6]。長以外に、当該地方公共団体の設置する行政委員会が規則制定権を有する。各地の教育委員会にもこの権限が与えられ、教育委員会規則を定めることができる。

地方から国へ視点を戻すと、厳密には法令や法規ではないが、関連する重要な文書等が行政機関から出されることもある。たとえば学習指導要領は、学校教育法という法律の委任に基づき「告示」という形式で広く周知される。これも法規に準ずるものとして目配りが必要である。

第3項　法規の相互関係

ある一つの教育経営の実践・事象には、複数の法規や条文が関連することも多い。それらの複雑な作用を解きほぐすことができるよう、教育法制を学ぶ際は、絶えずその全体像を意識することが求められる。個別条文については、いわゆる教育六法等と呼ばれる法規集を常に手元に置いて参照すべきであるが、全体像がわかっていれば効率的な条文検索にもつながる。

全体像の把握のためには、法規間の相互関係を理解することが有効である。前述の種類から浮かぶように、法規は優先順位にそくしたピラミッド型の階層構造を成している。各々の形式にしたがって、日本国憲法を頂点に法律、政令、省令、条例、規則と上下関係がある。上位の法規範に反するものは無効とされ、下位の法規範は上位に根拠をもつことが多い。これを「形式的効力の原理」や「上位法優先の原理」等と呼ぶ。

　法規間の関係を考える補助線となるのが、国民主権の観点である。憲法前文にあるように、国政は国民の「厳粛な信託」に基づき、その権力は国民の代表者によって行使される。当面の理解のため簡便に述べれば、国を律する諸規範は、代表者を通じてではあるが、国民自らが決定すべきことになる。この観点から遠いものほど下位に位置づく。換言すれば「民主的に構成された合議組織による議決を経て定立されるもの」か否か[7]、いわば国民の自己決定からの距離が指標となり、効力・優劣の関係が左右される。

　例を挙げれば、国会で決定される法律は、間接的ながら国民が定めたものと見なせるが、政令は内閣が、省令は各省の大臣が、それぞれ定めたものに過ぎず、国民の自己決定から距離があるため下位となる。

　ところで政令や省令は、ある法律の円滑な運用のために、それぞれ施行令や施行規則という名称で現れることも多い。たとえば学校教育法という法律をめぐって、学校教育法施行令（政令）と学校教育法施行規則（省令）が、それぞれ存在する。法令間の優先関係が明白な一例と言える。

　その他にも、優劣関係を規定する原理がある。一般的な法規に対して、対象を限定した特別法を優先させる「特別法優先の原理」はその一つである。後述の地方公務員法に対する教育公務員特例法がこれに該当する。また「後法優先の原理」は時系列で後から制定された法規を優先する原理で、時代の変化や立法者の新たな意思を反映するものと言われている。

第2節　教育法制の理念と展開

第1項　教育法制の全体概要

それでは教育法制の場合には、いかに全体構造を概括できるのであろうか。関連法規は多数にのぼるが、教育経営への作用を念頭に置いて、便宜上いくつかの法令に限定して図式化すれば、図3-1のような例示が可能である。

まず、前述の階層構造に応ずる形で、国民の権利や法律の根本となる「日本国憲法」が頂点となる。次に「教育基本法」が、日本の教育を維持・発展させるための理念や基本的な制度原理を示している。同法は、形式上は法律であるが、こうした性格から、後述のように教育界の憲法と呼ばれることもある。分野的に捉えれば、日本国憲法と教育基本法を併せて"教育の根幹"について規定したものと考えることができる。

この根幹の下で、教育委員会や学校等の各教育組織では個々の教育実践・教育経営が展開される。それらに具体的な作用を与え、動かしていくための法規群は"教育の組織的実践"に関するものと考えることができる。

図3-1はあくまで一例だが、たとえば「学校教育法」では幼稚園から大学に

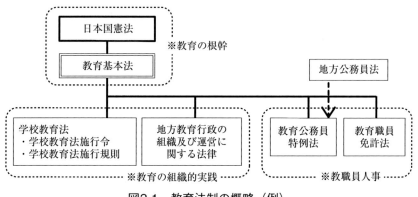

図3-1　教育法制の概略（例）

出典：筆者作成。

至るまで、日本で学校とされる教育機関が具備すべき条件等が明記されている。ここで大切なことは、前述のように政令としての学校教育法施行令や、省令としての学校教育法施行規則によって、同法の運用に必要な詳しい事項や専門的な事項が規定されることである。教育経営にとっては、両者にこそ重要な諸規定が収められていることも多い。

「地方教育行政の組織及び運営に関する法律（以下、地方教育行政法と表記）」は、都道府県・市町村の教育行政制度、とりわけその中心となる教育委員会制度について定めている。同時に、それらが所管する学校、すなわち主として公立学校を対象とした管理・運営に関する諸規定も含む。国公私立を問わず広く対象にする学校教育法と大きく異なる点である。こうした対象学校種の異同への着眼もまた、法規の相互関係理解の糸口となる。

以上に加えて"教職員人事"も教育法制では一定の地位を占める。公立学校の場合、そこに勤務する教職員は地方公務員でもあるため、まず一般法として「地方公務員法」が適用される。次に教育に従事する公務員として「教育公務員特例法」という特別法が適用される。周知のように、国公私立を問わず学校に教員として勤務する際には、「教育職員免許法」に基づき教員免許状の取得が求められる。

第2項　日本国憲法と教育

（1）現代的課題としての教育を受ける権利

次に、先の整理で示した法令を中心に、教育法制の具体的な内容を検討する。まず取り上げるべきは、日本国憲法の教育規定である。

日本国憲法第26条は教育に関する規定であり、第1項で「すべて国民は、法律の定めるところにより、その能力に応じて、ひとしく教育を受ける権利を有する」と述べ、いわゆる教育を受ける権利を保障している。

これは歴史上、重要な転換であった。戦前の大日本帝国憲法には教育に関する規定はなく、旧憲法第9条に基づく天皇の命令によって（勅令主義）、学校制度が整備された[8]。その中で教育を受けることは、"国家のため"に「忠良ノ臣民」へと育つ「義務」と解されたという。戦後ようやく権利・人権として、

34

第3章　教育経営を支える教育法制

いわば国民主権の下で、慈恵でも治安維持でも他者のためでもない“自らのため”の教育が認められたことになる[9]。

だが、現代もなお、なぜ学校に行くのかという問いに、義務教育だからとの回答、つまり教育を受けることを児童・生徒（国民）の義務と誤解した回答が後を絶たない。前述の歴史上の転換は定着したとは言えず、現在も未完の課題である。また、こう回答せざるを得ない現状、つまり学びを義務と感じさせる現状等を改善し、名実ともに教育先進国をめざす契機として、とくに教育関係者には、先の転換の意義を真摯に受けとめることが求められる。

同項にはこれら実践課題のみならず、理論的究明課題も多く残される。たとえば在日外国人の教育など、グローバル化時代における同項の主語の範囲確定は喫緊の課題である。あるいは「能力」とは何か、いかに「応ずる」べきで、何をどう「ひとしく」するのか。これら諸変数の組み合わせ次第で、発達ニーズ重視か、選良・育英重視か、あるいは別の原理に基づくのか、教育の制度設計から経営まで大きく異なることは想像に難くない。

（2）義務教育の転換

以上の権利への転換に伴い、当然ながら義務教育の意味も転換する。それは同条第1項を受けた第2項に明らかで、そこには「すべて国民は、法律の定めるところにより、その保護する子女に普通教育を受けさせる義務を負ふ。義務教育は、これを無償とする」とある。

ここでの義務教育の意味は、児童・生徒の義務ではない。保護者の義務である。しかもその義務は、旧憲法下のように国家への義務ではなく、子の教育を受ける権利を保障するという前向きな意味を与えられた責務として位置づけられている。これら義務・責務を共同化・組織化したものとして、あるいは保護者が果たし得ないときの補完・代替として、公教育の国家的社会的整備が要請されるのである[10]。

こうして日本の教育法制は、国民、とりわけ未来を担う次世代である児童・生徒の教育を受ける権利、言葉を加えるならば、学ぶ権利と発達する権利を保障すべく、大人世代が彼らに対する義務を果たすために生成・運用されること

になる。ここに、教育を受ける権利が教育経営の出発点となること、そして教育法制が教育経営に重要な意味を持つことの2点を確認できる。

ただし、同項における義務教育の無償の範囲については論争的である。これについては、教育基本法の関連条文と併せて後で述べる。

（3）その他の関連条文

なお憲法には、他にも教育経営にとって重要な条文がある。たとえば第23条の「学問の自由」は戦前への反省から、自由な学問研究が導く科学・真理に基づいて教育を実現する根拠とされる。ただし、これを「教師の教育の自由」に援用することについては見解が分かれる。

また第89条「公の財産の支出利用の制限」も重要である。これは公金や公の財産を「公の支配に属しない教育」に支出・利用することを禁じたもので、いわゆる「私学助成」について、私学への公の支配と私学の自主性との兼ね合いが争点になってきた[11]。近年では「多様な教育機会の確保」をめぐって、フリースクールなどへの公的支援の是非も注目を集めている。

第3項　教育基本法の構成

（1）教育基本法をめぐる経緯

憲法の教育規定を受けて具体的に日本の教育の根幹を形づくる法律が、教育基本法である。名称に含まれる「基本」の語の意味を考えるには、"学校教育"至上主義ともいうべき態度を見直す必要がある。つまり、しばしば忘れられがちであるが、現在の教育は学校教育のみならず、社会教育、家庭教育を含む3領域から成る。それら全領域における教育の「基本」を示す法律として、この名称が与えられていると考えることができる。

同法はもともと戦後改革期の1947（昭和22）年に制定されたものである。それまでの教育理念を示すとされたのは、1890（明治23）年に、明治天皇が発布した「教育勅語」であった。終戦を迎えて、教育勅語の一部内容には普遍性が認められながらも、新憲法の準備した民主主義・平和主義の基礎の上で実施される教育のためには、勅語に代わるものを新たにつくり直すことが必要だとの

第3章　教育経営を支える教育法制

```
┌─────────────────────────────────────────────┐
│ ┌─────────────────────┐                      │
│ │ 第1章　教育の目的及び理念 │                │
│ └─────────────────────┘                      │
│　　1条：目的　2条：目標　3条：生涯学習　4条：機会均等 │
│ ┌─────────────────────┐                      │
│ │ 第2章　教育の実施に関する基本 │            │
│ └─────────────────────┘                      │
│ 【学校教育】…5条：義務教育　6条：学校　7条：大学　8条：私学　9条：教員 │
│ 【家庭教育】…10条：家庭教育　11条：幼児期の教育  │
│ 【社会教育・連携】…12条：社会教育　13条：学校・家庭・地域住民の連携協力 │
│ 【中 立 性】…14条：政治教育　15条：宗教教育   │
│ ┌──────────┐   ┌──────────┐        │
│ │ 第3章　教育行政 │ ＋ │ 第4章　法令の制定 │  │
│ └──────────┘   └──────────┘        │
│　　16条：教育行政　17条：教育振興基本計画　18条：法令制定 │
└─────────────────────────────────────────────┘
```

図3-2　教育基本法の構成

出典：筆者作成。

認識が高まっていく。そして、国民主権の下での法律という形式によって、日本の教育理念を示すという道が選ばれたのである。その結果として生み出されたのが、教育基本法である[12]。

（2）教育基本法の概要

こうした体制は「憲法・教育基本法制」とも称される。とくに教育基本法は、教育の理念を広く示す教育宣言的な意味と同時に、他の教育関連法令の基準として教育憲法的な意味を有するとされ[13]、その改定には憲法並みの慎重さが必要との見解もあった。しかし2006（平成18）年、さまざまな論議を呼びながらも改定されて、現在に至っている。

改定前の旧教育基本法は全11条の比較的短い法律であったが、改定後の新法は全18条と条文が増え、章構成も示された。時代の変化に応じて盛り込まれた文言も多い。同法の全体像を記せば以下のようになる。

（3）教育の目的・目標・理念

第1章の各条では、教育の目的が一文で示され、それを受けて、やや具体化された目標群が記される。その上で、教育において大切にすべき二つの理念が書かれている。これらの目的と目標や理念については、教育に関する実践自体

が有すべき意図性・計画性、さらには理想に対応するものでもあり、教育経営においても重視されるべきと言えよう。

第1条に掲げられる教育の目的は「人格の完成を目指し、平和で民主的な国家及び社会の形成者として必要な資質を備えた心身ともに健康な国民の育成」である。国家や社会の維持・発展が目的ではない。その形成に必要な資質を含みつつも、あくまで個人の発達に主眼を置いた目的である。

第2条では目標として5項目を挙げる。2006年の改正の際、旧法との相違として最も大きな議論を呼んだ部分の一つである。

知育・徳育・体育の側面をはじめ、個人尊重など旧法を継承した普遍的価値、正義や男女平等など社会関係の側面、生命・自然など環境の側面、さらに伝統・文化の尊重や「我が国と郷土」を愛し、平和と発展へ寄与する態度の醸成など国家形成・国際関係の側面で、それぞれ目標が設定されている。

第3条では生涯学習を重視すること、第4条では、憲法26条第2項を受けて、教育を受ける権利に対応する「機会」を均等に保障することをそれぞれ求める。後者では、障がいのある者や経済的理由で修学が困難な者への教育保障を国・地方公共団体に義務づけた点が、教育経営上とくに重要である。

◢ 第3節　教育経営を動かす教育法制 ◣

第1項　教育基本法に見る教育経営の基礎

（1）教育の基盤としての「義務教育」とその目的

教育法制は、これら教育の目的・理念等の根本的な原理を示して教育経営に一定の方向性を与えると同時に、経営主体が動く組織的・制度的な枠組みを整備・設定した上で、諸主体の役割について、その概要を指示する。次にそうした整備・設定や指示の内容について検討しておこう。

教育基本法の第2章では、学校教育、家庭教育、社会教育の各領域の基礎となる事柄が述べられる。逆に言えば先述の目的・目標や理念は、学校教育だけでなく各領域に共通することがあらためて確認できる。

教職に焦点を当てる本書の立場からすれば、学校教育に関する事項を中心に検討することが求められる。特に教育経営に深く関連する条文として、同法第2章の第5条、第6条、第9条に触れておかなければならない。

　第5条は「義務教育」を規定したもので、四つの項から成る。第1項では憲法第26条第2項の第1文とほぼ同じ内容が記され、保護者は子に普通教育を受けさせる義務があるとされる。普通教育とは、職業教育や専門教育の対概念であり、日常生活で全ての人間にとって共通に必要な基礎的一般的な知識技能を習得させ、調和のとれた人間の形成をめざす教育とされる[14]。

　第2項では義務教育の目的が概括される。同法第1条における教育全体の目的規定とも重なりながら、「社会において自立的に生きる基礎を培」うこと、「国家及び社会の形成者」に必要な資質のうち「基本的な資質」を養うこと、といった、義務教育段階で育むことがふさわしい事柄を述べている。

（2）義務教育における国・地方の位置

　第3項では義務教育の機会保障・水準確保に向けて国と地方公共団体の役割分担・協力・責任について記されている。同項は義務教育に限定した規定だが、後述の第16条では同様の文言を用いつつ、より広い範囲で両者の関係を整理している。どちらの箇所も、教育経営の主体間関係の一つである中央－地方政府間関係を律する出発点として注目すべきところである。

　第4項では公立および国立学校における授業料不徴収が述べられる。これは憲法第26条第2項の第2文にある「無償」の範囲を、授業料のみに限定したものと解することができる。前節で触れたように、こうした無償の範囲については、同項のとおり授業料に限ってよいのか、また義務教育段階にとどめてよいのか等の点で論争になってきた[15]。国の財政負担能力や立法政策等に委ねられるところも大きいとされるが、「格差社会」や「子どもの貧困」が問題視され、また塾の費用等、学校以外の教育費の影響も無視できない昨今、あらためて検討が必要な論点と言える。

（3）「学校教育」

第6条では「学校教育」が記される。第1項では、学校が公の性質を有することと同時に、学校設置を許される主体として国、地方公共団体、法律に定める法人の3者が挙がる。この法人とはいわゆる学校法人である。学校種については別の視点でも分類可能であるが、この条文では設置主体の視点から国立学校、公立学校（都道府県立学校、市区町村立学校）、私立学校の3種類が存在することが理解できる。さらに、私立学校であっても「公の性質」を有する点にも留意しなければならない。

続く第2項では学校が具備すべき条件として、教育の目標（第2条参照）の達成に向けて、教育を受ける者の心身の発達に応ずることや、学校での教育が体系的・組織的に行われる必要性を述べている。とりわけ体系性や組織性を求めることによって、野放図な学校の設置や運営に一定の歯止めをかけることも期待でき、教育経営の観点からは注目に値する。

（4）「教員」

第9条は、学校教育を中心的に担う「教員」に関する条文である。第1項では教員が①自己の崇高な使命を深く自覚すること、②絶えず研究と修養に励むこと、③職責の遂行に努めることを義務づける。なお教育分野では、②に言う「研究と修養」を併せた語として「研修」を理解することが多い。この第1項は、第6条に言う学校の「公の性質」に呼応して、公立・私立を問わず「学校」に勤務する教員に高い倫理性を求めたものと理解できる。

他方、こうした義務的側面のみならず、それを画餅に終わらせないように、教員への社会的尊重の必要性もまた同時に規定されている。この点を見逃してはならない。すなわち第9条第2項には、第一に教員の「身分尊重」と「待遇適正」を、第二に「養成と研修の充実」を、それぞれ図ることが明確に規定されている。このように法律に定めがあることによって、国や地方公共団体に制度整備・政策充実の義務が発生するのである。

第3章　教育経営を支える教育法制

第2項　国・地方の教育経営としての教育行政

（1）中立性原理

　同法の第14条と第15条では、教育を制度化していく上で重要な事柄が規定されている。それは「中立性」の問題である。

　第14条では政治教育が、第15条では宗教教育がそれぞれ扱われ、公民としての政治的教養や、宗教に関する教養等は尊重されるべきとされるが、特定の政党・宗教のみを支持ないし反対することは禁じられる。これが政治的中立性・宗教的中立性である。ただし、宗教教育の禁止は国公立学校にのみ該当し、私立学校ではその実施が認められている。

　なお、前者の政治教育については、2015（平成27）年の公職選挙法の改正によって選挙権年齢が満20歳以上から満18歳以上に引き下げられたため、特に高等学校において政治的教養を育む教育の一層の充実が求められている。もちろん、その際も政治的中立性の確保が重要なことは言うまでもない。

　これら条文からは、とりわけ戦前の教育・政治・宗教の一体化への強い反省が読み取れる。時代は変われども教育を社会的・国家的に制度化していく際には、あたかも真空中で制度化するかのような状況とは異なり、現実には多様な社会的力学関係から作用を受け、教育本来の使命を果たせないおそれもある。こうした観点からすれば、この二つの条文は、教育の制度・経営を考える上で最重視されるべき条文に含まれることが理解できよう。

（2）教育行政の位置

　第3章と第4章は、教育の社会的・国家的な制度化を進める上で中心となるべき教育行政のあり方について、基本的な原則を述べている。

　まず第16条で取り上げられるのは、国や地方における「教育行政」の役割と注意点および基本的方向性である。第5条第3項と同様に国と地方との役割分担・協力が述べられ、国には「教育の機会均等と教育水準の維持向上」のために施策の総合的策定・実施を求め、地方には各地の教育振興のために、それぞれの実情に応じた施策の策定・実施が求められる。

41

また同条では教育の「不当な支配」を禁じている。この文言自体は旧法からの継承である。旧法制定当時の文部官僚の解説に従えば、「不当」とは、国民意思ではない「一部の勢力」を指す。そして教育は「国民のもの」である点で政治と「同一の目標」をめざすが、政治とは異なり「未来への準備」という点で「一層理想主義的」であり、それら一部の勢力の「不当」な介入を拒み、「現実との妥協を排斥」する必要があると言う[16]。

(3) 教育振興基本計画と法律主義

次の第17条は前条を受け、国や地方に対して「教育振興基本計画」の策定を指示する条文である。この計画は、教育を振興するための基本方針と施策を盛り込んだものであり、国の政府に対しては義務として、地方公共団体には努力義務としてそれぞれ策定を求めている。

最後の第18条では、同法の条項実施には法令の制定が必要であるとしている。これは、先に言及した戦前における勅令主義に基づく教育行政を排し、法律主義に基づくことを義務づけたものである。

以上、教育基本法は、教育経営が主に展開される学校という組織的・制度的なフィールドを画定・成立させ、それを中心的に担う教員の立場を基礎づけると同時に、教育の目的や理念、計画といった教育経営の端緒・枠組みを、国や地方を含む諸主体に与える起点として重要な役割を果たしている。

第3項　学校教育法の概要

国・地方・学校では、こうした基礎の上に具体的な教育経営が展開されていく。その各々が基づく個別法規の詳細については前述のとおり他章に譲り、本章では、その中心となる二つの法規について最後に概説しておく。

第一に挙げられるのは「学校教育法」である。同法第1条では、日本の教育機関である学校の種類として、幼稚園、小学校、義務教育学校、中学校、高等学校、中等教育学校、特別支援学校、大学、高等専門学校の9種類を示す。ここでの学校種は、教育段階・学校階梯の視点で分類されたものと言える。同条の番号に由来して、これらの学校は「1条校」と称される。

同法は全13章146条文で構成される。章立ては第1章の総則から始まり、第2章に義務教育の諸規定が置かれ、以下、幼稚園から高等専門学校まで学校種ごとに第3〜10章が設けられる。第11章には、1条校ではないが「学校教育に類する教育」を行う機関として専修学校のことが述べられ、雑則、罰則と章が続く。既に触れたように公立・私立の双方を視野に入れる法律であるが、個別条文では私立に限定したものや、設置者として教育委員会を名指しするもの、つまり公立に限定した条文もある（例：第35条）。

教育経営に関連する条文の例を挙げれば、第5条で学校は設置者が管理・経費負担することを述べる（設置者管理主義・設置者負担主義）。第11条では児童・生徒への懲戒は可能とされるが、体罰は禁じられる。これを受けて同法施行規則第26条では懲戒に必要な条件が規定される。懲戒の一種に高校等で適用される停学があるが、これに類するものとして義務教育段階では、出席停止という、教育を受ける権利の停止となりうる重大な処分がある。ただし、これは本人の問題行動を戒め懲らしめるためのもの、つまり懲戒ではなく、あくまで感染症予防や他の児童・生徒の権利擁護の観点に基づく措置とされる[17]。

学校種ごとの章では、それぞれの目的・目標、修業年限、配置されるべき教職員の種類等が明示される。なお小学校等での規定が他の学校種にも適用される場合があり、準用規定の条文がそれぞれ設けられている。

以上、同法は各学校での遵守事項が多く記されるため、経営というよりは管理・運営の語の印象が強い法律かもしれない。だが「公の性質」を持つ学校にとっては重要な規制群であり、その円滑な実現も教育経営の重要な目的の一部に含まれる。また、学校組織の要件など、教育経営の基本的な“場を整える”意味でも重要な法律であることは疑う余地がない。

第4項　地方教育行政法の概要

第二に挙げられるのが、地方教育行政法である。日本の地方教育行政は、他領域の一般的な行政制度とは異なり、教育委員会制度という固有の形態を取っている。同法はこの固有性に対応するもので、①教育委員会の設置・組織・権限、②地方公共団体の長（知事や市町村長など首長）の教育行政上の機能、③

学校その他の教育機関の設置・管理、④文部科学大臣や教育委員会等の教育行政機関相互の関係等を定めている[18]。

　教育経営の見地からすれば、①と②は各地の教育が誰によって運営されるのかという教育経営の主体の構成原理について、③は教育委員会が所管学校にどう向き合うかという教育経営の中心的機能について、④は各教育経営主体間の関係について、それぞれ法律上整理したものと言える。

　そもそも教育委員会制度は、戦後改革の一環として、1948（昭和23）年に制定された「教育委員会法」という法律によって創設された。当時は、教育における住民自治の実現等の観点から都道府県・市町村ごとに住民の投票で教育委員を選んでいた（公選制）。しかし、教育委員選挙をめぐる混乱等が問題視される中で、また当時のいわゆる「逆コース」と呼ばれる政治動向を背景に、同法は1956（昭和31）年に廃止され、代わって地方教育行政法が成立した。同法では教育委員の公選制を廃止して任命制を導入し、首長が議会の同意を得て教育委員を任命することになったのである[19]。

　さらに2014（平成26）年、教育行政の責任が不明瞭だとされて同法が改定され、従来、教育委員会が任命していた教育長（第6章参照）を、首長が議会の同意を得て任命することになったほか、総合教育会議や教育大綱の創設等、総じて首長が教育行政への影響を強めることになった。それは、民意を代表する首長の意向を教育行政に反映すべきという理由によるものであるが、教育の政治的中立性や、教育行政の一般行政からの独立等に照らして懸念の声もある。各地の教育経営の主体をめぐっては、適切な権限と責任のあり方、住民のかかわりや位置づけ、未来への準備としての教育と現世代の民意との関係等、解明課題が多く残される[20]。

　同法でもう一つ重要になるのは学校との関係である。学校教育法第5条の設置者管理主義に基づき、地方教育行政法第21条は、教育委員会の職務権限の一つとして「所管に属する学校……の設置、管理及び廃止」を挙げる。所管に属する学校とは公立学校であり、私立は含まない（第7章参照）。

　これを受けて、同法第33条では「学校……の施設、設備、組織編制、教育課程、教材の取扱その他……管理運営の基本的事項について、必要な教育委員会

規則を定める」ことが記される。これは前述の法規種類に述べた規則の一つである。教育委員会が制定する教育委員会規則のうち、同条に基づく規則が、通例「学校管理規則」と呼ばれるものである。

　学校管理規則は、公立学校各校の適正な運営や秩序維持の面で大切な役割を果たしている。他方で同規則については、かねてより問題指摘も多く、論争も見られた。近年では十分に議論されていない印象もあるが、理論的実践的論点が全て解消したわけではない。同規則が各校の望ましい運営の実現を図るものであったとしても、それを実現する条件とは何か。むしろ、規制的根拠としては機能しても助長的効果が乏しいことや、画一的であると指摘され続けてきたことにどう応ずるのか。そもそも学校に対する教育行政の包括的支配権の範囲や是非をどう考えるか。これら問題群は今なお課題と言える[21]。

　この例からも示唆されるように、教育法制は教育経営を支える役割を負うが、無論それは理想を述べたものに過ぎない。実際には、教育法制なくして教育経営が成立しないこともあれば、逆に過度の制約や阻害をもたらすこともありうる。先入観を排し、絶えず冷静に吟味していく姿勢が必要である。

〈注〉
（1）高木英明「教育法制」細谷俊夫・奥田真丈・河野重男・今野喜清編集代表『新教育学大事典・第2巻』第一法規、1990年、362頁。
（2）説明の一例として、建林正彦・曽我謙悟・待鳥聡史『比較政治制度論』有斐閣、2008年、36-54頁。
（3）芦部信喜著・高橋和之補訂『憲法（第6版）』岩波書店、2015年、326-328頁。
（4）菱村幸彦編著『教育法規の要点がよくわかる本（新訂版）』教育開発研究所、2015年、22-23頁。
（5）木田宏『教育行政法（新版）』良書普及会、1983年、28頁。
（6）国の機関が定める同名の「規則」もあり、命令の一種となる（例：会計検査院規則）。行政以外の最高裁判所や両議院が憲法に基づき定める「規則」もあるが、命令には含まない。北村喜宣・川﨑政司・渡井理佳子編『行政法事典』法学書院、2013年、31頁。
（7）南野森編『ブリッジブック法学入門（第2版）』信山社、2013年、45頁。

（8）文部省『学制百年史（記述編）』帝国地方行政学会、1972年、276頁。

（9）兼子仁『教育法（新版）』有斐閣、1978年、137-138頁。

（10）堀尾輝久『現代教育の思想と構造』岩波書店、1971年、199-201頁。

（11）市川昭午『教育の私事化と公教育の解体──義務教育と私学教育──』教育開発研究所、2006年、216-223頁。

（12）海後宗臣編『教育改革（戦後日本の教育改革1）』東京大学出版会、1975年、158-161頁。

（13）徳永保編著『教育法規の基礎理解』協同出版、2014年、23頁。

（14）高橋寛人「普通教育」市川昭午・永井憲一監修『子どもの人権大辞典』エムティ出版、1997年、708頁。

（15）奥平康弘と永井憲一の論争がよく知られる。言及例として、小川正人編著『教育財政の政策と法制度』エイデル研究所、1996年、23-25頁。

（16）辻田力・田中二郎監修・教育法令研究会著『教育基本法の解説』国立書院、1947年、128-130頁。同条に対しては国民への直接責任の文言削除等、旧法からの変更点を懸念する見解もある。平原春好編『概説教育行政学』東京大学出版会、2009年、87頁。

（17）鈴木勲編著『逐条学校教育法（第8次改訂版）』学陽書房、2016年、339頁および344頁。

（18）木田宏著・教育行政研究会編著『逐条解説　地方教育行政の組織及び運営に関する法律（第4次新訂）』第一法規、2015年、51頁。

（19）日本児童教育振興財団編『学校教育の戦後70年史』小学館、2016年、34-35頁および169頁。

（20）日本教育行政学会研究推進委員会編『首長主導改革と教育委員会制度──現代日本における教育と政治──』福村出版、2014年、等参照。

（21）高橋洋平・栗山和大『現代の学校マネジメントの法的論点厳選10講──文部科学省若手職員が学校管理職の疑問に答える──』第一法規、2011年、24頁。吉本二郎『学校経営学』国土社、1965年、112-113頁、等。

〈推薦図書〉

姉崎洋一他編『ガイドブック教育法（新訂版）』三省堂、2015年。

篠原清昭編著『教育のための法学』ミネルヴァ書房、2013年。

日本教育法学会編『教育法の現代的争点』法律文化社、2014年。

樋口修資『最新教育法の基礎』明星大学出版部、2015年。

菱村幸彦『はじめて学ぶ教育法規（改訂新版）』教育開発研究所、2015年。

第 **4** 章

教育経営と教育行財政

第1節　教育財政の機能と構造

第1項　教育財政とは何か

　財政とは、国または地方公共団体などが行政活動や公共政策の遂行のために行う、資金の調達・管理・支出などの経済活動のことである。財政の機能には、市場では提供できない公共財を提供する配分機能、所得の格差を是正する分配機能、経済を安定させる安定機能がある[1]。教育財政は、財政の一つの領域として理解することができるが、教育行政が一般行政から独立して機能していることと連動して、独自の課題をもち、固有の論理でそのあり方を研究する必要性がある。

　教育財政は、公教育の提供に必要な資源の配分がそのもっとも重要な機能である。公教育は、学校教育と社会教育の一部を含むものであり、国、地方公共団体がその設置や運営などに関与する教育である。それに加えて、教育基本法第10条第2項において、「家庭教育を支援するために必要な施策を講ずるよう努める」ことが国及び地方公共団体に義務づけられているように、家庭教育への関与も必要とされるようになってきている。

　資源の配分機能のほか、教育財政においては、「経済的な理由によって修学が困難な者に対して奨学の措置」（教育基本法第4条第3項）を講じることが求められているように、就学援助や奨学金を提供することにより、所得の分配機能も担っている。公教育それ自体が、所得の格差にかかわらず、すべての子

どもの教育を受ける権利を保障し、公正な社会を実現することを目指すもので
あることから、分配機能に寄与する点は重要である。

また経済の安定機能の面では、2009（平成21）年度の補正予算に基づき、「地
域活性化・経済危機対策臨時交付金」や「緊急雇用創出事業臨時特例交付金」
を活用して、学校 ICT 環境整備事業が実施されたことがあった。この事業は、
ICT 関連の資源を配分するものであるが、国全体の政策の観点からは、経済の
安定機能を担うものであった。

以上のように、教育財政は、学校教育に関わる資源配分機能を中心としつつ、
所得分配機能や経済安定機能を担う面もあり、多様な機能を果たしていると見
ることができる。

第2項　教育財政制度

（1）国と地方との関係

教育財政制度は、独立した制度ではなく、財政制度の一つの領域である。し
たがって、教育財政制度は、財政制度全体の原則を踏まえながら、その独自の
考え方に基づき、制度設計と運営を進めていくことが必要である。

財政制度について考える場合に、国と地方との関係を見ることが必要である。
なぜならば、国と地方とがそれぞれの固有の役割を担う関係というよりも、相
互に協力、分担し合う関係となっており、両者の関係のあり方が、財政制度の
特徴を示すことになるからである。

国と地方とを合わせた全体として、歳入と歳出における両者の関係を見るな
らば（総務省『地方財政白書（平成28年度版）』）、歳入に関しては、2014（平
成26）年度において国税が61.1％、地方税が38.9％となっており、歳出に関し
ては、国の支出が41.7％、地方の支出が58.3％となっていた。学校教育の歳出
について見るならば、国が12％、地方が88％であった。財政制度の構造として
は、国レベルで税収が集中し、それを地方に移転することにより、最終的な支
出がなされるという中央集権的な特徴を見ることができる。

次に地方の歳入の状況（表4-1-1）について見るならば、地方税の割合は、
36.0％に過ぎず、また一般財源の割合も56.1％にとどまっており、国や地方債

48

第4章　教育経営と教育行財政

表4-1-1　歳入純計決算額の状況

	決算額			構成比		増減率	
	平成26年度	平成25年度	増減額	26年度	25年度	26年度	25年度
	億円	億円	億円	%	%	%	%
地方税	367,855	353,743	14,112	36.0	35.0	4.0	2.7
地方譲与税	29,369	25,588	3,780	2.9	2.5	14.8	12.7
地方特例交付金	1,192	1,255	△63	0.1	0.1	△5.0	△1.5
地方交付税	174,314	175,955	△1,640	17.1	17.4	△0.9	△3.8
小計（一般財源）	572,729	556,541	16,188	56.1	55.0	2.9	0.9
（一般財源＋臨時財政対策債）	627,377	616,920	10,457	61.5	61.0	1.7	1.0
国庫支出金	155,189	165,118	△9,929	15.2	16.3	△6.0	6.3
地方債	115,185	122,849	△7,664	11.3	12.2	△6.2	△0.4
うち臨時財政対策債	54,647	60,379	△5,731	5.4	6.0	△9.5	2.1
その他	177,732	166,490	11,241	17.4	16.5	6.8	△1.1
合　計	1,020,835	1,010,998	9,836	100.0	100.0	1.0	1.3

(注)　国庫支出金には、交通安全対策特別交付金及び国有提供施設等所在市町村助成交付金を含む。

出典：総務省『地方財政白書』（平成28年度版）。

などに財源を依存していることがわかる。教育費の財源内訳を見ると（表4-1-2）、国庫支出金の割合は、純計額で14.8％、都道府県が19.0％、市町村が6.6％となっており、国庫支出金への依存度は、地方の歳入全体と比べると教育費の歳入については若干低い状況である。地方の歳入全体の内訳では、国庫支出金の割合は、都道府県については12.4％、市町村については15.6％（『地方財政白書』平成28年度版、資料編第10表）であり、都道府県では教育費に関する国庫支出金の割合が高いが、市町村では教育費に関する国庫支出金の割合はかなり低くなっている。

　以上のように、地方が国の財源に依存している状況を見ることができる。では、地方が依存している国の財源にはどのようなものがあるのか、どのような仕組みで交付されるのか、次に見ていこう。その主なものは、国庫支出金と地方交付税交付金である。

49

表4-1-2　教育費の財源内訳

（単位：百万円・%）

区　分	平成26年度						平成25年度純計額		比較		
	都道府県		市町村		純計額				増減額	増減率	前年度増減率
国庫支出金	2,075,205	19.0	386,681	6.6	2,461,886	14.8	2,497,378	15.5	△35,492	△1.4	3.2
都道府県支出金	–	–	77,467	1.3	–	–	–	–	–	–	–
使用料、手数料	100,895	0.9	80,571	1.4	181,466	1.1	96,243	0.6	85,223	88.5	△4.6
分担金、負担金、寄附金	5,340	0.0	40,948	0.7	39,550	0.2	42,977	0.3	△3,427	△8.0	8.7
地方債	259,709	2.4	849,817	14.6	1,104,733	6.6	912,763	5.7	191,970	21.0	△10.3
その他特定財源	198,816	1.9	414,923	7.1	598,431	3.6	496,897	3.1	101,534	20.4	△0.7
一般財源等	8,276,977	75.8	3,979,816	68.3	12,272,072	73.7	12,041,520	74.8	230,552	1.9	△0.2
合　計	10,916,942	100.0	5,830,223	100.0	16,658,138	100.0	16,087,778	100.0	570,360	3.5	△0.4

出典：総務省『地方財政白書』（平成28年度版）。

（2）国庫支出金

　地方財政法第9条は、「地方公共団体の事務……を行うために要する経費については、当該地方公共団体が全額これを負担する」と規定しており、財政における地方自治が原則となっている。学校教育に関しても、学校教育法第5条において、「学校の設置者は、その設置する学校を管理し、……その学校の経費を負担する」と規定されている。しかし実際には、地方公共団体の事務の中で国が全部または一部負担する経費（地方財政法第10条、第10条の2、第10条の3）が定められ、学校の経費負担についても、法令に特別の定めがある場合を除く（学校教育法第5条）ことが規定されており、国庫支出金の制度が整備されている。

　国庫支出金は、国から都道府県、市町村に対して、使途を特定して交付される負担金、補助金の総称である。国庫支出金の中で、学校教育に関わる国庫負担金、国庫補助金について、以下に整理しよう。

①　国庫負担金

　国庫負担金とは、「地方公共団体が法令に基づいて実施しなければならない事務であって、国と地方公共団体相互の利害に関係がある事務のうち、その円滑な運営を期するために、なお、国が進んで経費負担する必要がある」ものについて、「国が、その経費の全部又は一部を負担する」（地方財政法第10条）も

のである。

　学校教育に関しては、義務教育費国庫負担金、義務教育諸学校等施設費国庫負担金、公立学校施設災害復旧費国庫負担金、特別支援教育就学奨励費負担金がある。

　義務教育国庫負担金は、「義務教育無償の原則に則り、国民のすべてに対してその妥当な規模と内容とを保障するため、国が必要な経費を負担することにより、教育の機会均等とその水準の維持向上とを図ることを目的とする」（義務教育費国庫負担法第1条）ものである。対象となるのは、義務教育諸学校の教職員の給与及び報酬に要する経費であり、国は経費の3分の1を負担する。

　義務教育諸学校等施設費国庫負担金は、「公立の義務教育諸学校等の施設の整備を促進するため」に、「建物の建築に要する経費について国がその一部を負担」し、「義務教育諸学校等における教育の円滑な実施を確保することを目的とする」（義務教育諸学校等の施設費の国庫負担等に関する法律第1条）ものである。国の負担の対象となるのは、ⅰ）公立小学校及び中学校における教室不足を解消するための校舎の新築または増築に要する経費（2分の1）、ⅱ）公立小学校及び中学校の屋内運動場の新築又は増築に要する経費（2分の1）、ⅲ）公立の特別支援学校の小学部及び中学部の建物の新築又は増築に要する経費（2分の1）、ⅳ）公立小学校及び中学校の統合に必要な校舎又は屋内運動場の新築又は増築に要する経費（2分の1）（同法第3条）、である。

　公立学校施設災害復旧費国庫負担金は、公立学校の施設の災害復旧に要する経費について、国が負担することにより、学校教育の円滑な実施を確保することを目的とするものである（公立学校施設災害復旧費国庫負担法第1条）。国は、公立学校の施設の災害復旧に要する経費の3分の2を負担することになっている（同法第3条）。

　特別支援教育就学奨励費負担金は、特別支援学校への児童、生徒の就学を奨励するために、保護者等の経済的負担を軽減することを目的として、都道府県が教科書購入費、学校給食費、交通費、寄宿舎居住費、修学旅行費、学用品購入費の全部又は一部を支弁する経費の2分の1を国が負担するものである（特別支援学校への就学奨励に関する法律）。

② 国庫補助金

国庫補助金とは、「施策を行うため特別の必要があると認めるとき又は地方公共団体の財政上特別の必要があると認めるとき」（地方財政法第16条）に、国が地方公共団体に交付するものである。施策の実施を奨励することと地方公共団体の財政負担の軽減することを目的としている。

文部科学省の教育関係（平成28年度予算）については、学校・家庭・地域連携協力推進事業費補助金、教育支援体制整備事業費補助金（補習等指導員等派遣事業費、いじめ対策等総合推進事業費、インクルーシブ教育システム推進事業費）、学校教育設備費等補助金（高等学校産業教育設備整備費、特別支援教育設備等整備費）、理科教育設備整備費等補助金、へき地児童生徒援助費等補助金、高等学校等就学支援事業費補助金、要保護児童生徒援助費補助金、教育振興事業費補助金、幼稚園就園奨励費補助金、特別支援教育就学奨励費補助金などがある。なお学校教育設備費等補助金は、私立学校を対象とするものであり、公立学校については、後述する三位一体改革により、平成17年度より一般財源化されている。そのほか、私立大学、私立学校に対しては、経常費等の補助金が支出されている。

③ その他

義務教育諸学校施設費国庫負担法第12条に基づき、「国は、地方公共団体に対し、公立の義務教育諸学校等施設に係る改築等事業の実施に要する経費に充てるため」交付金を交付することができる。それは、安全・安心な学校づくり交付金と呼ばれるものであり、安全・安心な学校づくり交付金交付要綱（平成18年7月13日　18文科施第186号）に基づいて交付される。

交付金を得ようとする地方公共団体は、公立の義務教育諸学校等施設の整備に関する施設整備基本方針（平成18年文部科学省告示第61号）及び公立の義務教育諸学校等施設の整備に関する施設整備基本計画（平成18年文部科学省告示第62号）に基づき、施設整備計画を作成し、文部科学大臣に提出することになっている。交付対象となる事業は、老朽化した学校建物の改築、大規模改造、地震防災対策事業、公害防止工事、地域・学校連携施設整備事業、屋外教育環境整備事業、木の教育環境整備事業、公立の小・中学校、中等教育学校（前期課

程）、特別支援学校（小中学部）以外の施設における新増築事業、環境を考慮した学校施設（エコスクール）の整備推進に関するパイロット・モデル事業などである。このように、多様な補助対象事業の範囲において地方公共団体が独自に計画を作成し、それに基づいて交付金が交付される仕組みとなっている。

（3）地方交付税交付金

地方交付税は、地方公共団体間の財源の不均衡を調整し、すべての地方公共団体が一定の水準の維持しうる財源を保障する見地から、国税の収入の一定割合を地方公共団体間に配分する制度である[2]。地方交付税の財源は、所得税（33.1％）、法人税（33.1％）、酒税（50％）、消費税（20.8％）、地方法人税の全額である（地方交付税法第6条第1項）。

地方公共団体への地方交付税額は、基準財政需要額から基準財政収入額を差し引いた額、すなわち財源不足額である。基準財政収入額が基準財政需要額以上となる地方公共団体には交付されない。

基準財政収入額は、標準的地方税収入見込み額の75％に地方譲与税などを加算した額になる（同法第14条）。

基準財政需要額は、行政項目ごとに単位費用に測定単位を掛け、それに補正係数を掛けた額の合算した額となる（同法第11条）。測定単位と単位費用が法定されている（同法第12条）。教育に関する経費の種類と測定単位は、表4-1-3の通りである。

表4-1-3　教育に関する経費の種類と測定単位

	経費の種類	測定単位		経費の種類	測定単位
道府県	教育費		市町村	教育費	
	小学校費	教職員数		小学校費	児童数、学級数、学校数
	中学校費	教職員数		中学校費	生徒数、学級数、学校数
	高等学校費	教職員数、生徒数		高等学校費	教職員数、生徒数
	特別支援学校費	教職員数、学級数			

（4）地方の教育財政

　地方の歳出全体について目的別状況（表4-1-4）を見ると、教育費は16.9％を占めている。民生費が24.8％を占めており、突出している。高齢化が進み、民生費の伸びが著しいことが明らかであり、地方にとって大きな負担となっている。

表4-1-4　目的別歳出純計決算額の状況

区分	決算額			構成比		増減率	
	平成26年度	平成25年度	増減額	26年度	25年度	26年度	25年度
	億円	億円	億円	％	％	％	％
総務費	98,700	100,006	△1,306	10.0	10.3	△1.3	0.4
民生費	244,509	234,633	9,876	24.8	24.1	4.2	1.3
衛生費	61,434	59,885	1,549	6.2	6.1	2.6	△0.1
労働費	4,244	6,209	△1,964	0.4	0.6	△31.6	△19.2
農林水産業費	33,486	35,009	△1,523	3.4	3.6	△4.4	10.0
商工費	55,095	59,157	△4,061	5.6	6.1	△6.9	△4.7
土木費	120,505	121,252	△747	12.2	12.4	△0.6	7.9
消防費	21,273	19,931	1,342	2.2	2.0	6.7	4.5
警察費	31,970	30,964	1,006	3.2	3.2	3.3	△2.9
教育費	166,581	160,878	5,704	16.9	16.5	3.5	△0.4
公債費	133,655	131,271	2,384	13.6	13.5	1.8	0.9
その他	13,776	14,925	△1,151	1.5	1.6	△7.7	△10.1
合　計	985,228	974,120	11,108	100.0	100.0	1.1	1.0

出典：総務省『地方財政白書』（平成28年度版）。

　次に教育費の目的別内訳（表4-1-5）を見ると、都道府県において、小学校費と中学校費が約5割を占めていることが特徴となる。県費負担教職員制度により、小学校、中学校の教職員の給与を都道府県が負担しているためである。これに対して、市町村における小学校費、中学校費の割合は、約4割となっている。一方、市町村において目立つのが、社会教育費と保健体育費である。都道府県では、それぞれ1％程度の割合しか負担していないのに対して、市町村では、社会教育費18.1％、保健体育費21.4％となっており、社会教育、保健体育の事業が市町村中心に行われていることがわかる。

　教育費の性質別内訳（表4-1-6）について見ると、純計額で人件費が61％となっている。地方全体の歳出では人件費は22.9％であり、教育費において人件費の占める割合が非常に大きいことが特徴である。都道府県では、歳出全体では人

第4章　教育経営と教育行財政

表4-1-5　教育費の目的別内訳

	純計 16兆6,581億円 （100.0%）	都道府県 10兆9,169億円 （100.0%）	市町村 5兆8,302億円 （100.0%）
小学校費	4兆8,240億円（29.0%）	3兆3,966億円（31.1%）	1兆4,329億円（24.6%）
中学校費	2兆8,448億円（17.1%）	2兆 214億円（18.5%）	8,277億円（14.2%）
高等学校費	2兆2,467億円（13.5%）	2兆 941億円（19.2%）	1,601億円（ 2.7%）
社会教育費	1兆2,202億円（ 7.3%）	1,776億円（ 1.6%）	1兆 563億円（18.1%）
保健体育費	1兆3,680億円（ 8.2%）	1,323億円（ 1.2%）	1兆2,494億円（21.4%）
教育総務費	2兆8,430億円（17.1%）	2兆 910億円（19.2%）	7,887億円（13.5%）
その他	1兆3,114億円（ 7.8%）	1兆 39億円（ 9.2%）	3,151億円（ 5.5%）

出典：総務省『地方財政白書』（平成28年度版）。

表4-1-6　教育費の性質別内訳

	純計 16兆6,581億円 （100.0%）	都道府県 10兆9,169億円 （100.0%）	市町村 5兆8,302億円 （100.0%）
人件費	10兆1,549億円（61.0%）	8兆8,098億円（80.7%）	1兆3,451億円（23.1%）
普通建設事業費	2兆2,824億円（13.7%）	4,234億円（ 3.9%）	1兆8,756億円（32.2%）
補助事業費	9,673億円（ 5.8%）	933億円（ 0.9%）	8,790億円（15.1%）
単独事業費	1兆3,150億円（ 7.9%）	3,301億円（ 3.0%）	9,966億円（17.1%）
県営事業負担金	－	－	0億円（ 0.0%）
物件費	2兆2,520億円（13.5%）	3,462億円（ 3.2%）	1兆9,058億円（32.7%）
その他	1兆9,688億円（11.8%）	1兆3,375億円（12.2%）	7,037億円（12.0%）

出典　総務省『地方財政白書』（平成28年度版）。

件費は27.2%であるのに対して、教育費では80.7%となっており、人件費の割合が非常に大きい。市町村においても、歳出全体で人件費は15.8%であるのに対して、教育費では23.1%となっている。教育は、教員によって担われる営みであることから、その人件費をいかに負担していくかが重要なテーマである。

（5）地方分権化の課題

　2004（平成16）年度から2006年度の3年間かけて、いわゆる三位一体改革が実施された。それは、上述した国庫支出金の整理、地方交付税を見直し、そして国税から地方税に税源を移譲することにより、地方の財源を拡充し、地方分

権化を図ろうとするものであった。

　日本の財政制度は、決定は中央政府が行い、執行は地方政府が行うという集権的分散システムであると捉えられるが、それを分権的分散システムに移行させようとする制度改革が目指されたと言える[3]。

　三位一体改革は、国税から地方税への税源移譲が３兆円、国庫補助負担金の削減が４兆円、そして地方財政計画の見直しにより地方交付税の圧縮が行われた。教育関係では、義務教育費国庫負担金の扱いが大きな検討課題となり、結局、国の負担率が２分の１から３分の１に引き下げられ、約8,500億円が削減されることになった。

　三位一体改革により、地方交付税は約５兆円削減されたことになり、地方税は増加したものの、地方税と地方交付税の一般財源は減少することになり、地方財政の財源全体は圧縮され、地方分権改革とは言い難いという批判もなされている[4]。地方交付税の縮減は、地方財政計画の赤字減らし、すなわち地方交付税の総額と地方への交付金額の赤字を減らし、財政再建を進めることが、地方分権改革と並行して進められたものである[5]。増税を回避するという政策目標によるものであるが、地方財政計画における収支ギャップは、財政需要額に見合う財政収入額が確保できていないという問題である。地方間の財政力格差を是正するとともに、必要な財源を確保し、地方の財政力を高めていく地方分権改革は、国税の削減によるものではなく、地方税の増税、地方税の共有化なども検討されることが必要となるであろう[6]。

　今日の学校教育は、地域と連携し、その実態に応じて推進していくことが求められていることから、地方分権は教育財政においても重要な課題である。

第3項　教育費の状況

　教育財政について考える際に、制度のあり方とともに、教育に用いられる費用のあり方も重要な検討課題となる。教育に対して、どのような考え方に基づき、どの程度公的な支出をすべきなのか、政策上、そして研究上の重要なテーマである。

　財政の機能に即して考えるならば、公共財の配分機能においては、公共財と

しての教育にどの程度の公的支出をすべきかを検討することが必要となる。公共財は、競合的な民間財とは異なり、非競合的な財である。それは、個人のみならず社会全体により共同で消費されること（消費の集団性）、その購入費を負担していない者をその社会的利益から排除することが不可能であること（排除不可能性）、そのため費用負担と社会的利益との間に経済的不均衡が発生すること（外部経済効果）、によるためである[7]。しかし教育は純粋な公共財ではない。個人的な利益をもたらすだけではなく、教育水準の高さが社会全体の利益ともなりうることであり、混合財[8]あるいは準公共財[9]と捉えることができる。したがって、教育の公共的な面をどのように捉え、そこに資源をどの程度投入するかは、国民の公教育に対する捉え方によって左右される面がある。

　OECD（経済協力開発機構）の調査によって、各国の公教育に対する公的支出の状況を見ると、日本は、教育に対する公的支出がかなり低い国である。公的支出全体に占める教育費支出の割合は、2012年度において、OECD諸国の平均が11.6％であるのに対して、日本は8.8％で31ヶ国中26番目、GDP（国内総生産）に対する公的な教育費支出の割合では、OECD諸国の平均が4.8％であるのに対して、日本は3.7％で32ヶ国中25番目という低さであった。日本の公教育費は、OECD諸国と比べると低い水準にある。

　また教育費における公的支出と私的負担との関係を見ると、日本の場合、全教育段階で公的支出が70.1％（OECD平均83.5％）、私的負担が29.9％（OECD平均16.5％）、初等中等教育段階で公的支出が92.9％（OECD平均90.6％）、私的負担が7.1％（9.4％）、高等教育段階で公的支出が34.3％（OECD平均69.7％）、私的負担が65.7％（OECD平均30.3％）となっていた。OECD諸国と比較すると、高等教育において、公的支出の割合が低く、私的負担の割合が高いという傾向が著しく顕著である。

　中澤渉が分析しているように、日本においては、教育が公的な意味を持つものとしてあまり認識されておらず、教育の私的利益として受け取られる傾向が強く、特に高等教育において私的負担が著しく高い状況をもたらしていると見ることができる[10]。中澤が指摘するように、教育の公共的な利益を実感でき

ていない、学校教育が何の役に立ったのかわからないという見方がなされている表れと見ることができる。教育の公共的意義を高めていくことが検討されるべきであろう[11]。

　次に財政機能の所得分配について考えるならば、就学援助や奨学金のあり方、そして教育の機会均等の保障の観点から、支援を必要とする子どもたちの教育のあり方とそれに見合う資源が投入されているかを検討することが必要となる。2000年代に入り、格差問題[12]、貧困問題が認識されるようになり、とりわけ子どもの貧困[13] が深刻な社会問題として捉えられるようになっている。それは、教育が貧困の連鎖を断ち切ることができていないことを示すものであり、福祉政策とともに、教育によって貧困問題を克服していくことが求められる。そのためには、貧困状態にある子どもを対象とした教育費の増額とともに、貧困の連鎖を断ち切る学校教育のあり方を探求し、それへの資源投入を検討しなければならないであろう。

　それと関わって、苅谷剛彦が明らかにしたように、公立義務教育諸学校の学級編制及び教職員定数の標準に関する法律と義務教育費国庫負担制度による教育費負担のシステムが、地域格差を解消し、学級を単位とする「面の平等」を実現した一方で、能力や学力の面で、個人間の差異を際立たせないものでもある[14]。所得分配の機能は、教育の機会均等化を図るものであることから、貧困の連鎖を断ち切ることを目指すには、個人の差異に焦点化した学校教育の展開が求められ、それには面の平等化を推進してきた資源配分の方法を見直すことも必要となるであろう。

　最後に、経済を安定させる安定機能について考えるならば、教育財政は経済政策ではないため、直接安定機能を果たすことにはならないものの、今日、地方創生が政策課題とされ、地域の活性化が目指されている中で、学校、とりわけ義務教育学校は、地域との関係が密接であり、地域の活性化に学校が寄与することも期待されることを考えるならば、その観点から学校教育への資源投入を検討することも必要となる。

　以上のように、教育財政を通じた教育への公的支出のあり方は、多様な観点から評価されることが必要である。また福祉政策など他の政策領域との連動も

検討される必要があり、教育政策の総合化を図り、その中で教育費の水準、公的支出の水準が議論されなければならない。そのような議論をどのような場で、どのように進めていくか、またその議論に基づく教育費をどのように負担し、配分していくべきか、教育財政制度のあり方を検討していく必要がある。

〈注〉

（1）マスグレイブ著（木下和夫監修、大阪大学財政研究会訳）『財政学Ⅰ』有斐閣、1983年、5-18頁。

（2）神野直彦・小西砂千夫『日本の地方財政』有斐閣、2014年、84-85頁。

（3）神野直彦『財政学（改訂版）』有斐閣、2007年、295-297頁。

（4）神野直彦・小西砂千夫前掲書、225-226頁。

（5）小西砂千夫『地方財政改革の政治経済学――相互扶助の精神を生かした制度設計――』有斐閣、2007年、94-95頁。

（6）同上書、284-290頁。

（7）白石裕「教育財政」村山英雄・高木英明編著『教育行政提要』ぎょうせい、1987年、256-257頁。

（8）マスグレイブ、前掲書、89-93頁。

（9）白石、前掲書、257頁。

（10）中澤渉『なぜ日本の公教育費は少ないのか　教育の公的役割を問いなおす』勁草書房、2014年、363頁。

（11）同上書、363-366頁。

（12）橘木俊詔『格差社会』岩波書店、2006年。

（13）阿部彩『子どもの貧困――日本の不公平を考える――』岩波書店、2008年、阿部彩『子どもの貧困Ⅱ――解決策を考える――』岩波書店、2014年。

（14）苅谷剛彦『教育と平等――大衆教育社会はいかに生成したか――』中央公論新社、2009年。

〈推薦図書〉

神野直彦・小西砂千夫『日本の地方財政』有斐閣、2014年。

苅谷剛彦『教育と平等――大衆教育社会はいかに生成したか――』中央公論新社、2009年。

中澤渉『なぜ日本の公教育費は少ないのか――教育の公的役割を問いなおす――』勁草書房、2014年。

第2節　学校経営と財務

　学校経営とは、「教育機関として、教育目標とそれを達成するためのビジョンと戦略を設定し、その実現のため経営資源（ヒト、モノ、カネ、情報）を調達して、それぞれがもつ機能を生かしながら、組織を通して目標を達成しようとする計画的で継続的な行為である」とされている[1]。そのため、学校における教育活動を成立させ、学校を運営していくためには、校地を確保し、校舎を建築し、施設設備を整備し、教職員を配置し、給与を支払い、学校への就学を保証するための奨学金制度を整えるなど[2]、多岐にわたる教育環境を整備しなければならない。つまり、学校経営においては、教育環境を整備するための資源、すなわち教育資源をいかに調達し配分するかという観点が必要不可欠である。

　しかしながら、一概に教育資源といっても、その内訳はさまざまであり、学校経営上どのような種類の教育資源が、どの程度投入されているかを正確に把握することは簡単なことではない。そこで本節では、学校経営において着目すべき教育資源としてどのようなものがあるか整理するとともに、そこで検討すべき問題点について記述する。

第1項　公教育費と私教育費

　学校経営において最も基本的な教育資源は、学校経営のためのカネ、すなわち教育費である。伊ヶ崎・三輪（1980）によると、教育費とは「教育のために必要な経費であり、教育活動に伴って消費される経費」のことであり、そのうち「国・地方自治体がその財政によって支出する教育費」が公教育費、「就学にともない、家計が支出する教育費」が私教育費とされる[3]。しかしながら、市川（1983）が「公財政支出を公費、家計支出を私費とすると重複する部分が生じる」と指摘するように[4]、たとえば、無償化前の公立高校の授業料については「就学にともない、家計が支出する教育費」であるが、同時にその地方自治体の歳入として計上される経費でもあったため「国・地方自治体がその財

政によって支出する教育費」の一部を構成していることになる。

このように、教育費に関わって特に問題となることがらとして、公教育費であるか私教育費であるかの線引きの困難さが挙げられる。これに関して、実務上における公教育費と私教育費の線引きの基準としては、1974（昭和49）年に都道府県教育長協議会によって示された「学校教育にかかる公費負担の適正化について」や、各自治体で考えられた学校運営費標準（標準運営経費など名称は多数）がある[5]。たとえば、大阪府の『学校徴収金等取扱マニュアル』では、図4-2-1のような区分がなされている。

名称等において若干の違いはあるものの[6]、他の自治体においてもおおむ

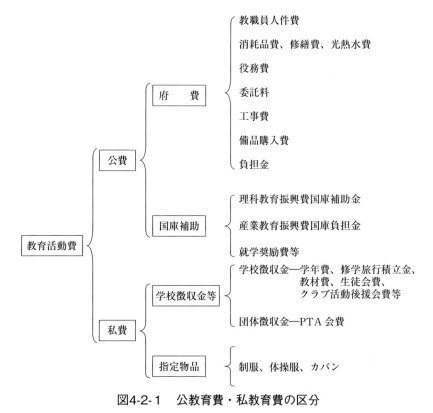

図4-2-1　公教育費・私教育費の区分

出典：大阪府教育委員会『学校徴収金等取扱マニュアル』12頁の図をもとに筆者作成。

ね私教育費といった場合は学校徴収金（学年費、修学旅行費等）、団体徴収金（PTA 会費等）、学校指定物品（制服代、体操服代等）を基本的に指し、自治体の歳入となる家計支出（日本スポーツ振興センター掛金等）については公費として会計上別に計上するのが一般的である。つまり、実務上においても公教育費は「国・地方自治体がその財政によって支出する教育費」とされるが、私教育費については自治体の歳入となるものを除いた「就学にともない、家計が支出する教育費」を指すと言える。

　このように区分される教育費のうち、特に私教育費について小松（2002）は以下の 4 点の問題を指摘している。

① 本来公費で措置される部分が税外負担として父母に課せられ、公費の支出内容が親に知らされないなかでの負担になっていること

② 父母・生徒は、特殊例外を除いて、教材等を購入しない、支出しないという選択をなしえない立場に置かれていること

③ 生徒規則・学校指示による制服・制帽・靴・くつ下などが生徒指導・管理の対象とされていることから、それらの購入・父母負担は命令であり、非選択的強制となっていること

④ 父母負担学校教育費の使途内容の適否が公開されていない

　学校徴収金等の私教育費については、学校が金額を定めて一方的に保護者に支払いを義務付けている場合がほとんどであり、保護者も支出に関して説明を求めたりしないのが一般的である。つまり、私教育費の値上げは一方的に通告されることになり、安易な値上げは保護者負担の増大の要因となりうる。学校を運営するにあたり私教育費の保護者負担はやむをえないとしても、その私教育費が、いかなる目的のもと、どのような手続きを経て、どういった教育活動に支出されたのかを説明することは、学校経営上において肝要であると言える。

第2項　学校予算と自律的学校経営

　「教育費をどのように配分し、どういった教育活動に支出するか」ということを、より具体的な言葉で言い換えると、「学校予算をどのように編成するか」ということになる。この学校予算の編成については、どこまで学校にその裁量

権を認めるかという点がしばしば論点となる。

　河野（2004）は、学校予算を「学校が実現しようとする価値とその優先順位の財政的表現」と説明したうえで、「地域の実態に即した、特色ある教育活動や経営活動を展開しようとすれば、学校の意向や教育計画が予算に十分に反映されなければならないし、そのためには学校予算編成の主体性が問われなければならない」としている。学校の予算編成の主体性という点については、1998（平成10）年の中央審議会答申「今後の地方教育行政の在り方について」においても、①学校の意向が反映される学校関係予算の編成、②校長の裁量によって執行できる予算の措置、③校長限りの権限で予算執行が可能となる財務会計処理の工夫を講じることなどの提言が行われ、2005年の中央審議会答申「新しい時代の義務教育を創造する」においてもまた学校の裁量権の拡大が言及されている。しかしながら、学校予算編成の実態は、自治体により異なっており、その仕組みについて統一的な見解を示すことは難しい。よってここでは、河野（2004）による学校予算に関する調査の結果をもとに、学校予算編成の実態を紹介する[7]。

　河野の小中学校校長調査において、事例調査の対象となった自治体では、以下のような過程を経て学校予算が編成される。

① 　前年度8〜9月に予算担当部局が教育委員会各担当課のヒアリングを行い、12月までに予算案を確定する。

② 　議会で議決されるのは3月となるが、教育委員会担当課は予算案確定の後に各学校への配分作業を開始する。

③ 　新年度開始と同時に教育委員会より各学校へ予算が令達される。

④ 　学校では、学校予算の令達を受けて、行内委員会を組織する等により、予算の校内配分を決定する。

⑤ 　年度当初予算を超える予算の必要性が生じた際には、年度当初予算の配分に際し予備費の枠を設けて対処するほか、教育委員会予算の枠内で対処する。

　また、この学校予算の編成過程において校長に与えられた権限としては、A. 事業費内における流用の権限、B. 一定額以下の備品購入に関する校長の専決

規程、C．教育委員会事業（研究指定校など）を受け入れることによる人的資源、財的資源の配分が挙げられる。

　こうした校長の権限の有無による学校裁量の度合いについては自治体によりさまざまであるが、学校の裁量を広げる予算方式の先駆けとしては、1984（昭和59）年度から実施されている東京都中野区の「学校フレーム予算」が知られている。これは、一定の学校予算枠（フレーム）を教育委員会が学校に提示し、各学校はフレームの範囲内で次年度の学校教育計画に即して、自主的に学校予算の配分計画を立てることができるという仕組みである。この制度が導入された背景として、首長部局が一律に予算査定をすることの事務的な限界と非効率性への対処と、教育関係者の意識の高揚が意図されていた[8]。

　全体的にも、文部科学省の「教育委員会の現状に関する調査」を見ると、若干ではあるが予算編成において学校の裁量が拡大している傾向が見てとれる。学校配当予算の総額が予算項目ごとではなく総枠として学校に配当される「総額裁量予算制度」を導入している教育委員会は2012年度において都道府県・指定都市で34.3％、市町村で9.6％であるのに対して、2015（平成27）年度では都道府県・指定都市で41.8％、市町村で9.3％となっており、都道府県・指定都市の教育委員会では学校の裁量が若干拡大していると言えるが、市町村においてはほぼ横ばいである。また、学校が企画提案した独自の取組について査定し、特別の予算を措置したりするなどの取組を行う教育委員会は2012年度において都道府県・指定都市で37.3％、市町村で14.0％であるのにたいして、2015年度では都道府県・指定都市で38.8％、市町村で16.8％となっており、こちらは学校の裁量についてどちらも若干拡大していると言える。

　ところが一方で、自治体によっては、校長裁量予算や審査による学校への予算配分方式を創設したもの、その後執行方式を見直す教育委員会も出てきている[9]。この背景として、河野は、こうした裁量予算は学校に一律の教育サービスを保障するものではないので、財政難により予算枠を縮小する際に、削減の対象になりやすいこと、完全な学校の自由裁量枠として予算措置する場合、議会の承認が得にくいことなどを指摘している。

　学校予算における自律的学校経営を検討するにあたっては、公立学校として

の公平性や、最低限必要な教育水準の確保という面と、学校の自律性のバランスをどのような方式で模索していくかという点が重要となる。

第3項　教育資源の多様性

　学校を運営する際に必要な教育費として、公教育費だけでなく私教育費もまた重要な役割を担っていることは前述したとおりである。しかしながら、日々の教育活動を成り立たせる上では、教育費のような学校予算上に計上される教育資源だけでなく、たとえば、ボランティアや寄贈施設等の私的な労務や物品等の提供も重要な役割を担っている。学校の教育活動においてボランティア等を利用した場合、人件費が発生しないため予算の見かけ上は資源投入がなされていないように見えるが、たとえ無償の労務提供があったとしても、それはその時間を他の目的に利用した場合に得られたであろう便益を犠牲にしていると見ることができ、いわゆる機会費用が支払われていると言える。そのため、学校経営上における教育資源配分の効率性を正確に評価するためには、私的な労務や物品の提供等もまた資源としてどの程度投入されたのか特定する必要がある。たとえば、学校Aと学校Bという二つの学校において、公教育費上ではどちらの学校も同程度の資源投入が行われており、教育成果としても同程度の成果が産出されているとする。これだけで見れば、学校Aと学校Bについては同程度の評価がなされるはずである。しかしながら、学校Aでは正規の学校スタッフだけでなく多数の教育ボランティアを地域から募って教育活動を行っており、学校Bでは公的予算で賄える人員のみで教育活動を行っていたとした場合、学校Bは学校Aに比べて少ない資源投入で成果を上げており、効率性という点から見て優れた成果をあげているという評価をすることができよう。実際には、こうしたボランティアの差だけでなく、金銭的な支出に限っても公教育費・私教育費それぞれで金銭の出所が複数にわたっている場合も珍しくなく（たとえばキャリア教育において自治体の教育予算だけでなく経済産業省の補助事業を活用している場合や、私的支出といっても民間企業の補助事業を利用していたり、同窓会等からの寄付を利用していたりする場合等）、教育資源の投入要素は非常に多岐にわたっており、ここまで単純なものではない。

表4-2-1　保護者が1年間に支出する子供1人当たりの学校教育費

(単位：円)

区　　分	幼　稚　園		小　学　校		中　学　校		高等学校(全日制)	
	公立	私立	公立	私立	公立	私立	公立	私立
授業料	64,357	209,277	…	469,173	…	435,917	7,595	258,542
修学旅行・遠足・見学費	2,022	2,983	6,748	43,098	22,918	63,707	30,436	51,766
学級・児童会・生徒会費	3,258	267	3,075	12,521	4,241	8,629	13,093	11,623
PTA会費	4,014	3,898	3,155	12,820	3,507	14,023	7,050	13,833
その他の学校納付金	3,818	39,872	1,974	190,144	4,252	244,007	28,536	200,992
寄附金	31	314	55	15,017	55	13,955	152	2,207
教科書費・教科書以外の図書費	745	2,020	2,586	4,839	4,536	13,459	21,081	22,600
学用品・実験実習材料費	7,820	12,959	16,898	25,492	20,109	27,762	16,114	16,591
教科外活動費	407	2,186	2,544	13,633	32,468	55,170	39,840	45,892
通学費	5,859	15,823	1,477	42,271	7,121	80,817	45,253	73,525
制服	3,370	6,226	3,436	29,623	17,151	42,993	20,236	28,056
通学用品費	14,564	14,346	13,187	17,848	8,822	14,859	9,246	9,716
学校給食費	19,382	36,836	43,176	46,089	38,422	4,154	…	…
その他	8,910	9,448	4,093	9,160	3,784	7,099	4,060	4,801
合　計	138,557	356,455	102,404	931,728	167,386	1,026,551	242,692	740,144

出典：「平成26年度　子供の学習費調査」の数値をもとに筆者作成。

　しかしながら、こうした例を考えて見てもわかるように、学校経営の効率性を正確に評価するにあたっては教育資源の投入要素をできる限り正確に把握している必要がある。

　レヴィン（2009）は、教育資源の投入要素を特定するにあたり、それらをいくつかのカテゴリーに分類するとよいとし、典型的な例として、①人的資源、②校舎・教室、③設備・教材、④その他の投入要素、⑤受益者による投入要素という項目を挙げている[10]。①人的資源というカテゴリーの投入要素には、評価対象となる学校経営上において必要な人材が含まれる。学校教職員の人件費が対象となるのは当然であるが、昨今の学校教育においては地域の人材を外部講師や教育ボランティア等の多様な形式で活用している場合が多く、それらの人的資源の投入量（人数、時間、技能等）もまた把握することが望まれる。

第4章　教育経営と教育行財政

表4-2-2　公立高校（全日制）における生徒一人当たりの公費に組み入れられない寄付金

（単位：円）

順位	都道府県名	金額	順位	都道府県名	金額	順位	都道府県名	金額
1	青　森	24,567	17	神奈川	10,651	33	滋　賀	5,005
2	島　根	24,122	18	長　崎	10,607	34	鳥　取	4,940
3	秋　田	23,562	19	石　川	9,232	35	福　岡	4,632
4	岩　手	20,815	20	山　形	9,223	36	栃　木	4,524
5	岐　阜	18,546	21	和歌山	9,221	37	茨　城	4,510
6	岡　山	16,942	22	群　馬	8,675	38	京　都	4,228
7	北海道	14,215	23	長　野	8,420	39	愛　知	4,209
8	山　梨	14,114	24	沖　縄	7,820	40	三　重	3,148
9	静　岡	14,113	25	山　口	7,691	41	鹿児島	3,101
10	熊　本	12,833	26	徳　島	7,523	42	佐　賀	2,730
11	宮　崎	12,464	27	高　知	7,463	43	大　阪	1,806
12	大　分	11,736	28	愛　媛	7,405	44	奈　良	1,478
13	福　井	11,647	29	広　島	7,115	45	兵　庫	1,087
14	福　島	11,643	30	千　葉	6,692	46	東　京	636
15	宮　城	11,266	31	新　潟	5,623	47	香　川	−
16	埼　玉	11,176	32	富　山	5,612			

出典：「平成20年度　地方教育費調査（平成19年度会計分）」および「平成19年度　学校基本
　　　調査」の数値をもとに筆者作成。

②校舎・教室は、教育活動に必要となる物的空間を、③設備・教材は教育活動
に使用される物品を、④その他の投入要素はガス・水道・光熱費のような上記
のカテゴリーに当てはまらない投入要素を指す。もちろん、これらも公教育費
によって購入されたものだけでなく、私教育費により購入されたものも含む。
たとえ公立の学校であったとしても、特に高等学校で伝統的な進学校とされる
ような学校については、同窓会や教育後援会といった組織が多額の寄付金を集
めていることも珍しくなく、学校によって投入可能な資源に差がでる要因とな
る。⑤受益者による投入要素とは、対象の学校の教育に対して児童生徒やその
家族が支出する費用を指す。文部科学省が実施する子供の学習費調査によると、
具体的には、表4-2-1に示されるような項目で保護者が費用を支出している。

　以上の①から⑤に分類される投入要素の中でも、特に公教育費以外の要素に

ついては、それがどの程度投入されたかどうかを特定するのは容易なことではない。しかしながら、地方教育費調査の「公費に組み込まれない寄付金」[11]について都道府県別金額を見るだけでも、表4-2-2に示すように金額について差が見受けられ、学校単位であればこれ以上の差があることが推察される。公的な財源の確保が困難になってきている現状に鑑みると、今後は公教育費以外での資源投入が学校経営に対してより影響を与えるようになる可能性は高い。そのため、学校経営上において公教育費以外の資源をどの程度調達し、その調達した資源が学校教育にどの程度投入されているのかできる限り正確に把握し、それらの資源投入の効率性がいかほどのものであるのか分析することが、学校経営のあり方を検討するうえでますます重要となってくる。

〈注〉

（1）日本教育経営学会編『自律的学校経営と教育経営』玉川大学出版部、2000年、12頁。

（2）小松茂久『学校改革のゆくえ』昭和堂、2002年、173頁。

（3）伊ヶ崎暁生・三輪定信『教育費と教育財政』総合労働研究所、1980年。

（4）市川昭午『教育管理職講座2　教育サービスと教育財政』ぎょうせい、1983年。

（5）同上書、186頁。

（6）たとえば新潟市では、保護者から預かっているお金であるという意識を徹底させるため、学校徴収金に相当するものについて「預り金」という名称を用いている。

（7）河野和清編『地方分権下における自律的学校経営の構築に関する総合的研究』多賀出版、2004年、216-217頁。

（8）小川正人「地方自治体の教育予算編成に関する一考察——東京都中野区の教育予算枠配分、学校フレーム予算の調査報告——」『地方自治体の効率的な教育予算編成と教育財政管理に関する比較研究』科研費報告書、1993年。

（9）河野編、前掲書、233頁。

（10）ヘンリー・レヴィン、パトリック・マキューアン（赤林英夫監訳）『教育の費用効果分析——学校生徒の教育データを使った政策の評価と立案——』日本評論社、2009年、48-55頁。

（11）地方教育費調査では、私的団体又は個人が、教育のため支出した経費で、公費に組み入れられないものを「公費に組み入れられない寄付金」として平成20年度（平成19

年度会計分）まで統計をとっている。「公費に組み入れられない寄付金」は、さらに「PTA
寄付金」（PTA が直接、学校に寄付したすべての経費）と「その他の寄付金」（PTA 以
外の校友会・学校後援会、その他の団体及び個人が学校に直接寄付した経費）に分け
られる。

〈推薦図書〉

小松茂久『学校改革のゆくえ』昭和堂、2002年、173頁。

ヘンリー・レヴィン、パトリック・マキューアン（赤林英夫監訳）『教育の費用効果分析
　　──学校生徒の教育データを使った政策の評価と立案──』日本評論社、2009年。

現代学校事務研究会編『学校マネジメント研修テキスト3　学校財務』学事出版、2012年。

第**5**章

国の教育経営
──人材育成策を中心として──

第1節　国の教育経営の概要

第1項　国の教育経営の姿

　教育基本法では「国は、全国的な教育の機会均等と教育水準の維持向上を図るため、教育に関する施策を総合的に策定し実施しなければならない」（第16条第2項）と規定されている。国の教育経営を、国の教育行政を経営的視点で改善する営みであると捉えるならば、国の教育行政を担う文部科学省が行う教育に関する理念や達成目標の設定、それを実現するための計画や制度、予算などの教育政策の策定や実施といったはたらきを、その時代の社会や来るべき社会のありように照らして最適であるかを絶えず検証し、必要な改革を実行する一連の営みが、国の教育経営の姿ということになる。

　したがって、国の教育経営は、教育の機会均等など時代を貫く普遍的な原則を基盤としつつも、社会の変化に対応した政策をどう展開していくかが鍵となる。日本をとりまく状況を見ると、少子高齢化が社会の活力低下をもたらし、知識基盤社会においてグローバルな競争が激化し社会の変化のスピードを加速している。都市化や過疎化あるいは貧困問題などを背景として地域社会や家族は変容し、人々が孤立を深めるとともに、規範意識の低下が社会を不安定化させる懸念がある。国においてはこれらを教育経営上の課題として捉え、その解決に向けて必要な教育政策を実施しなければならない。時には個別の教育政策だけでなく、教育システム全体の構造改革が求められることもある。

また、教育政策を展開する過程においては、教育政策を「見える化」し、国民に対し説明責任を果たすことが求められる。たとえば、これからの学校教育は、教員などの専門家だけでなく、保護者や地域住民をはじめとする様々な関係者とともに、複雑な課題に対応していかなければならない時代に入っている。そのため、今後の教育政策の方向性を、政策間の整合性を確保しつつ計画という形で示し、関係者の間で互いに共有することが重要である。そのことにより、複雑な課題に対する社会総がかりの取り組みも可能となる。そして、その計画の達成状況を検証することにより、さらなる改善につなげることができる。

　なお、2006（平成18）年の教育基本法の改正に伴い、日本で初めて「教育振興基本計画」が策定された。この計画は、期間を明示しつつ、教育基本法に示された理念の実現に向け目指すべき教育の姿を明らかにするとともに、取り組む施策を総合的かつ計画的に推進するためのものである。これにより、国レベルでの基本的な教育政策の検証改善のシステムが整えられ、国の教育経営の姿を、計画を中心としたPDCAサイクルの取り組みという形で国民に示すことが可能となった。

第2項　教育経営としての人材育成

　戦後の教育行政の歴史の中でも、とりわけ人材育成政策については、社会の形成者たる国民育成の観点から、国家の経営と密接に関わっていることがわかる。

　今日までの人材育成策について簡単に振り返ると、まず1947（昭和22）年3月に教育基本法が制定された際、民主的で文化的な国家を建設するためには「根本において教育の力にまつべき」として、新生日本の建設に向けて教育の力がよりどころとされた。そこでは「人格の完成をめざし平和的な国家及び社会の形成者としての」国民の育成を目指すとされ、当時の教育行政の方向性がうたわれた。そして、若い世代に後事を託す国民の強い気持ちを背景に、より良き教育を少しでも長く施すべく、義務教育年限が3年延長された。また、高等教育については、それまでの旧制大学の狭い専門性と強い職業的色彩の反省に立ち一般教育が重視された。

第5章　国の教育経営——人材育成策を中心として——

　ベビーブーム世代が学校に進学する頃になると、受け皿としての学校システムは単に量だけでなく、質を伴うものとして整備発展が期されることとなる。すなわち、当時の工業化社会を支え経済成長をけん引し技術革新を担える人材育成に向け、1958（昭和33））年改定の学習指導要領では、系統的な学習が重視され科学技術教育の向上が図られた。また、新制中学や高校といった単線型の学制の下で国民所得の向上や私立大学の規模拡大の取り組みを背景として、高等教育の規模が拡大していった。

　その後、1970年代前半にわが国の経済が安定成長の時期に入ると、情報化・国際化とともに、製造業の知識集約型への転換やサービス産業の伸長により、経済のソフト化が進む。このような社会の急速な構造変化を背景に、それまでの教育の量的拡大や機会均等がともすれば画一化に陥りがちで、多様な選択に向かう人々の意識の変化に対応できていないとして、教育改革の機運が高まって行った。そこで、1971（昭和46）年の中央教育審議会（中教審）答申において、教育水準の維持向上と一層の量的拡大を図りながらも、小・中・高の区切りの変更や高等教育の多様化など社会の変化に対応した施策も盛り込み、学校教育全般にわたる包括的な改革案が打ち出されることとなる。

　1970年代後半に入ると、それまでの詰め込み教育批判などを背景として「ゆとりある充実した学校生活」が標榜され、1984（昭和59）年に総理府の諮問機関として設置された臨時教育審議会（臨教審）においてもその考え方は引き継がれていく。そこでは、社会の変化に主体的に対応し活力ある社会を築いていくために、それまでの学校中心の教育体系を改めるとして、生涯学習体系への移行を提言した。義務教育段階の人材育成に関しては、社会の変化に自ら対応できる人間を育成するとする「新しい学力観」が提起された。このことはさらに、1998（平成10）年の学習指導要領改定で打ち出された、基礎・基本を確実に身に付けさせ、自ら学び自ら考える力などの「生きる力」の育成につながり、教育課程が目指す基本的な方向性として現在まで維持されている。また、臨教審は、1987（昭和62）年の第三次答申で、情報化・国際化など社会・経済などの変化が著しい中新たな要請に対応するためとして、学校は家庭・地域社会に対して開かれたものとし、家庭・地域社会の意見をその運営に反映させるなど

連携を密にし、教育力の向上に努めるとした。この時期は、日本経済がグローバル化する世界経済に本格的に組み込まれることを意識した、政治主導による教育の構造改革の幕開けの時期でもあった。

このように、国の教育経営においては、日本を支える人材育成という営みに関して、現在直面する課題だけでなく将来迎えることになる社会のありようも見すえながら検討されてきた。すなわち、知識基盤社会への移行に伴う産業構造や就労構造の変化を背景とする教育の個性化・多様化の要請にいかに向き合うのか、都市化や過疎化、少子化や貧困を背景とする地域や家庭の教育機能の低下にどう対応するのか、経済や社会のグローバル化の中で社会の形成者としての国民をどう育てるのかといった視点から政策全体を俯瞰しつつ検討されてきたのである。

国の教育政策を策定し実施する行政機関である文部科学省では、人材育成に関する教育政策を検討する場合、教育課程政策から、教員制度、学校制度、教育行財政制度等に至るまで、国と地方との適切な役割分担も含め、全体として統一性を持って制度整備・運用していくことが必要である。また、政策内容によっては省の枠をこえて経済政策、労働政策、福祉政策など他省庁所管の行政分野の政策とも必要な連携・調整を図らなければならない。

人材育成に関する教育政策の中でも、高等教育については、国において学校種など制度の枠組みを定め、それに対する補助制度や、奨学金制度等を策定する他は、基本的に大学等の自律性に委ねる部分が多い。一方、初等中等教育については義務教育を中心として教員制度、学校制度、教育行財政制度など様々な制度が体系的に整備されているため、国の人材育成の目標如何によって構造全体に変化が生じることとなる。

そこで、初等中等教育に関わる主要な教育政策について、近年どのように展開され、国の教育経営の視点に立って今後どう取り組むべきか、政策相互の関連を踏まえつつ述べることとする。

第5章　国の教育経営——人材育成策を中心として——

第2節　教育課程政策

　各学校が教育目的に即しつつ子どもの発達段階に応じた教育内容を体系的に教えることができるよう、国は教育課程の大綱的な基準を策定し、「学習指導要領」として告示している。国の教育経営という視点に立てば、国家や社会の形成者である国民をいかに育んでいくのかということは重大な関心事であり、概要で述べたように時代の変遷の中にあって、その時々に求められる人材像を念頭において教育課程政策が展開されて来た。

　これまで日本の高度経済成長を支えてきた労働集約型社会においては、一定水準の質を伴った労働力を生み出すことが求められ、学校教育の果たす役割は明確であった。しかし、近年の知識基盤社会への移行やグローバル化は、産業構造や就労構造の急速な変化をもたらし、コンピューター等の生産技術の発展により、現在ある仕事が将来もあるとの確信が揺らいでいる。

　日本では、このような社会の変化に対応すべく、生涯学習社会の構築や自ら学び自ら考える「生きる力」の育成といった教育政策を展開してきた。しかし、OECD（経済協力開発機構）が同様の考えの下にキーコンピテンシー（主要能力）を掲げ、知識・技能の実生活での活用力を問う国際学力調査である PISA（OECD 生徒の学習到達度調査）テストが実施されると、2003（平成15）年の調査結果における日本の順位下落が問題となる。そこでは当時の学習指導要領が掲げた「生きる力」の理念の正当性が評価されることはなかった。そして、日本の子どもの「学力低下」の現状に対する不満の矛先は教科の時間を削減した事実に向けられ、いわゆる「ゆとり教育」批判となって世論を賑わせることとなる。

　国においては、文部科学省が2007（平成19）年より全国学力学習状況調査をスタートさせ、知識・技能の活用力を問う出題（いわゆる B 問題）が行われている。当該調査の目的は、国レベルでは「全国的な義務教育の機会均等とその水準の維持向上の観点から、教育と教育施策の成果と課題を検証し、その改善を図る」ことであるが、PISA 型の学力観を教育現場へ浸透させ、教員の意識改革や授業改善に大いに貢献した。

75

中教審は、2016（平成28）年12月に、2020（平成32）年度から実施予定の次期学習指導要領の改訂に向け、「幼稚園、小学校、中学校、高等学校及び特別支援学校の学習指導要領等の改善及び必要な方策等について」を文部科学大臣に答申した。

　そこでは、子供たち一人一人が、予測できない変化に主体的に向き合って関わり合い、その過程を通して、自らの可能性を発揮し、よりよい社会と幸福な人生の創り手となっていけるようにすることが重要であるとし、学校も社会や世界との接点を持ちつつ、多様な人々とのつながりを保ちながら学ぶことのできる、開かれた環境となることが不可欠であると指摘している。

　そして、学校が社会とのつながりを意識し、社会の中の学校であるためには、教育課程も社会の変化に目を向け、教育が普遍的に目指す根幹を堅持しつつ、社会の変化を柔軟に受け止めていく「社会に開かれた教育課程」としての役割が期待されるとし、教育課程の実施に当たっては、地域の人的・物的資源の活用や、社会教育との連携等が重要であると述べている。

　また、子供たちが学習内容を人生や社会の在り方と結びつけて深く理解し、これからの時代に求められる資質・能力を身に着け、生涯にわたって能動的に学び続けることができるよう、学びの質を重視して、主体的・対話的で深い学び（いわゆる「アクティブ・ラーニング」）の視点からの授業改善に向けた取り組みを活性化するよう求めている。

　さらに、学校において教育課程を編成し、実施・評価し、改善していくために、各学校の教育目標を踏まえた教科横断的な視点で教育内容を組織的に配列したり、教育内容の質の向上に向けて評価改善のプロセスを実行したり、教育活動に必要な地域等の外部の資源も含めた人的・物的資源等を活用したりする「カリキュラム・マネジメント」の確立を求めている。

　このような教育課程の考え方の根底には、これまでと同様に21世紀が知識基盤社会であるという認識を踏まえつつも、グローバル化や情報化等のもたらす社会の変化が加速度的に進行する中で、将来予測がますます困難な時代に直面するという認識がある。新たな教育課程の考え方を確実に教育現場に浸透させていくためには、効果的な指導方法に関する研究やカリキュラム開発、研修等

第5章　国の教育経営──人材育成策を中心として──

の取り組みも重要になる。

　国の教育経営という視点から今後の目指すべき学力を考えている国は日本だけではない。世界各国においても、伝統的な教科知識中心の教育課程を見直し、汎用的能力と言われる時代の変化に強い資質能力を身に付ける方向に舵が切られている。今後とも日本の教育課程をグローバルな水準に保つためには、これら諸外国の動向に遅れをとることなく改革を進める必要がある。一方、国内の状況に目を向ければ、近年の都市化や過疎化、貧困などを背景として学力格差が課題となっており、いわゆるセーフティネットの構築なども重要な政策課題となる。

◢ 第3節　生涯学習の推進 ◣

　生涯学習に関しては、教育基本法において「国民一人一人が、自己の人格を磨き、豊かな人生を送ることができるよう、その生涯にわたって、あらゆる機会に、あらゆる場所において学習でき、その成果を適切に生かすことのできる社会の実現が図られなければならない」（第3条）と規定されている。生涯学習の理念は、ユネスコにおいて1960年代以降、学校教育を中心とした近代教育制度の見直しの視点から提起された考え方であるが、二つの側面を持つ。一方は、中高年齢者の社会経済への参加、貢献、あるいは趣味や学芸などによる自己実現を通じた生きがい作りなどを通じて、少子高齢化社会においても社会の活力維持を図るという側面。もう一方は、社会の変化に伴って新しい知識や技術を継続的に学習する必要が生じるため、人生初期の学校教育の機会だけでは不十分であるとする、就業者の能力開発という側面であり、産業政策の観点からも重要である。

　日本では、1970年代までは、学校教育は効率的な人材育成の手段であり続けていた。しかし、その後の急激な産業・就業構造の変化を背景として、人材の流動化の増大や将来の社会の不透明感が高まり、学校教育を終了し就職後は企業で行われる教育訓練機会に委ねるような人材育成リニアモデルでは通用しなくなってきた。一方、長年企業の雇用慣行となっていた年功序列や終身雇用制

の中で、入社前に学校で何を学んできたかはあまり注目されず、また、入社後自らの意思で習得した学習成果が処遇などに反映される風潮にも乏しかった。この点は、教育行政が生涯学習に積極的に取り組む契機となった1987（昭和62）年の臨教審答申において、何を学んだかでなくどこの学校を卒業したかが評価される社会は是正されるべきであるとして、学歴社会の弊害是正の文脈から、社会の変化に対応した能力開発の必要性が説かれた。

　このような生涯学習の理念については、学校教育においても共有されている。1998（平成元）年の学習指導要領改定では社会の変化に対応できる心豊かな人間の育成が目指され、後の「生きる力」の育成につながっていく。2007（平成19）年6月の学校教育法の改正では小・中・高等学校の教育において「生涯にわたり学習する基盤が培われるよう、基礎的な知識及び技能を習得させるとともに、これらを活用して課題を解決するために必要な思考力、判断力、表現力その他の能力をはぐくみ、主体的に学習する態度を養うことに、特に意を用いなければならない」（第30条第2項等）とされた。

　さらに、生涯学習の活動は、生きがい作りや能力開発としてだけでなく、人間が社会生活を送っていく過程において遭遇する課題、例えば地域防災や子育てなどを題材にした学習活動としても行われる。実施主体も学校や社会教育施設が関わるものもあればNPO活動や自発的なサークル活動に至るまで様々である。このような活動は孤立する人々の絆を強め、地域づくりに貢献するものと言える。

　生涯学習はあくまで学習者が主体の活動であり、行政が強制するものではない。したがって、生涯学習の推進に向けた国の役割は、理念としての生涯学習の啓発や、機会や場といった学習環境作りの支援が中心となる。

◤ 第4節　教員政策 ◢

第1項　教員の資質能力の向上

教員の資質能力に対する保護者や社会の関心は、国民の価値観の多様化や社

会の変化に対応した学校教育の必要性を背景にますます高まっている。教員政策は、資質能力の高い教員の確保が最終的な目標であり、教員養成・採用・研修にわたって統一性を持った政策の推進が重要である。同時に、教員の持てる力を十分に発揮させるためには、教員配置や給与の改善、教員の多忙化解消やメンタルヘルス確保に向けた取り組みなども大切である。

　とりわけ近年、いじめ、不登校や学級崩壊などへの対応不足が教員の資質能力の問題として議論されている。一方、ICT技術の発達や特別支援教育の広がりなどを背景に、教員に対し、教員養成の過程で身に付けた資質能力では対処しきれないような新たな課題への取り組みも求められている。教員の資質能力の向上は喫緊の課題である。

　これら教員に求められる資質能力については、審議会等でこれまで何度も議論されてきた。2012（平成24）年の中教審答申「教職生活の全体を通じた教員の資質能力の総合的な向上方策について」の整理では、①教職に対する責任感、探究力、教職生活全体を通じて自主的に学び続ける力（使命感、責任感、教育的愛情）、②専門職としての高度な知識・技能（新たな課題に対応できる知識・技能を含む教科や教職に関する高度な専門的知識、新たな学びを展開できる実践的指導力、教科指導、生徒指導、学校経営等を的確に実践できる力）、③総合的な人間力（豊かな人間性や社会性、コミュニケーション力、同僚とチームで対応する力、地域や社会の多様な組織等と連携・協働できる力）、を掲げている。とりわけ、知識・技能を活用する学習活動や、課題探求型の学習、協働的学びなどをデザインする指導力といった、PISA型学力向上に向けた授業づくりの能力、あるいは、最新のICT（Information and Communication Technology：情報通信技術）知識・技術や発達障害を含む特別な支援を必要とする児童生徒等への対応能力等が近年重要となっている。

　一方、少子化によってこの10年で日本の小中学校数は1割減少し、学校の規模も標準規模（12〜18学級）に満たない学校が約半数を占めるようになった。教員集団の規模縮小や、大量退職・採用による年齢構成の不均衡により、ベテラン教員から新人教員への知識・技能の伝承機能低下が憂慮されている。そのような中で、学校の枠をこえたチームによる研修の必要性が今後ますます高ま

るものと思われる。また、学校現場にはスクールカウンセラーやスクールソーシャルワーカーなどの教員以外の専門スタッフ、ALT（Assistant Language Teacher：外国語指導助手）やICT支援員などの教員支援スタッフ、部活動支援員その他様々なスタッフの関わりが増えており、個々の教員にチーム力やマネジメント力がより一層求められる。

　資質能力の育成については、教員免許制度における大学の教員養成課程の認定基準に焦点が当たりがちであるが、その他にも、自らの適性を認識し、実践的指導力を早期に身につける契機となる教員ボランティアのあり方や、教員養成課程認定大学のアクレディテーション（公的な外部機関による教育機関の品質認証）も含めた質保証のあり方も重要な論点である。また、たとえば英語教育のように、読む・書く・話す・聞くといった4技能を、今後すみやかに児童生徒に習得させていくためには、教員養成段階からの取り組みだけでなく、既に教壇に立っている教員についても現職研修による技能向上を図る必要がある。

第2項　教員の多忙化への対応

　教員には時代の変化に合わせた授業革新等が求められているが、日本の教員はOECD国際教員指導環境調査（TALIS2013）によると、1週間当たりの勤務時間が参加国中最長で、職務が多忙なことが職能開発への参加を困難にしているという指摘がある。また、日本の教員は教科指導、生徒指導、部活動指導などを一体的に行い、国際的にも高く評価されているが、近年複雑化・多様化する課題が教員に集中し、授業等の教育指導に専念しづらい状況もある。

　教員が子どもと向き合える時間を確保し、教員一人ひとりが持つ力を高め、発揮できる環境を整えるためには、校長のリーダーシップの下に学校のマネジメントを強化する必要がある。すなわち、教員以外の専門スタッフや事務職員等と連携・分担すべき業務、地域の協力を積極的に得るべき業務を整理する中で教員の行うべき業務を精選するとともに、校務の情報化を通じて事務処理の効率化を推進し、組織全体として業務改善を図ることが必要である。

第5章　国の教育経営──人材育成策を中心として──

▶ 第5節　学校組織の充実 ◀

第1項　開かれた学校作り

　高度経済成長の時代にあっては、公立学校は地域社会における人材育成の中核に位置し、経済成長を支える基盤的な機関である公立学校に関する教育行政はもっぱら公的部門である教育委員会が担ってきた。しかしながら、その後、国民所得上昇の中で国民の価値観は多様化し、画一的な学校教育に対する不満が生じる一方、落ちこぼれや体罰などが社会問題化し、学校の閉鎖的な環境の中での管理強化が、保護者だけでなくタックスペイヤーである地域住民の不信を招くことになる。このように、従来の「教育委員会－学校」のラインだけでは保護者や地域住民の期待に応えられなくなってきた状況を背景として、保護者や地域住民の学校への関わりが議論になり、学校・家庭・地域社会の連携と「開かれた学校づくり」が推進されることとなる。「開かれた学校」という言葉は既に臨教審答申にも現れていたが、とりわけ1990年代後半からの学校五日制の導入は、地域と学校との関わりを促した。制度としては、2000（平成12）年には、校長の求めに応じて学校運営に関し意見を述べることができる学校評議員の創設、さらに、2004年には、校長が作成した学校運営に関する基本方針の承認などの権限を持ち、保護者や地域住民の意見を学校運営に反映させる役割を担う学校運営協議会制度が創設された。一方、2006（平成18）年の教育基本法の改正においては、学校・家庭・地域の連携の重要性に鑑み、「学校、家庭及び地域住民その他の関係者は、教育におけるそれぞれの役割と責任を自覚するとともに、相互の連携及び協力に努めるものとする」（第13条）と規定された。

第2項　組織マネジメントの導入

　一方、学校の自主性・自律性の確立と各学校の特色ある学校づくりが地方分権改革や規制緩和の流れの中で方向づけられ、2000年に総理大臣の私的諮問機関である教育改革国民会議は、学校への組織マネジメントの発想の導入を提言

した。この考え方の下に、校長の人事権や予算権の拡充、副校長、主幹教諭、指導教諭といった新たな職階の配置など、教員組織について統制的な側面が重視され、学校のカリキュラム・マネジメントやリスクマネジメントをより機能させる方向に向かうこととなる。

　組織マネジメント導入の背景には、教える側の論理が中心となった運営から、教育を受ける側の保護者や子どもが求める質の高い教育への転換を図る意図があった。2007年に導入された学校評価はそうした学校の取り組みや成果を評価し公表することで学校に説明責任を果たさせ、学校が社会に対して責任ある立場にあることの自覚を促した。

　学校教育の信頼を確保する上で、学校・家庭・地域との対話が必要になるが、説明責任を果たす手段としての学校評価制度には、学校教育を不断に改善していくという共通目標の上で相互対話のきっかけを作り、学校・家庭・地域を繋ぐ役割を果たすことが期待される。

第3項　社会教育との連携

　学校の活動に対する地域からの支援の方策として学校支援地域本部の取り組みがある。学校支援地域本部は、地域住民等の参画を得て、社会教育サイドから学校の教育活動を支援する仕組みであり、2008（平成20）年から推進されている。今後、学校が抱える複雑化・多様化した課題に社会総がかりで対応する観点からは、学校と地域の双方向の関わりを強め、地域の子どもたちの育成を学校だけでなく地域住民とともに取り組む姿勢が重要となる。

　また、近年、都市化や過疎化が進み子どもと地域コミュニティとのつながりが弱まる中で、学校で学ぶ子どもたちが学習で得た知識を自らの社会体験を通じて活用する場が狭まっている。地域住民がボランティアとして学校教育活動の運営支援に関わり、子どもたちが学校外の多様な人々と触れ合う機会が増えれば、学校で学んだ知識を知恵に変えることにも資する。今後、学校における「社会に開かれた教育課程」を実現していく観点からも、学校は地域社会との連携・協働をさらに進める必要がある。

第5章　国の教育経営——人材育成策を中心として——

◤第6節　福祉的課題やグローバル化と教育政策◥

第1項　教育における福祉の視点

　国では子どもたちの能力に応じて学校教育の機会を等しく提供できるよう、貧困家庭に対する就学援助や障害を持つ子どもに対する特別支援教育の充実などの取り組みを進めてきた。しかしながら、このような取り組みでは解決できない事例、たとえば、貧困や家庭内暴力など保護者自身が問題を抱え支援の網から漏れる事例や、子ども自身が学校生活に馴染めず不登校になっている事例など、行政がより積極的に関わらないと解決できないものもある。これまでもスクールカウンセラーやスクールソーシャルワーカーなどの配置や適応指導教室の取り組みなどの施策が展開されてきたが、とりわけ義務教育制度は、国民に対し社会の形成者として必要な教育を行う仕組みであることから、制度に乗り切れない子どもについても必要な教育の機会が提供される必要がある。

　日本の義務教育制度は、就学年齢にある児童生徒の保護者に就学義務を課し、履行の督促や罰則をもって実効性を担保している。しかし、このような仕組みだけでは日本に推計数千人以上はいると言われる登校が見込めない子どもを救うことはできない。義務教育制度の定着期である明治期から戦前までの時期においては、就学義務の猶予・免除のほかに家庭において教育課程を実施する仕組みがあったが、現在は存在しない。1992（平成4）年になって、ようやく不登校児童生徒が教育委員会の指定する「教育支援センター（いわゆる適応指導教室）」や「フリースクール」などに通った日数が学校の出席日数として認められるようになり、また、校長の裁量により卒業認定を行うことも可能である。しかしながら、「フリースクール」に通うには相当の費用がかかる、あるいは、義務教育が保証しようとする能力を十分身につけないまま形式的に卒業した者（いわゆる形式卒業者）が社会に出てしまうといった課題もある。今後、どうしても学校に就学できない子どもたちに対し、多様な学びの場とともに義務教育レベルの普通教育に相当する教育機会を確保するためには、不登校特例校と

83

いった不登校児童生徒への学習支援を行う教育施設の整備や「フリースクール」など学校以外の場で学習活動を行う子どもに対する支援、形式卒業者等への夜間中学における就学の機会の整備などきめ細かな支援が必要である。

第2項　グローバル化の進展と日本語教育

わが国に在留する外国人数は、1990（平成2）年の入管法の改正に伴い、この20数年間で100万人から210万人へと倍以上に増加している。また、在留資格「永住権」を取得して日本に滞在する者の数及び割合は年々増加しており、定住化が進んでいる。

日本国籍を持たない外国籍の子どもの保護者には子どもを就学させる義務はないが、学齢期にある外国籍の子どもを持つ保護者が子どもを公立学校に就学させることを希望する場合、市町村は公立学校に受け入れることとなっている。国においては、日本語指導が必要な児童生徒を対象とした「特別の教育課程」の編成・実施の促進や教員定数の加配などを行っている。

在留する外国人の増加に伴い、学校に在籍する外国人児童生徒も増加・多様化しており、きめ細かい日本語指導の充実が必要となる。とりわけ、日本語が話せない児童生徒への日本語指導や適応指導が課題であり、さらには、上級学校への進学や経済的・社会的自立に向けた支援なども必要になってくる。

外国人が比較的集住している地域においては、このような外国人子弟の教育に関し様々な問題提起がなされ地域間での情報共有も進んでいる。しかし、外国人が散在している地域においては、日本語指導のノウハウが必ずしも十分でなく、このことが不就学の外国人子弟の増加へとつながる懸念がある。いずれにせよ、外国人子弟が将来にわたって日本に定住し、社会の一員として生活して行く上で日本語の能力は必要である。今後、日本語指導が必要な外国人子弟に日本語学習の機会を十分確保できるよう、教員加配、指導マニュアルの作成、教員の資質向上などの施策を、公的セクターだけでなくNPOなどの協力も得ながら講じていく必要がある。

第5章　国の教育経営──人材育成策を中心として──

◤第7節　初等中等教育に係る国の教育経営の三つの視点◢

　第2節以降、初等中等教育段階の人材育成政策に関連する主な政策について相互の関連を意識しながら述べたが、これからのわが国の社会を支える人材の育成に取り組むに当っての教育経営上の視点として、次の三つが重要である。

　一つは「自律」の視点である。知識基盤社会への移行は産業構造や就労構造に変化をもたらし、グローバル化、急速な情報化・技術革新を背景として、ますます社会の変化が予測しがたい状況にある。このような中、画一的な教育でなく、個性化・多様化した教育が求められ、そのための教育内容としては、社会と関わり合い、自ら学び課題を解決していくための基礎的な能力を培うことが重要になる。

　そして、二つ目は「連携・協働」の視点である。世界各国において汎用的能力と言われる時代の変化に強い資質能力を身に付ける教育の必要性が指摘される一方で、わが国の社会は少子高齢化、都市化や過疎化が進み、家庭や社会の教育力が低下する状況に直面している。子どもたちが主体的に社会と関わりながら自らの可能性を最大限に発揮する上で、教育内容だけでなく、それに携わる教員に求められる資質能力の捉え方においてもチーム力や教員と社会との関わりが意識され、学校組織においても、教員と教員以外の専門スタッフや事務職員との連携・協働、学校と地域社会との連携・協働の深化に向けてさらなる変革が求められる。

　さらに、もう一つの視点は、貧困や障害などを背景とする不登校の子どもや日本語能力に課題がある外国人子弟のように、社会と関わりながら自ら学び課題を解決するための教育機会を十分に持ち得ない者に対して、社会の側から手を差し伸べ必要な教育機会を提供すること、すなわち、教育における「社会的包摂」の視点である。

　本章の冒頭において、国の教育経営は、その時代の社会や来るべき社会のありように照らして最適であるかを絶えず検証し、必要な改革を実行する一連の営みであること、また、複雑な教育課題に対応するためには、社会総がかりの

85

取り組みが必要となり、計画の策定を通じて教育政策全体を「見える化」し、それぞれの役割分担を明確にしなければならないことを指摘した。そして、その計画は、具体的であり、かつ必要な財源確保の見通しが立ち、エビデンスに基づき検証可能なものであることは言うまでもない。その上で、政策の実効性をさらに高めるためには、当該計画の目指すべき教育の姿について、個々の政策に関わる者それぞれが共有していく必要がある。文部科学行政における人材育成政策、とりわけ初等中等教育政策にあっては、政策を貫く基本的な視点として「自律」「連携・協働」「社会的包摂」の三つを共有することが大切である。

〈推薦図書〉

小川正人・岩永雅也編著『日本の教育改革』放送大学教育振興会、2015年。

小松茂久編『教育行政学　教育ガバナンスの未来図　改訂版』昭和堂、2016年。

諏訪英広・福本昌之編著『教育制度と教育の経営——学校−家庭−地域をめぐる教育の営み——』あいり出版、2011年。

高見　茂・服部憲児編著「教育行政提要（平成版）」協同出版、2016年。

本図愛実・末富芳編著『新・教育の制度と経営』学事出版、2015年。

第**6**章

地方公共団体の教育経営

はじめに

　地方公共団体における教育事業の経営は、国-都道府県-市町村の権限関係と、教育事業の担い手として位置付けられる教育委員会制度を前提として行われることとなる。前者については、主として学校教育法（以下「学教法」と言う）や地方自治法、地方教育行政の組織及び運営に関する法律（以下「地教行法」と言う）、教育職員免許法等の各法令により役割分担が定められており、後者については、主として地教行法で定められている。これらの制度を前提に、地方公共団体や地域の実情を踏まえてそれぞれの主体が教育事業を実施している。

　学校教育に関して、地方公共団体は、設置廃止等の認可権者としての役割と設置者としての役割を担っている。認可権者としては、都道府県の教育委員会が市町村の設置する高等学校、中等教育学校及び特別支援学校の認可等を行い、都道府県知事が私立の幼稚園、小学校、中学校、義務教育学校、高等学校、中等教育学校及び特別支援学校（以下「各学校種」と言う）の認可等を行うこととされている。設置者としては、地方公共団体は、各学校種を設置しており、中でも小学校及び中学校については市町村に設置義務があり（学教法第38条及び第49条の8）、特別支援学校については都道府県に設置義務がある（学教法第80条）。高等学校については、設置義務は課されていないが、都道府県が設置していることが多い。

　本章では、国と都道府県、市町村との権限関係に加えて、教育委員会制度に

ついて解説し、地方公共団体における教育経営の視点について明らかにしたい。

第1節　地方公共団体と教育事業の経営

第1項　国と地方公共団体との関係

　教育行政における国と地方公共団体の役割分担としては、地方公共団体は、当該地方公共団体の区域内における教育に関する事務を担っており、教育事業の実施主体として第一義的な責任を負っている。一方で、国は、教育の機会均等や全国的な教育水準の維持向上を図ることについて責任を負っている。

　特に初等中等教育に関しては、国は、学校制度等の基本的な教育制度の枠組みの設定や学習指導要領等の全国的な基準の設定、地方公共団体における教育条件の整備のための財政的支援、地方公共団体に対する教育事業の適正な実施のための指導、助言及び援助などを担っている。また、都道府県は、広域的な処理が必要な教育事業の実施や施設等機関の設置・管理、市町村における教育事業の適正な実施のための指導、助言及び援助などを担っており、具体的には、高等学校、特別支援学校の設置、運営、小中学校の教職員の給与負担、人事等を担う。市町村は、基礎的な自治体として地域の教育事業を直接的に担っており、小中学校の設置、運営や教職員の服務監督等を担っている。いずれにしても、国と地方公共団体がそれぞれの責任と役割を果たしながら互いに協力して教育事業を担うという関係にある。

　国と地方公共団体の関係については、地教行法により、文部科学大臣は都道府県又は市町村に、都道府県教育委員会は市町村に対して指導・助言等の関与ができることとされており（地教行法第48条、第53条、第54条等）、一定の要件の下で文部科学大臣は教育委員会にして是正の要求や指示ができることとされている（地教行法第49条、第50条等）。地方自治法においても、国は、都道府県又は市町村に対して技術的な助言又は勧告や是正の要求、是正の勧告、是正の指示ができること等が定められているが、教育に関する事務についてはこれらに加えて、前述の関与ができることとされている。

実際の教育に関する事務における国、都道府県、市町村の関係では、上記制度を前提としてそれぞれが教育事業を独立して実施しつつ、国は都道府県及び市町村が、都道府県は市町村が行う教育事業に対して各種支援や指導・助言、調査、情報提供等を実施している。国と市町村との関係では、国から直接市町村に関与したり働きかけたりすることはあまりなく、都道府県を介して行われる（政令指定都市については、都道府県と同様に扱われている）。たとえば、国が行う市町村を対象とする事業の募集であれば、都道府県に文書等で照会し、都道府県は、域内の市町村に対して照会し、市町村からの回答をとりまとめて国に回答する。その際に、単純に市町村の意向を踏まえて回答するときもあれば、広域行政機関としてどの市町村で実施するか、どういった内容で取り組むか等を検討した上で市町村と調整し回答する、という場合もある。また、市町村における法令違反や不祥事など指導・助言が必要な事案があった場合には、文部科学省が直接市町村に対して指導を行うのではなく、都道府県に市町村に対して指導するように求めることが多い。

第2項　首長と教育委員会との関係

地方公共団体が行う教育に関する事務については、地教行法において教育委員会が担うものと首長が担うものが定められている。教育委員会は、地方自治法第180条の5において普通地方公共団体に置かなければならない執行機関として定められており[1]、同法第180条の8において学校やそのほかの教育機関を管理し、学校の組織編制、教育課程、教科書その他の教材の取扱い及び教職員の身分取扱いに関する事務やその他の教育、学術及び文化に関する事務を管理し、これを執行するとされ、具体的には地教行法で定めることとされている。

この教育委員会制度では、首長から独立した複数の教育委員からなる行政委員会として教育委員会が置くこととされ、教育委員の任期もずらして、一度に交替することがないようにすることとされており、また、半数が同一の政党に所属しないことや、委員の年齢、性別、職業等に著しい偏りが生じないように配慮すること、保護者を含むことなど、教育委員の選任に当たっての要件等が課されている。こうした制度が設けられた理由は、人格の完成を目指して行わ

れる教育において、個人的な価値判断や特定の党派的影響力から中立性を確保するとともに、子供の健全な成長のため、学習期間を通じて一貫した方針の下で安定的に行われることが求められていることから、政治的中立性を確保し、継続性、安定性を確保するためである。また、教育は、地域住民にとって関心の高い行政分野であり、専門家のみが担うのではなく、広く地域住民の参加を踏まえて行われることが必要であることも理由の一つである。

なお、2014（平成26）年に地教行法の改正が行われ、教育委員会の構成や首長との関係について改正がなされているが、本項では新制度を前提として解説を行うこととする(2)。また、「教育委員会」と表現する場合には、教育長及び教育委員で構成される会議体を指す場合と、事務局まで含める場合とがあり、本項では、前者を「狭義の教育委員会」とし、後者を単に「教育委員会」と呼ぶこととする。

狭義の教育委員会は、教育行政における重要事項や基本方針を決定することをその主な役割とし、教育長が招集する会議において議決し、それに基づいて教育長が具体の事務を執行することとなっている。教育長及び教育委員は、首長が議会の同意を得て任命することとされており、教育長は、常勤で教育委員会を代表し、任期は3年、教育委員は、非常勤で、原則4人、任期は4年とされている。教育委員は、レイマン（「一般人」の意。一般的な学識、経験が豊かであり、人格が高潔であるが教育の専門家ではない、という意味）とされており、こうしたレイマンの下での運営を「レイマンコントロール」と呼んでいる。

教育委員会は、首長から独立した執行機関（行政委員会）として職務権限を有しており、主に①学校そのほかの教育機関の設置、管理、②教育財産の管理、③学校その他の教育機関の職員の任免その他の人事、④児童生徒の入退学等、⑤学校の組織編制、教育課程、学習指導、生徒指導等、⑥教科書その他の教材の取扱い、⑦教育関係職員の研修、⑧社会教育、スポーツ、文化財保護、とされており（地教行法第21条）、一方、首長の権限としては、①大学、私立学校、②教育財産の取得及び処分、③教育委員会の所掌に関する事項の契約の締結、予算の執行、等に関することとされている（地教行法第22条）。ただし、条例で定めるところによりスポーツ（学校体育を除く。）及び文化（文化財保護を

除く。)に関する事務を首長が管理・執行することができることとされている（地教行法第23条）。

　また、首長と狭義の教育委員会が、十分な意思疎通を図り、地域の教育課題やあるべき姿を共有して、より一層民意を反映した教育行政を推進するため、首長と狭義の教育委員会が協議を行う場として全ての地方公共団体に総合教育会議を設けることとされている[3]。この総合教育会議は、首長が招集するものであるが、教育委員会はその権限に属する事務に関して協議する必要があると考える場合には、首長に対して協議すべき事項を示して招集を求めることができることとされている。

　協議する事項としては、①教育、学術及び文化の振興に関する総合的な施策の大綱の策定に関すること、②教育を行うための諸条件の整備その他の地域の実情に応じた教育、学術及び文化の振興を図るため重点的に講ずべき施策、③児童、生徒等の生命又は身体に現に被害が生じ、又はまさに被害が生ずる恐れがあると見込まれる場合等の緊急の場合に講ずべき措置、が掲げられている（地教行法第１条の３及び第１条の４）。総合教育会議で協議・調整が整った事項については、首長及び教育委員会は、その結果を尊重しなければならないとされている。総合教育会議は原則として公開で行われ、また、構成員は首長と狭義の教育委員会であるが、必要があるときは関係者又は学識経験者から意見を聞くことができる。

　首長は、2014（平成26）年の改正前の制度においても、教育委員の任命や予算作成権限、条例提出権等を前提として教育委員会に対する影響力を事実上有していたが、表立って教育について意見を述べることを遠慮する傾向があり、また、狭義の教育委員会の側も首長の意見を聴く機会が十分に設けられていないという状況があった。民意を代表し、予算配分等の権限を持つ首長が、狭義の教育委員会と十分に意思疎通を図ることができるように、両者が協議を行う場として総合教育会議が設けられることとされたものである。総合教育会議はあくまで協議の場であり、教育委員会は、従来通り執行機関として位置づけられ、事務の範囲も変わっていないため、策定した教育に関する総合的な施策の大綱を踏まえて首長及び教育委員会がそれぞれの所管する事務を執行すること

となっている。

首長と教育委員会との関係は自治体によって様々であると思われるが、公選で選ばれる首長が、公約等で教育に関して言及することはむしろ当然であり、それを実現するためにも、首長は、教育長及び教育委員の任命や総合教育会議、その他日常の業務におけるやりとり等を通して、その意向を教育委員会に伝え、その実現を図っており、逆に、教育委員会も教育政策のうち大きな事項や話題となるような事柄については、首長に相談し、その意向も踏まえながら対応しているものと考えられる。

第3項　都道府県と市町村との関係

都道府県は、市町村に対して、指導、助言及び援助（地教行法第48条）や調査の実施（同法第53条）、調査、統計その他の資料又は報告の提出要求（同法第54条）など、国が地方公共団体に対して有する関与と同様の関与を市町村に対して有している。

また、市町村立小中学校等の教職員については、県費負担教職員制度が導入されており、都道府県が給与費を負担する（市町村立学校職員給与負担法）とともに、教職員の任用、免職、休職、懲戒、給与の決定等身分上の事項一切を含む任命権を都道府県が有し、広域に人事を行うこととされている（地教行法第37条）。こうした制度が導入されている理由としては、①都道府県が市町村に代わって教職員の給与を負担することで、市町村間の財政力格差により人材確保が困難になり地域ごとの教育水準に格差が生じないようにすること、②広域で人事を行うことにより各学校における適切な教員構成の確保（教科、経験年数等）を図るとともに、教員が様々な学校を経験することによる職能成長を図ること、によるものである。

市町村は、基礎的な自治体として教育に関する事務を一義的に担い、一方で都道府県は、独自で実施する事業を行う際には域内の市町村と連携・協力しながら教育に関する事業を実施している。特に、市町村が設置する小中学校に関する事務については、その成否を左右する教職員の任命権を都道府県が担っているため、都道府県と市町村が意思疎通を図りながら実施していくこととなる。

なお、政令指定都市については、従来は県費負担教職員制度の下で教職員の任命権を有していたが、平成26年の法改正により県費負担教職員制度が廃止され、政令指定都市の教育委員会が給与等の勤務条件や任命権を完全に有することとなった（平成29年4月施行）[4]。

▲ 第2節　教育委員会の組織と学校管理 ▼

第1項　教育委員会内における権限関係

教育委員会は、狭義の教育委員会と教育委員会事務局で構成されているが、教育長は狭義の教育委員会を代表するとともに、教育委員会事務局の長でもあり、教育長のリーダーシップの下で教育に関する事務が執行されている。狭義の教育委員会は、合議制の執行機関であり、また、教育委員は非常勤でもあるため、個々の委員が独自に教育に関する事務を執行することは想定されておらず、合議体としてのみその職務を執行することができる。したがって、狭義の教育委員会としては、教育委員会事務局や学校職員等の職務上の上司に当たるが、個々の教育委員は職務上の上司に当たらない、ということになる。なお、教育長は、教育委員会事務局の長であるので、教育委員会事務局及び学校職員等の職務上の上司に当たる。

狭義の教育委員会は、教育委員会規則で定めるところにより、事務の一部を教育長に委任し、代理させることができるが、教育委員会規則等の制定・改廃や学校等の設置・廃止、教員等の任免等については、教育長に委任することができない（地教行法第25条）。

なお、狭義の教育委員会における意思決定は、定例や臨時に会議が開催され（「教育委員会会議」と呼ばれることが多い）、事務局等から報告・提案等がなされた後に意思決定が必要なものについては議決がなされる。

第2項　教育委員会の組織

都道府県教育委員会は、広域行政機関として各教育事務を担うとともに、当

該事務に関し市町村教育委員会に指導助言することが求められ、また、高等学校（中等教育学校を含む）及び特別支援学校の設置者としての役割が求められているため、その組織体制も、これに対応するものとなっている。

　まず、どの都道府県においても、狭義の教育委員会が意思決定機関として置かれ、その下に教育委員会事務局が置かれており、教育委員会のことを「教育庁」と称する都道府県もある。事務局組織については、各都道府県によって様々であるが、条例や規則において定められており、しばしば見られる組織構成として、教育委員会事務局は、教育長をトップとしてその下に教育次長や教育監、理事などのスタッフ的な職が置かれるとともに、部及び課等の組織が置かれている。課については、一般的に総務的な業務、学校教育、社会教育（生涯学習）、体育・スポーツ、文化、学校施設、教職員人事を担う課が置かれている。このうち、生涯学習、スポーツ及び文化（文化財を除く）については、知事部局で所管することも可能となっている（地教行法第23条）。学校教育の教育内容に関する事務の担当課は、義務教育と高等学校とで異なる課が担当することもあれば、規模の小さい県等では一つの課で担うこともある。また、教職員人事と教育内容に関する事務を同一の課で担う場合もあれば、異なる課で担う場合もある。

　また、都道府県は広域であるため、いくつかの地域に分けて支部が置かれる事が多く（「教育事務所」や「教育局」という名称であることが多い）、各支部では当該地域の市町村立学校の人事や市町村教育委員会への指導助言その地域の教育に関する事務を担うとともに、市町村教育委員会との連絡調整を担っていることが多い。その他関連の機関として教職員の研修等を担う機関（「教育センター」等の名称が多い）や生涯学習・社会教育を担う機関（「社会教育センター」や「生涯学習センター」等の名称が多い）、県立の図書館や美術館が置かれている。

　都道府県教育委員会事務局の職員としては、教員から任用されることが前提となっている指導主事等の職もあるが、それ以外の職は大部分が教員以外の職員（以下「事務職」と言う）が配置されている。事務職の採用の形態や配置の在り方も都道府県によって様々であるが、大別すると、主として教育委員会で

人事が行われる都道府県と、都道府県庁全体で人事が行われ、教育委員会事務局も一部局として扱われている都道府県とがある。また、教育長をはじめとする教育委員会事務局の職については、教員出身の者が就く場合もあれば、事務職が就く場合もある。

　市町村教育委員会については、市町村によって規模が大きく異なるため、都道府県よりもその組織形態は多様である。政令指定都市のように大規模でかつ教職員の任命権も有している場合は、都道府県と同様に多くの課を有し、指導主事も数多く配置しているが、小規模市町村においては、職員も少なく、指導主事の配置がなかったり、一人配置であったりすることもある。市町村は、小中学校の設置者であるため、教育委員会には、学校教育を担う組織が置かれており、その他生涯学習・社会教育を担う組織が置かれることが多い。

　市町村教育委員会が、教育に関する事務を適切に実施していくためには、規模の小さい自治体であればあるほど都道府県との連携・協力が必須である。たとえば、実際に単独で全教科の指導主事をそろえる事ができる市町村は多くないため、教科担任制の中学校に対して教科指導に関する助言等を実施しようとした場合、多くの指導主事を抱える都道府県の協力を仰がざるを得ない。また、教育委員会の組織も小さいので、教育長のリーダーシップが教育に関する事務に大きな影響を与える。教育長は、教員出身の場合もあれば事務職出身の場合もあるが[5]、いずれにしても、地域の教育課題を把握するとともに、都道府県教育委員会等と連携協力を図りながら、各学校の管理職や教職員を活用していくことができる人材であることが求められる。

第3項　教育委員会と校長との役割分担

　各地方公共団体が設置する学校は、設置者管理主義（学教法第5条）の考え方に基づき、地方公共団体が学校を管理し、その学校の経費を負担することとされており、設置者として最終的な責任を有している。教育委員会は、学校に対して物的管理、人的管理、運営的管理等の権能を有しており、学校は、教育委員会の管理下で教育活動を行っていることとなる。したがって、教育委員会と学校との関係は、職務上、管理機関と被管理機関の関係にあり、教育委員会

は学校に係る事務に関して自ら判断し、処理すべき事務について校長を指示し、監督することができる。

　また、公立学校においては、教育委員会の管理権と学校における自主的な運営との調整を果たすため、学校の管理運営の基本的事項について、必要な教育委員会規則を定めることとされている（地教行法第33条第1項）。この教育委員会規則のうち、学校の管理について定めたものを「学校管理規則」と呼んでおり、この学校管理規則は、学校管理の体系を明確化し、学校に関する基本方針を明示することによって学校管理を適正かつ効果的なものにするとともに、教育委員会と学校の権限・責任の分担をあらかじめ明らかにすることによって、学校の運営を自主的・自立的に行うことができるようにするという意義を有している。

　学校管理規則の内容には、地教行法には、施設、設備、組織編制、教育課程、教材の取扱いが明示されているが、その他教職員の休暇・出張などの管理に関する事項、児童生徒の管理に関する事項、保健安全に関する事項、学校給食に関する事項などがある（具体的には、教育委員会と校長の職務分担の例として表6-1を参照。）。

　学校の教育課程の編成など法令で校長の権限とされている事項についても教育委員会の管理権は及ぶものであり、教育委員会は自ら処理することはできないが、一般的な指示・監督を行うことはでき、また、必要な場合には具体的な命令を発することができる。

　また、教育委員会事務局には、上司の命を受け、学校における教育課程、学習指導その他学校教育に関する専門的事項の指導に関する事務に従事する職員である指導主事が置かれている（地教行法第18条第3項）が、指導主事は、教育長の指揮監督の下に教育委員会の指導機能に関して教育長の職務の執行を補助する立場に立つものであり、校長及び教員に対して命令し、監督することができる。

第6章　地方公共団体の教育経営

表6-1　教育委員会と校長の職務分担の例

	教育委員会	校　長
基本事項	○学校の設置、管理及び廃止に関する事務の管理及び執行 ○学校管理規則の制定	○校務をつかさどる
教育課程	○教育課程の管理 ○教科書その他の教材の取扱いに関する事務の管理、執行 ○教材の取扱いについての規則の制定 ○学期及び長期休業日等の指定	○教育課程の編成・実施 ○年間指導計画等の策定、教育委員会への届出等 ○指導要録の作成等 ○課程の修了・卒業の認定 ○教材の決定
児童・生徒の取扱い	○就学事務（就学すべき小・中学校の指定等） ○出席停止	○出席状況の把握 ○障害の状態の変化への対応 ○児童・生徒の懲戒
保健・安全	○学校給食の実施 ○就学時の健康診断の実施 ○感染症予防のための臨時休業	○児童生徒の健康診断の実施 ○感染症予防のための出席停止 ○非常変災時の臨時休業
教職員人事	○市費負担教職員の採用、異動、懲戒 ○県費負担教職員の異動、懲戒について都道府県教育委員会への内申 ○服務監督 ○勤務評定の計画、校長の行った評定の調整	○教員の採用、異動、懲戒に関する教育委員会への意見の申出 ○校内人事、校務分掌の決定 ○教職員の服務監督、勤務時間の割振り、年休の承認等 ○勤務評定の実施
予算	○各学校への予算配当	○物品購入の決定（限度額、品目指定あり）
施設・設備	○学校施設・設備の整備	○学校の施設・設備の管理 ○学校施設の目的外使用の許可

出典：第3回教育再生実行会議（平成25年2月26日）配布資料「教育委員会制度について」（文部科学省提出資料）。

第4項　学校の管理運営

　学校教育法では、「校長は、校務をつかさどり、所属職員を監督する。」(学校教育法第37条第4項等) とされており、この校務とは、学校の業務全体を指すものであることから、学校の管理運営の責任は、学校段階においては最終的に校長の権限と責任において処理しなければならない。校長は、職務上の上司として教諭等の所属の職員に対し校務を分担させ、また、校務の処理の仕方について指揮監督しなければならない。

　また、学校には教育をつかさどる教諭以外にも様々な職が置かれることとされている。法令に定められている職としては、管理職として副校長及び教頭が置かれ、中間管理職的な位置づけの主幹教諭(6)、他の教員等への教育指導に関する指導を行う指導教諭、その他養護教諭、養護助教諭、栄養教諭、助教諭、講師、事務職員、学校栄養職員、学校医、学校歯科医、学校薬剤師、寄宿舎指導員、学校用務員があり、高等学校特有の職としては実習助手、技術職員がある。また、給食従事員や学校警備員、スクールカウンセラー、スクールソーシャルワーカー等の法令に定めのない職もある。これらの職については、任命権者が当該学校に配置する(職を命ずる)ことで、その学校の構成員となる。

　学校管理の最終的な権限と責任は校長にあるが、校長だけで全ての校務を行うことはできないため、学校に配置された教職員に校務を分担させる必要がある。これの役割分担を「校務分掌」というが、校務分掌は、法令で定められた各職の職務を中心としつつ、学校の実情に応じてその他の業務も全員で処理するという観点から適切に分担し、協力し合うことによって効率的、効果的に学校を管理運営していくための校務の役割分担である。校務分掌を定める権限と責任を有する者は、校務をつかさどる校長にあり、教職員に対して校務分掌を命ずる行為は、上司としての職務命令として位置づけられる(いわゆる「命課」)。校務分掌には、様々なものがあり学校独自に設けているものも数多くあるが、典型的なものとして、学級担任や教科担任をはじめ、教務主任、学年主任等の各種主任等がある。これらの命課は、同じく上司である教育委員会が発することもでき、どちらが命ずるかについては、教育委員会規則等で定められている。

なお、主幹教諭と主任の違いについては、主幹教諭は任命権者によって任命される「職」であり、学校を異動しても主幹教諭としての発令が変わらない限り身分は変わるものではない。一方で、主任は、校務分掌の一つとして命じられるものであることから、異動した場合には改めて命じられなければ主任とはならない。

学校を適切に管理運営していくためには、教育委員会、校長ともに"マネジメント"という発想を持つことが必要である。学校の状況を把握し、具体的な計画や目標を設定し、それに必要な資源を確保し、教職員間で役割分担を行い、実施する。その中心は校長だが、教育委員会はそれを支援し、また、校長も必要な支援を求めていくことで、効率的・効果的な学校運営を行うことが求められる。一方で、教育委員会の各部署は、それぞれの所掌を中心として学校に関わっていくため、部分最適を目指しやすく、学校全体を見渡して効果的な必要な支援を行い、指導・助言を行うためには工夫が必要である。また、校長も、大半が教員出身であり、教科指導や生徒指導など教育指導に関する面では指導力を発揮することができる経験を有していることが多いが、管理面も含めたマネジメントを行うためには、そのために必要な力量を身に付けさせることが必要である。中央教育審議会においても「チームとしての学校の在り方と今後の改善方策（答申）」(2015（平成27）年12月21日）がとりまとめられたところであり、この答申では、「チームとしての学校」が求められる中で「個々の教員が個別に教育活動に取り組むのではなく、校長のリーダーシップの下、学校のマネジメントを強化し、組織として教育活動に取り組む体制を作り上げるとともに、必要な指導体制を整備することが必要である」ことが指摘されている。その上で、「学校のマネジメント機能の強化」として、管理職に求められる資質・能力を明確化して管理職の養成等に活用することや、管理職候補の教職員が学校のマネジメントの経験を積む機会を増加させること、管理職研修の内容を見直して具体的に学校を改善する能力や危機管理能力等を身に付けさせること等の改善方策を提言している。

また、各学校には、学習指導要領等を受け止めつつ、子供たちの姿や地域の実情等を踏まえて、各学校が設定する学校教育目標を実現するために、学習指

導要領等に基づき教育課程を編成し、それを実施・評価し改善していくことが求められる（いわゆる「カリキュラム・マネジメント」）。

このカリキュラム・マネジメントは、

① 各教科等の教育内容を相互の関係で捉え、学校の教育目標を踏まえた教科横断的な視点で、その目標の達成に必要な教育の内容を組織的に配列していくこと

② 教育内容の質の向上に向けて、子供たちの姿や地域の現状等に関する調査や各種データ等に基づき、教育課程を編成し、実施し、評価して改善を図る一連の PDCA サイクルを確立すること

③ 教育内容と、教育活動に必要な人的・物的資源等を、地域等の外部の資源も含めて活用しながら効果的に組み合わせること

の三つの側面からとらえることができるとされている[7]。

以上のように、学校の運営面でも教育課程の編成においても「マネジメント」が必要である事が指摘されており、教育委員会と校長はそれぞれの権限と責任に基づき、求められる役割を効率的・効果的に果たすために必要なことが何であるかについて向き合い、考え、答えを出していくことが求められている。

〈注〉

（1）「執行機関」とは、地方自治法第138条の2において、「普通地方公共団体の事務を、自らの判断と責任において、誠実に管理し及び執行する義務を負う」ものとされている。

（2）従前の制度は、教育委員が議会同意を経て首長から任命され、教育長を除く教育委員のうちから互選で教育委員長を選ぶという制度であり、教育委員会の権限に属する全ての事務をつかさどる教育長（常勤。教育委員を兼ねる）と教育委員会会議を主催し、教育委員会を代表する教育委員長（非常勤）が置かれていたが、教育行政の第一義的な責任者を明確にするために、教育委員長と教育長を一本化し、新たに常勤の責任者である「教育長」を置くこととされた。

なお、この改正は2015（平成27）年4月1日から施行されているが、新たな「教育長」制度への移行は、施行日に在職していた旧制度の教育長の任期が満了するまでは、旧制度が適用されることとなっており、平成30年度までは新制度と旧制度が入り交じった状

態となる。

（3）2014（平成26）年の地教行法改正により、総合教育会議に係る規定が設けられた（2015年4月1日施行）。

（4）従来、政令指定都市の小中学校の教職員については、県費負担制度の下で任命権のみ政令指定都市教育委員会が有することとされていたが、平成26年に制定された「地域の自主性及び自立性を高めるための改革の推進を図るための関係法律の整備に関する法律」（平成26年法律第51号。通称「第四次分権一括法」。）によって地教行法が改正され、政令指定都市における県費負担教職員制度が廃止された。これにより、教職員の定数や給与等の勤務条件、任免・分限又は懲戒については、政令指定都市の条例で定めることになっている。

（5）市町村教育委員会の教育長の直前歴を見ると、約37％が教職員であり、約22％が教育委員会関係職員、約20％がその他地方公務員となっている（文部科学省「2105年度教育行政調査」より）。

（6）主幹教諭が管理職であるかについては、校長から任された範囲で他の教諭に対して職務命令を発することができるという意味では管理職であるが、管理職手当が出ていない（教職調整額の対象となっている）という意味では管理職とは言えない。いずれにしても管理的立場で学校経営に参画することが求められる。

（7）中央教育審議会「幼稚園、小学校、中学校、高等学校及び特別支援学校の学習指導要領等の改善及び必要な方策等について（答申）」（2016（平成28）年12月28日）23-24頁。

〈推薦図書〉

木田宏著・教育行政研究会編著『逐条解説　地方教育行政の組織及び運営に関する法律　第四次新訂』第一法規、2015年。

鈴木勲編『逐条学校教育法　第7次改訂版』学陽書房、2009年。

第7章

私立学校の経営と助成

第1節　私立学校とは

　学校を設置者別に見た場合、法律に基づいて作られた法人である国立大学法人の設置する国立学校、都道府県や市町村の地方公共団体が直接に設置したり公立大学法人が設置する公立学校、学校法人の設置している私立学校の三つに大きくは分類できる。私立学校すなわち私学の運営主体は学校法人である。学校法人は法人の根本規則（目的、名称、学校の種類、学校の名称など）を定めて所轄庁の認可を受けなければならない。所轄庁とは私立大学を設立する場合は文部科学省、高等学校以下だけの学校を設置する場合は都道府県知事である。

　2015年時点の日本の学校数を設置主体別に見ると、私立の小学校、中学校はそれぞれ1％、7％であり大多数は公立で占められている。ところが、高等学校では約27％、大学、短期大学ではそれぞれ78％、95％を私立が占め、幼稚園も過半数の約63％は私立幼稚園である。この傾向は在籍者数に関してもほぼ同様である。高等学校や幼稚園では1校あたりの在籍者数が多くなるために、幼稚園で83％、高等学校で約31％のシェアを占めている。私学の校数や在籍者の比率は都道府県間のみならず同一の都道府県内の市区町村間でも大きな相違が生じている。たとえば、東京都の全日制・定時制合計高校生数のうち約56％が私立であるのに対して、数％でしかない県（徳島県と沖縄県）も存在している。さらには、同一都道府県内の市区町村間においても私立中学校あるいは私立高校への進学率が大きく異なったり、設置場所が偏在したりするために公私の学校の在籍率に開きが生じていることは言うまでもない。

103

少子化の進展によって家庭が子ども一人にかけることのできる教育費が上昇していることや、学力不振、不登校、校内暴力などの既存公立学校への批判の高まりによって公立進学を避けようとすることや、進学指導あるいは国際化などに重点を置いた特色あるカリキュラムの編成やICT活用による授業方法の工夫などによって、さらには、小・中・高・大の一貫教育で個性に応じた教育を受けさせたいと望むことなどによって、私学教育への期待が高まってきている。その結果、長期にわたる景気の低迷にもかかわらず、私立の中学校ないし中高一貫校への受験率や進学率が上昇し高止まりしたままである。さらには、大都市中心部のみならず交通網の発達によって郊外からも私学通学が可能となったことも私学志向の重要な要因として指摘できよう。

　今後とも、私学教育への社会的な関心と期待は高まりこそすれ低下することはないであろうし、私学側もその期待に応える努力を怠ることはできない[1]。

◤ 第2節　近代国家の成立と私学 ◢

　日本の就学前教育、中等教育、高等教育で果たしている私学の重要な役割は日本の学校教育の歴史において一貫したものであろうか[2]。

　松下村塾や適塾などの江戸時代における教育の場として必ず登場する私塾は独自の教育を行っており、明治以降の日本の近代化に強い影響を与えている。同じく寺子屋も庶民の教育機関として識字教育をはじめとして重要な役割を果たしてきていることは周知の事実である。近代学校制度が始まる以前の私塾や家塾や寺子屋は、明治以降の制度化された教育機関とは異なって、創設者の独自の教育理念を基盤として多様で自発的な教育方法を用いて教育を行っていた「私学」と見なすことができる。明治初年に私学として設立され、後に代表的な私立大学となった例として慶應義塾（1868年）、同志社英学校（1872年、後の同志社大学）、東京専門学校（1882年、後の早稲田大学）などがある[3]。

　近代学校教育の基礎は1872（明治5）年の「学制」の頒布によって築かれた。学制は政府主導で中央集権的・画一的な官立学校制度を打ち立てることを目指すものであった。ところが、学制は官立学校と併存する私学の存在を認めてい

た。すなわち、学制第43章では「私学私塾及家塾ヲ開カント欲スル者ハ其属籍住所事歴及学校ノ位置教則等ヲ詳記シ学区取締ニ出シ地方官ヲ経テ督学局ニ出スヘシ」と規定しており、後の学制追加では認可を求めている。そして1874（明治7）年の文部省布達22号の中では、官立学校、公立学校と区別して、公式文書で私塾や家塾を含む私学に「私立学校」の名称を初めて用い、私学を「壱人或ハ幾人ノ私財ヲ以テ設立スルモノ」と定義している。私学の存在の認知や規制の開始は、明治初期における国民の教育要求の高まりに官公立学校だけでは対応することができなかったことの証左であり、私学に国民教育の補完的な地位を付与するともに、文部行政の監督下に置く干渉主義が採用されていた。

　学制の集権性や画一性への反省を踏まえて、教育の権限を地方に広く委譲して教育管理を地方の自由に委ねることを基本とした「教育令」が1879（明治12）年に発布された。ただし、私学をあくまでも官公立学校の補完的な学校として位置づけることに変わりはなかった。教育令第9条では「町村人民ノ公益タルヘキ私立小学校アルトキハ別ニ公立小学校ヲ設置セサルモ妨ケナシ」として公立の代用として私学を捉えていた。教育令において私学の設置・廃止は府知事県令への「開申」、つまり届出が求められただけであった。このように明治時代初期には設置者別に学校の種類を併記して、あくまでも公立学校の補完としてではあるが、私学の自由設置主義が採用されていた。

　ところが、学校設置運営における自由の保障や地方長官への教育行政事務の委任を主因として就学率の低迷など教育の普及拡大が停滞していた。この事態に直面して明治政府は、政府自身による督励や強制を図るために翌年の1880年には教育令を改正して「改正教育令」を布告した。その結果、私学については設置が府知事県令の認可事項となり、廃止については届出事項となった。なお、教育令における私学への公費助成は学制とは対照的であった。教育令（第31条）では「私立小学校タリト雖モ府知事県令ニ於テ其町村人民ノ公益タルコトヲ認ムルトキハ補助金ヲ配付スルコトヲ得ヘシ」とされ、公益性や公共性の視点から私立小学校に対する国庫補助が認められていた。しかしながら改正教育令によって私学に対する補助金は廃止され、そのために合併や廃止を余儀なくされた私立学校は少なくなかった。また、教員免許状に関する規定が定められたり

教授すべき教科基準が定められるようになったこともあって、基準を満たすことのできない私学は廃校の憂き目にあった。

▲ 第3節　私学制度の確立 ▼

　1885（明治18）年に内閣制度が発足し文部大臣が設置され、翌年には帝国大学令、師範学校令、小学校令などの諸種の学校を対象とした勅令が発布された。ただし、これらの諸学校令には私学に関連した規定は含まれていなかった。私学が近代国家の形成に重要な役割を果たしてきているにもかかわらず、教育制度の中でその地位を公認されるようになるには1899年の私立学校令の制定を待たなければならなかった。明治後期の政府は不平等条約の改正が焦眉の課題であり、交渉の過程で外国人の内地雑居を認めたことでキリスト教の拡大を恐れ、キリスト教系私学の監督の強化を意図して制定されたのが私立学校令であった[4]。むろん私立学校令はキリスト教系私学のみを対象としたのではなく、包括的な私学を対象としていた。私立初等中等学校の設立に関しては地方長官の認可事項に含め、設置廃止は届出事項とした。監督官庁は私立学校長の任免権を有し、設備や授業が教育上有害と認められる場合や法令上の規定違反の場合には監督官庁に変更命令権や閉鎖命令権が与えられた。なお、私立学校令の中では公費助成に関する規定はなかった。1911（明治44）年には私立学校令が改正され、私学の設置や設置者変更のみならず廃止に関しても監督庁の認可事項となるとともに、私立中学校と専門学校の設置者は学校の維持に必要な資産、設備を備えるとともに、民法による財団法人であることが必要とされた。

　私学の制度的枠組みを整備し規制を強化する一方で、大正デモクラシーの時代になると、デモクラシーの思想と運動が学校教育にも影響を与えるようになった。成城小学校、池袋児童の村小学校などで児童中心主義教育が展開された。これらの学校は国家主導で目指されていた公教育の内容や方法とは異なる指向性を持つ学校であった。そして昭和に入ってファシズムが勢いを増してくるようになるにつれ、私学への統制は強化され国家主義教育に組み込まれていくようになった。

106

第7章　私立学校の経営と助成

　欧米先進諸国に追いつくために国が学校制度を整備するに際して直轄の官公立学校を優先することは理にかなっているし、中央政府も地方政府も学校整備のための努力を惜しまなかった。しかしながら、政府の教育供給の努力が追いつかないほどに国民の教育要求が高まっており、私学の発展する余地は大いにあった。明治期や大正期における中間層の進学意欲の高まりに応じた各種の私立専門学校などの拡大は、1913年に文部省に設置された諮問機関である教育調査会の建議で大学および高等学校の設立を私人にも認めることを引き出したし、1917（大正6）年の内閣に設置された諮問機関である臨時教育会議において官公立私立の扱いの平等に関する建議を導き、同年には大学令、高等学校令が発布されることとなった。これらの法令の制定は教育需要を満たすには私学の存在を無視できないことについて政府が認めたことを裏付けてもいる。

　日本の近代教育の発展過程において、私学における教育は決して排除されていたわけではなかった。教育政策として、学校の設置の自由、学校経営の自由、学校選択の自由など、一定の制約はあっても完全に封殺することはしなかった。ただし、特に義務教育段階の私学教育に該当することであるが、政府は私学に対して奨励、支援、振興などを顧慮することはなく、政府の教育政策を阻害しない限り黙視していたと見なすことができよう。

▶ 第4節　戦前の私学助成 ◀

　戦前において私学への運営経費の助成は皆無であったのではなく、部分的な助成は行われていた[5]。創立経費や経常的経費の一部としての私立大学補助、公私立の実業学校の経常費や設備費に対する法律に基づく補助である実業教育費国庫補助、私立中等学校職員の退職年金などの私立中等学校恩給財団補助といった恒常的な助成を行っていた。また、臨時的な措置として、関東大震災後の建物復旧費に充てる私立学校震災応急施設貸付金、戦時体制強化のための私立青年学校設備費補助、戦時中の研究要員確保のための私立大学大学院補助、生産力増強の技術要員確保を目的とした私立学校補助などがある。

　さらに詳細に見ていくと、1895（明治28）年の実業教育費国庫補助法等に基

づいた2万9,589円の助成を初めとして、その後1949（昭和24）年まで55年間にわたって総額3,340万円余りが私学に交付されている。また、1920（大正9）年の私立大学への補助金17万5千円が交付されて以降にも補助が継続されたし、1923年の関東大震災に際しては私立学校震災応急施設貸付金が1924年に勅令46号ならびに同年の追加予算として計上され、76校に対して総額449万円が貸し付けられた。さらには、1919年より私立学校用地の免税措置が開始されている[6]。

　これらの特定目的の補助や私立大学の創設費・経常費の補助金額が総収入に占める比率はわずか0.7％しかなかった[7]。たとえわずかな金額であったとしても、交付する側である政府と受領する側である私学の利害が一致していたからこそ戦前私学助成制度は継続していた。すなわち、国家による私学への統制・規制が公共性の観点から正統化されるとともに、私学の自主性は厳しく制約されていた。私学が自主性の制約を受け入れざるを得なかったのは、たとえわずかでも政府からの資金調達の可能性を維持しておきたかったからに他ならない。たとえば、1918年の大学令では大学に必要な施設・設備を有するだけではなく、学校資産の相当部分は文部省の指定に応じて供託されることを定めていた。そのために、私学は資産からの利子収入、寄附金、学生納付金によって運営されており、きわめて厳しい財政運用を余儀なくされていた。

　以上、戦前の私学への政府の規制や助成についてやや詳しく考察してきた。それは、私学の自主性、公共性のみならず永続性、安定性の観点から、政府の私学に対する理解や認識と、私学側の規制や助成の論理に関して、戦前戦後の連続性と非連続性に注意を喚起したいためである。

◢ 第5節　戦後の私学と教育行政 ◣

　第二次世界大戦後において私学をどのように扱うかの問題は、戦後の教育改革全体とも密接に関わっていた。日本国憲法の理念である思想・信仰・言論の自由の保障と不即不離で、いかなる教育を行うのかについての自由、いかなる教育を受けるのかについての自由を確保することが目指された。そのために設

置と運営の自由を持つ私学の存在が重視された。たとえば戦後の教育改革に強い影響を与えた第一次米国使節団報告書においては、私学振興を徹底することや私学の自由な設立を認めるように提案し、私学の財政的基盤の確立のために国として財政援助することを示唆している。同報告書は初等中等教育行政に関して「私立学校は、他の公立私立の学校から転校してくる生徒を十分に受け入れられるだけの最低基準を満たしていることが期待される以外は、完全な自由を保有するであろう」[8] と述べ、私学における教育の自由について力説している。

また、戦後の教育改革を主導した教育刷新委員会は1946（昭和21）年12月の第17回総会、第1回建議事項で「私立学校に関すること」を採択し、私学に公共性と民主性を確保するために民法上の法人とは別個の特別法人とすることを構想し、その後の建議においても私立学校法の骨格となる基本理念を打ち立てた。そして翌年1月の同委員会第21回総会における私学振興に関する決議では「官公学偏重の弊を打破して官公私学の平等を期すること」「私学の財政面を強化し設備を充実させること」「教職員の待遇を改善してその質の向上を計らせること」「私学独特の特徴を発揮させるために従来の画一的形式的監督を廃すること」を主張している。1946年9月には私学関係者が全国私学時局対策大会を開催して関係方面に向けて助成金獲得のための運動を展開し、これらの運動に応える形で同年10月の第90回帝国議会では「公私立学校生徒学費負担額の不均衡是正」「戦災私学復興費の助成」「戦災私学の有する特殊預金の解除」「私学への寄附金に対する租税の減免」「私立学校教職員待遇改善費の補助」といった私学振興にかかわる決議案が採択された。

教育基本法、学校教育法、教育職員免許法などの戦後に制定された教育法の多くは国立、公立、私立の学校に共通した教育法であるが、1949年に制定された私立学校法は私学のためだけに特別に制定されたものである[9]。同法第1条では「私立学校の特性にかんがみ、その自主性を重んじ、公共性を高めることによって、私立学校の健全な発達を図ることを目的とする」と規定された。要するに同法の目的は私学における自主性の尊重、公共性の確保、健全な発展である。

次に自主性と公共性についていくぶん詳しく見ていきたい。学校設置廃止等の認可や閉鎖命令の特別規定を設けて所轄庁の権限を具体的に限定して列挙する制限列挙主義を採用したことや、教育委員会が公立学校に対して有する設備授業等の変更命令権を私学には適用しないと規定したこと、これらの権限を所轄庁が行使する場合に都道府県と文部省にそれぞれ設置される私立学校審議会、私立大学審議会への諮問を義務づけることなど、おしなべて私学の自主性の確保を意図している。

　公共性について触れると、1899（明治32）年に出された私立学校令の規定する私学の設置者は民法上の財団法人であり学校の設置能力や公共性への配慮は欠けていた。しかるに1947（昭和22）年制定の教育基本法で「法律に定める学校は公の性質をも持つ」（第6条）とされ、学校教育法第2条で国、地方公共団体と並んで私学の設置者を学校法人に制限した。私学を設置するためにはまず学校法人を設立しなければならず、行政による認可が必要である。認可の基準として、学校施設設備の充足、それに要する資金の有無、学校運営に必要な財産の保有などが定められている。また、最高意思決定機関であり管理機関でもある理事会が設けられることや理事には校長を含めること、学校に関わる人々の意見を学校運営に反映させるための諮問機関として学校法人の職員や卒業生などで構成される評議員会の設置も義務づけられている。評議員会は法人と教職員との間での連絡・調整を図るための制度装置である。また学校法人には学校経営に活用するために一定の収益事業が認められた。

　以上のように、戦前にあった私学への規制は大幅に緩和されて私学は建学の精神にもとづいた独自の教育理念を掲げて教育を行うことができるようになったとともに、公の支配を受ける学校法人が私学の経営に当たることで公共性を担保することになった。なお、戦後直後に制定された教育基本法は約60年を経て2006（平成18）年に改正され、第8条において、私立学校の有する公の性質及び学校教育において果たす重要な役割にかんがみ、国及び地方公共団体はその自主性を尊重しつつ、助成その他の適当な方法によって私立学校教育の振興に努めなければならない、との新たな条項が付け加えられた。

　私学の果たしている役割は重要であればあるほど公共性を確実に保障するこ

とも求められる。公立学校と同様に私学に対しても管理・行政のための制度が存在しており、高等教育に関しては両者とも文部科学省であるが、初等中等教育は管轄が異なる。高等学校以下の公立学校に関する事務は教育委員会が管轄しているが、私学に関する事務は地方公共団体の首長が管理・執行する。すなわち所轄庁は都道府県知事とされている。公立と私立との行政をこのように分けて行う体制を「二元的行政」と呼んでおり、1ヶ所に教育行政の権限を集中させないことと私学の自主性への配慮の工夫がなされている。

1950年代以降、特に60年代には経済成長によって教育の大衆化が進行し、高校や大学への進学率が急上昇した。戦後ベビーブーム世代の進学や進学率の急上昇による爆発的な就学人口増を受け入れるために私学の存在は不可欠であった。戦後間もない1950年における幼稚園、高校、短期大学、大学の園児・生徒・学生の私学在籍率はそれぞれ51%、16%、86%、56%であり、先に述べた私学の在籍率と比べると私学はシェアを大幅に伸ばしている。私学は戦後70年以上にわたって一貫してその存在感（プレゼンス）を高め続けているのである。

◥ 第6節　私学助成制度化の意義と課題 ◤

第1項　私学助成の合憲・違憲論争と現状

私立学校法は私学行政の自主性の重視や学校法人を通した公共性の担保と並んで重要な条項を含んでいる。私学助成に関して定めている第59条である。憲法20条では政教分離原則について規定しており、これを受けて憲法89条には「公金その他の公の財産」の支出や利用を宗教団体に対してのみならず、「公の支配に属しない慈善、教育若しくは博愛の事業」に対しても禁じている。私立学校法の制定過程において、私学への公費助成は憲法89条との関係で議論の的となった[10]。当初占領軍は国や地方公共団体が私学助成をおこなうことについて違憲であるとの見解を有していたものの、教育復興のために私学の財政基盤の確立は不可欠であったこともあり、私立学校法に公的助成の規定が盛り込まれた。背景として戦後の私学は教育需要に応えるための学校増設によって資本

的支出が増大し、戦後のインフレによる物価上昇にともなう経常経費が増加し、人件費の膨張などもあって莫大な赤字を抱えていた。授業料や入学金の引き上げにもおのずと限界があり、私学存続のためには私学関係団体や教育刷新委員会も主張していたように、大多数の私学は公的助成に期待せざるを得ない状況にあった。

　私学の置かれていた窮状を打開することや私立学校法での公的助成の規定によって、合憲違憲の論争はひとまず決着した。すなわち、私学も教育基本法、学校教育法にもとづいて公の性質を持っており、設置者である学校法人は寄附行為の変更、設立、合併などはむろん、人事、管理、事業内容、財産なども含めて国や地方公共団体といった所轄庁の認可・関与を必要とすることなどをもって、私学も公の支配に属しているがゆえに助成が可能であると解釈された。

　私立学校法が制定されて以後の私学助成は、私立大学を対象として研究設備助成や理科教育助成などの分野で補助金制度が適用された。しかるに大学進学者数の急増による私学の比重の高まり、私学の慢性的な財政的苦境、国公立と私立の間の教育・学習面や授業料負担などでの格差拡大などによって補助金は私学経営にとって焼け石に水であった。そのために従来の補助金に加えて、人件費なども含む経常費への補助を開始する契機となった日本私学振興財団法が1970（昭和45）年に制定された。同法の制定目的は、私学の教育条件の維持向上、生徒・学生等の経済的負担の軽減、私学経営の健全性の向上であった。さらに1975年の私立学校振興助成法が成立することで、従来の予算補助から法的保障のある法律補助に変更され、私立の大学・短大・高等専門学校の場合には経常的経費の2分の1以内の補助が可能となった。かくしてこれらの学校への国の補助金には経常費補助金（教職員給与費や教育研究経費など）と施設設備の整備に関する補助金（今日的な例を挙げれば、学術研究の高度化、耐震補強、バリアフリー化などへの補助）がある。また、高等学校以下の学校の経常的経費に都道府県が補助する際、国がその一部を補助（同じく、情報教室や校内LANの整備、防災機能強化、IT教育設備推進など）することができるようにもなった。

　国の私学助成の7割以上を私立大学等の経常的経費が占めている。私立大学

等の全経常的経費に占める国の補助金の割合は、1980（昭和55）年度（29.5％）をピークにしだいに低下し、1990年代以降はおよそ10％程度で推移している。2015（平成27）年度の場合、交付校数は877校であり交付総額は約３千２百億円である。私立高等学校等に関しても経常的経費に占める地方交付税と国庫補助金の割合は1981年度（8.6％）をピークに下がりつづけ、1990年代後半では４％前後で推移しており、1983年度からの都道府県補助金を加えても５％を若干上回る程度で推移しており、2015年度の私立高等学校等経常費助成費等補助金は約１千億円である。近年の国や地方公共団体の財政状況の極度の悪化を考慮に入れれば、たとえ毎年のように私学助成の増額要求が関係団体から国や自治体に出されても、私学助成金の増額は望めそうにない。

第２項　私学経営の今日的検討課題

　最後に、私学の経営と助成にかかわって検討課題を３点ほど指摘しておきたい。一つは助成金の受領に付随する説明責任（アカウンタビリティ）についてである。私学が公費を受領する限り公費の使途、成果等について社会的な説明責任が付随してくる。逆に、公費を受け取らないことで、一定の範囲内ではあれ、教育活動に際しての自主性の領野が拡大するであろう。戦前においても戦後においても私学での教育実践が価値ある実践として着目され、それが公立学校の教育改革を触発してきた歴史がある。英米の学校教育に関する文献を一瞥すると、公費助成に依拠しない独自財源を用いた私学運営が通例となっている。公費に依存すればするほど、教育活動における裁量が狭まることとなるし、結果的に教育革新の展開を抑制することにもなる。戦前戦後を通して私学教育の固有性・独自性は公費助成と引き替えに少しずつ切り取られ続けているのではなかろうか。どうすれば私学助成を増額できるかということ以上に、公費に拠らない私学経営の可能性について積極的に検討する必要があるのではなかろうか。

　二つ目の課題は、市場原理、競争原理を私学教育や私学助成に導入しようとする動きが見られることである。一般補助から特別補助への重点の移動、評価結果を踏まえた私学助成を導入して学校間での競争原理を働かせることなどで

ある。特別補助は政策誘導的な側面を持ち、学校改革を促すインセンティブを与える可能性を有する。しかしながら、特別補助を強化することによって結果的に私学教育の画一化を招来することもあり得るし、個々の私学独自の創意工夫の意欲を減退させる可能性もある。評価結果を踏まえた一般補助と特別補助の増減によって競争原理を導入し、私学改革を促す可能性はあるが、現行の国公立学校と私学との教育研究条件の格差を放置したままで国公立私立間の競争は成り立たないし、評価方法次第では私学間の教育研究条件の格差拡大をもたらしかねない。戦後教育改革によって私学は自主性を大きな柱として再出発した。私立学校法の制定目的は私学の自主性の尊重、公共性の確保、健全な発展であり、私学の二元的行政によって権限の集中を避ける工夫がなされている。これはまさに戦前私学行政からの非連続性の典型例である。しかるに、特別補助を通した政策誘導や競争原理の導入は私学の自主性をないがしろにする可能性があることに留意すべきであろう。

　三つ目は学校淘汰の時代における私学の魅力の発見・発揮の課題である。私学は独自性を模索しながら特色ある学校づくりを目指して努力を積み重ねている。しかしながら、学校の特色として取り上げられることの多いのは上級学校への「進学実績」である。進学実績は私学教育のあくまでも一側面を示しているに過ぎず、実際には児童生徒の多様な能力を開花させるために個性的な独自な教育を展開しているはずであろう。私学は建学の精神にもとづく視点からの人間形成を目指した魅力ある私学教育を創り出す不断の努力を怠ってはならないし、自校の教育目的とその成果について多くの人々の理解を得るために一層工夫する必要があるのではなかろうか。

〈注〉
（1）従来の教育行政学や教育経営学では公立学校に比べると私立学校を対象とした研究はきわめて少ない。日本の教育の歴史における私学の果たしてきた重要な役割についてもっと関心が向けられても良いと考える。これまでの私学研究の動向をレビューした以下の文献は有益である。小入羽秀敬「私学政策・制度に関する研究」広島大学高

等教育研究開発センター『大学論集』第46集、2014年。

（２）戦前の私学について詳しくは以下の文献を参照されたい。本稿も参考にしている。
荒井英治郎「戦前私学法制の形成と特質——『規制』と『助成』に着目して——」信
州大学全学教育機構教職教育部『教職研究』第３号、2010年。

（３）東京の私立小学校に関しては、下記のホームページで2016年時点の東京私立初等学
校協会に加盟している小学校54校の創設年が記載されており、明治時代に設立されて
平成時代に現存する小学校は少なくない。http://www.shigaku.elementary-school.tokyo/
schooldata/（2016年７月30日確認）。

（４）安嶋彌「明治のキリスト教系私学について」『国立教育政策研究所紀要』第141集、
2012年、276頁。

（５）荒井、前掲論文、31頁。

（６）私立学校振興会編『私立学校振興会史・第１巻』私立学校振興会、1960年、３頁。

（７）尾形憲「私学助成の歩みと思想」国庫助成に関する全国私立大学教授会連合編『私
学助成の思想と法』勁草書房、1979年、26頁。

（８）村井実『アメリカ教育使節団報告書』1979年、講談社、131頁。

（９）私立学校法の制定と学校法人制度については、長峰毅『学校法人と私立学校』日本
評論社、1985年を参照した。

(10) 私立学校法の違憲合憲論に関する教育学からの検討として以下の文献は参考になる。
荒井英治郎「憲法89条解釈をめぐる政府解釈と私学助成」『教育行政学論叢』第26号、
2007年。

〈推薦図書〉

結城忠『憲法と私学教育——私学の自由と私学助成——』協同出版、2014年。

ジアース教育新社編集部『私学助成関連法規集』ジアース教育新社、2010年。

市川昭午『教育の私事化と公教育の解体——義務教育と私学教育——』教育開発研究所、
2006年。

国庫助成に関する全国私立大学教授会連合編『私学助成の思想と法』勁草書房、1979年。

第8章

教育経営とエビデンス

はじめに

　1990年代後半から、政策や実践がエビデンス（科学的根拠）に基づくべきであるという考え方が国際的に広まり、日本でも2013（平成25）年以降、エビデンスに基づく教育政策に向けた動きが見られるようになった。政策と実践をつなぐ重要な役割を果たす経営とエビデンスとの関係は、あまり論じられていないが、本章では、まず英国の学校経営におけるエビデンスの活用と産出の事例と、その背景にある英国政府の動向を紹介する。次に日本の近年の政策動向を概観した上で、エビデンスに基づく教育経営の課題について論じることとしたい。

第1節　エビデンスに基づく教育経営——英国の事例——

第1項　エビデンスを「つかう」校長、「つたえる」ツールキット

　2014年に英国の内閣府が発行した「何が有効か？　意思決定者のためのエビデンス」という報告書は、教育分野での中核的な取組として、教育学習ツールキット（道具箱）を取り上げている。このツールキットについて、ロンドンのランベス区立ローゼンデール初等学校のケイト・アトキンズ（Kate Atkins）校長は、「教職員や保護者、学校理事会に説明するときに、数えきれないくらいの回数使っています。これは……学校文化を変え、その結果、教職員は教育研

117

究の成果を一層意識し、教育方法やその効果を問うようになってきました」と述べている[1]。

　教育学習ツールキットは、貧困家庭等の子どもの学力向上を目的として、校長や教師が教育研究によるエビデンスを利用しやすくするために、教育基金財団（Education Endowment Foundation; EEF）が、2012年から提供を始めたオンライン・データベースである。ダーラム大学のスティーヴ・ヒギンズ（Steve Higgins）によって開発されたもので、当初はピューピル・プレミアム・ツールキットと名付けられていた。ピューピル・プレミアムとは、貧困家庭等の子ども一人当たり何ポンドという形の交付金で、2011年に導入された[2]。交付金の使途は学校が決めるものであり、どのような教育方法・プログラムに使うのが有効かを判断するにあたって、ツールキットが役に立つのである。

　このツールキットは、パソコンやスマートフォンで簡単に見ることができ、校長や教師は、様々な教育方法・プログラムの効果と費用（コスト）を比較することができる。ツールキットは2016年11月現在、34の教育方法・プログラム

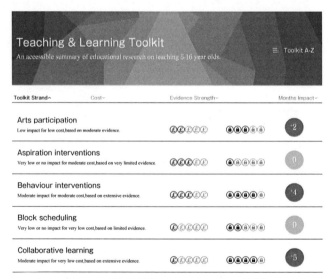

図8-1　教育学習ツールキットの画面

https://educationendowmentfoundation.org.uk/resources/teaching-learning-toolkit

を登載しており、その最初のページ（図8-1）は、各教育方法・プログラムに関する利用可能な最良のエビデンスを要約している。

　教育効果は、当該プログラムや教育方法を1年間受けた場合の平均的な進捗度の向上として、12ヶ月までの1月単位で示されている[3]。また費用は、ポンド記号の数で示されており、25人学級で1年間実施した場合の平均所要額が「2,000ポンド以下」から「30,000ポンド以上」までの5段階となっている。錠前記号の数は、効果に関するエビデンスの信頼度であり、「極めて限定的」から「極めて大きい」までの5段階になっている。厳格な評価を何度も受けている教育方法・プログラムの効果に関するエビデンスの信頼度は高く、そうした蓄積の少ないものの信頼度は低い[4]。

　たとえば、この画面の一番下のCollaborative learning（協調学習）の効果は5ヶ月と高く、そのエビデンスの信頼度は5段階で上から2番目とかなり高いのに対し、コストはほとんどかからないことが要約されている。それぞれの教育方法・プログラムをクリックすると、それらの概要、効果、そのエビデンスの信頼度、コスト、留意点についてわかりやすく解説されており、関連資料も見ることができる。

　このツールキットが提供されたことで、教育研究によって生み出されたエビデンスが多くの学校で活用されるようになった。英国会計検査院の2015年の報告書によると、ツールキットを使っている校長は64％で、2012年に研究成果を利用したと回答した36％と比べると大幅に増加している[5]。

　要約されているエビデンスは、財団の目的が学力向上であること等から、その多くが学力テストで測定できる学業成績等であり、児童の行動や態度などに対する影響は必ずしも含まれていない。したがって、ツールキット上に示されている効果が小さくても、その教育方法・プログラムの意義が乏しいということではない。また要約されたエビデンスは、これまでの研究の蓄積でわかっている平均的な効果であり、研究が進めば効果やその信頼度などは更新される。さらに、どのような状況で得られる効果かが明らかでない場合には、各学校にそのまま適用できるとは限らない。このため、ツールキットのエビデンスを利用するに当たっては、どのような教育効果を得たいのかを明確にするとともに、

児童生徒の状況や親をはじめ地域社会の状況を、教師としての専門的知識・能力によって、総合的に勘案する必要がある。このような点を意識していれば、有用なエビデンスとして活用することができるであろう。

　ローゼンデール初等学校では、ツールキットで効果があるとされる教育方法・プログラムの採用等のために、ピュービル・プレミアム交付金の使途として、全教員が研究と活動をするための週半日の確保、主任層が担当学年の支援にまわるための時数減、学校リーダーシップチームの拡充による教育活動の評価とともに、対象児童の生活体験の充実や言語力の向上、社会技能の改善のための諸活動にあてている。

第2項　エビデンスを「つくる」──メタ認知を用いた教育方法の効果──

　ローゼンデール初等学校では研究の一環として、リフレクテッド（ReflectED）と名付けた、ICT を用いたメタ認知学習プログラムを開発した。メタ認知とは、子どもが学び方や学習プロセスについての考え方を学ぶことである。ツールキットでは、「メタ認知及び自己制御」として、効果8ヶ月、信頼度4、費用1と表示されており、一貫して高い効果があることが判明している。しかし、これはこれまでの方法の平均的効果であり、各学校で具体的にどのような教育方法に展開すればよいのか、また実際に展開される個々の教育方法の効果がどの程度あるのかが示されているわけではない。

　ローゼンデール初等学校のリフレクテッドは、タブレット端末にインストールしたエバーノートに、児童が、学んだ領域（例：算数）とその時感じたこと（例：難しかった）などのタグを付けて、文字や画像、音声などを自分で記録し、これらの記録を教師や級友と一緒に何度か振り返りをするというものである。これは一種の e ポートフォリオであり、学習フォルダは学年ごとに整理され、担任や主任は全学年の学びを見ることで、どの児童が上手くやっているか、努力が必要かなどの状況や、個々の児童のニーズを把握することができる。

　同校ではリフレクテッドの教師用資料を作り、他の学校でも使えるようにすることを計画し、その計画は教育基金財団（EEF）に採択され、総額25万3千ポンドが交付された[6]。この事業は全国5地区30校の5年生1,858名を対象に

行われた。同財団の助成事業には、必ず第三者による厳格な評価を含めること とされており、マンチェスター大学のチームによって、リフレクテッドを実施 する実験群と、実施しない対照群を、学級単位でランダムに割り付ける、ラン ダム化比較試験（Randomised Controlled Trial; RCT）によって、評価が行われた。 RCT は、介入（教育方法・プログラム）の効果（因果関係）を知りたい場合に、 その介入以外の要因を除去して検証できる実験であり、最も威力を発揮する方 法である。

　評価報告書は2016年11月に発表され、リフレクテッドを利用したグループは、 利用しなかったグループに比べて、５年生の算数の成績で４ヶ月分の進捗が あった。しかし読解の成績は、利用しなかったグループの方が２ヶ月分進捗し ており、一貫した結果は得られなかった。これは、すでに他のメタ認知学習方 法を取り入れていた学校が多かったためとも考えられているが、リフレクテッ ドは有望な方法であるため、対象校を増やして再実験が行われることになって いる（2017年６月）。

　このプログラムは、学校全体で取組んだ研究によるものであり、それ自体に 意義があるが、さらに評価まで視野に入れることは、教師に研究者としてのマ インドを醸成するものであり、専門職集団としての学校に相応しい取り組みで あると言えるだろう。

第3項　エビデンス・センター──教育基金財団（EEF）──

　エビデンスを「つくる」ことはもとより、「つかう」ことも、日常の学校経 営や教育活動に忙しい校長や教員だけでは容易ではなく、エビデンスを「つた える」[7] ために、教育と研究の仲介機関が重要である（OECD 教育研究革新セ ンター、2009）。同財団は、医療分野の国立医療技術評価機構など７分野の「何 が有効かエビデンス・センター」（What Works Evidence Centres）の一つとして 位置付けられている。このような機関は経営支援機関の一種とも言える。

　教育省は、政府の優先課題である最も不利な条件にある子ども・若者・家族 に対する支援策の一つとして、2011年に１億2,500万ポンドを拠出して教育基 金財団を設立した。この資金によって、次のような事業が15年間の予定で実施

されている。①最も不利な条件にある学校の児童生徒の達成度をあげるための革新的な教育方法やプログラムを助成すること、②助成を受けた活動の全てについて頑健な評価を行うこと、③その結果を学校などが利用できる方法で共有することである。同財団設立以降、英国では、エビデンスを「つくり」、「つたえ」、「つかう」ことが急速に進んでいる。

同財団は、設立以来2017年6月末までの約6年間に、8,700万ポンドを142のプロジェクトに助成しており、その規模は対象校約9,200校、対象児童生徒数約96万人となっている。プロジェクトのほとんどで、RCTによる厳格な評価が実施されており、これまでに71件の報告書が公表されている。

▲ 第2節　英国におけるエビデンスに基づく教育の展開 ▼

第1項　エビデンスに基づく教育の導入[8]

英国でエビデンスに基づく教育を最初に提唱したのは、ケンブリッジ大学のD.H. ハーグリーブズ（D.H. Hargreaves）の1996年の講演「研究に基づく専門職としての教職——可能性と期待——」であり、医療に比べて教育は実践の知識基盤が乏しいことや、研究が積み重ねに欠け、研究と実践との関係が薄いことなどを指摘するとともに、具体的な政策提言を行った。これに対して、教育学は技術的解決よりも啓発的役割が大きい、教育は医療に比べて極めて複雑であるといった反論が出されるなど論争が行われたが、ハーグリーブズの提言は、翌年成立したブレア労働党政権の教育政策に取り入れられた。

その際、何をエビデンスとしてとらえるかについては、医療分野のようにRCT（ランダム化比較試験）のみを最良のものとするのではなく[9]、様々な量的研究や質的研究まで含めて幅広くエビデンスととらえて、社会科学の研究成果を政策立案に活用しようとするものであった（ナトリー他、2015）。

教育界には、エビデンスに基づくという考え方に対する反発があり、質的研究を含む多様な研究方法の重要性が強調されつつ（ブリッジ他、2013）、次第に受け入れられてきた。

第2項　ランダム化比較試験（RCT）の重視

　2010年の政権交代によって誕生したキャメロン（David Cameron）保守党・自由民主党連立政権は、個人の選択の自由をより一層尊重する政策を掲げた。同首相は、人間の行動が必ずしも合理的ではないことを前提とする行動経済学が、個人のよりよい選択を促すための政策立案に資することから、内閣府に心理学者のデイヴィッド・ハルパーン（David Halpern）をリーダーとする行動洞察チームを置いた。同チームは2012年の「試し、知り、変える」という報告書[10]において、政策上の課題に対してランダム化比較試験（RCT）を実施し、その結果得られるエビデンスを適用して制度を変更することで効果が得られることを示し、厳格なエビデンスの産出と活用による政策立案を推奨した。

　教育省は、優先課題とされた、最も不利な条件の子ども・若者・家族に対する支援策をランダム化比較試験で評価するため、2011年に前述の教育基金財団（EEF）を設立し、2013年には「試し、知り、変える」の著者の一人で医師・科学評論家のベン・ゴールドエイカー（Ben Goldacre）による「エビデンスを教育に組み込む」という報告[11]を発表した。この報告はまず、教師が研究者としてエビデンスの産出、活用を自ら行うことにより、政治や行政による指示から自由になる、と冒頭で述べたうえで、介入の有効性に関する良好なエビデンスを収集するとともに、日頃の実践で活用する文化を構築することによって、教育成果が上がると主張するものである。また、RCTが適切でない場合や結果の解釈に注意が必要なことも詳しく説明するなど、エビデンスに対する疑問にも答えている。

　教育分野のRCTは、米国では1960年代から行われており、幼児教育の効果に関するペリー就学前計画や、学級規模縮小の効果に関するテネシー州スター計画などが有名であるが[12]、教育基金財団創設以前の英国では、RCTはほとんど行われていなかった。内閣府行動洞察チームの「試し、知り、変える」が挙げている事例はインドのものである。貧困児童の教育の質向上に取り組んでいるNPOのプラタムは、バルサキと呼ばれる中等教育修了の若い女性を補習教員として派遣する事業を実施している。2001〜04年にマサチューセッツ工科

大学の貧困アクションラボが実施した RCT を用いたプログラム評価によると、対象児童の読み書き、計算のテストの成績が向上し、特に算数で効果が大きいことがわかった。教育を含む途上国援助の効果に関しては、このような RCT が数多く実施されている[13]。

　内閣府行動洞察チームが自ら手掛けた RCT に、2012年の罰金納付督促の効果の実証がある。これは裁判所局が罰金未払者に強制執行をする前に、納付を督促するいくつかの文面の携帯メールを、送る場合と送らない場合について実験したものである。その結果、携帯メールによる督促は効果が高く、特に個人名をあて名とした場合などに高いことが判明した。これを実施すると支払率が上がるだけでなく、強制執行に要する費用も節減できる。行動経済学的な課題を RCT によって検証することで、費用をかけずに効果を上げる方法を実証したものとして注目されている。

　教育基金財団が2016年7月に評価報告書を発表し、注目を集めた「親の関与プロジェクト」は、この発想に近い。プロジェクトの実施チームはブリストル大学とハーバード大学で、評価チームはクイーンズ大学ベルファスト校であった。中等学校36校、生徒数約16,000人が学校単位でランダムに割り付けられ、実験群の親は、試験の日程、宿題の締切りや提出しなかったことの注意、その日習ったことに関する会話のきっかけなどを内容とする携帯メールを、概ね週1通、年間約30通送られた。実験群の生徒は、対照群の生徒と比べて、数学で1ヶ月分の進歩があったことや、欠席も減ったことが見出された。先行研究では、親の参加は成績の向上に効果的な方法であるが、特に関心の乏しい親を含める場合などの方法は、ほとんど分かっていなかった。親に携帯メールを送ることは、親の関与を通じて成績を向上させる、直接的で費用対効果の高い方法であることが示唆された。

　このほか、2016年2月に発表された「子どものための哲学」（実施チーム：SAPERE、評価チーム：ダーラム大学）は、週1回の質問、推論、主張の授業による効果について、48校3,000人の9–10歳児を対象に実験したもので、読みと算数の学力への効果は2ヶ月であり、特に、貧困家庭等の子どもへの効果が読み4ヶ月、算数3ヶ月、書き2ヶ月と高かった。また、「生徒の動機向上」

124

（実施チーム：ブリストル大学、評価チーム：財政研究所）は、貧困地域等の中等学校63校において、金銭的誘因（インセンティブ）がGCSEの成績を向上させるかどうか実験したが、有意な効果は見出せなかったことなどの結果が注目されている。

第3項　メタアナリシス、スーパーシンセシス、質的研究との統合

　教育学習ツールキットが示す「効果」は、多数の量的研究を統合する統計手法によって算出されている。この統計手法は、1970年代後半に米国のグラスとスミスによってメタアナリシス[14]と名付けられた。彼らは、学級規模縮小の効果に関する過去70年間の量的研究を統合して「学級規模が小さくなるほど生徒の成績は上昇する傾向にあり、1クラス20人程度以下になると顕著に上昇する」という結果を得た。その後この手法は洗練され、医学をはじめ多くの分野で用いられている。RCTは小規模なものが多いため、多数のRCTの結果を統合することにより、より信頼性の高い結果が得られる。

　教育学習ツールキットで用いられている手法は、メタアナリシスによって得られた種々の教育方法・プログラムの効果量を横断的に比較するもので、メタメタアナリシスあるいはスーパーシンセシスなどと呼ばれる。ツールキットに登載されている34の教育方法・プログラムの費用と効果量について、内閣府が2014年の報告書で示したものが図8-2である。

　教育に関する代表的なスーパーシンセシスとしては、ジョン・ハッティ（John Hattie）の2009年の『可視化された学習』がある[15]。これは800を超えるメタアナリシスを横断的に比較して、学校における子どもの学習成果に対する138の要因が、それぞれどの程度影響しているのかを示したものであり、英語圏はもとより、ドイツなどにも影響を与えている（原田・マイヤー、2015）。

　メタアナリシスは単一のRCTよりも一般化可能性が高いなどの大きな利点があるが、メタアナリシスに内在する課題もある。たとえば、複数の一次研究を統合する場合の妥当性に関し、それらの一次研究が同等のものかという「リンゴ・オレンジ問題」が指摘される[16]。リンゴの研究とオレンジの研究の統合はできないとの考え方もあるが、「果物」に関する知見を得ることができる

125

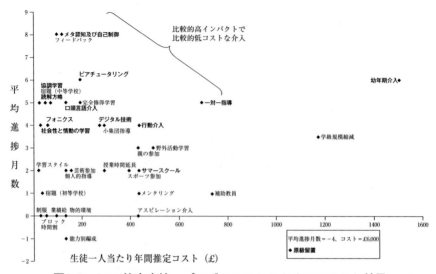

図8-2　34の教育方法・プログラムのおおよそのコストと効果

注　**太字**はエビデンスの信頼度が5段階で最も高いかその次の段階とされているもの。

出典：Cabinet Office（2014）p.16 より翻訳。

とも言えるため、明らかにしたい問題が何であるかを明確にし、それに合致する一次研究を統合する必要がある。

　このためメタアナリシスにおいては、研究テーマを明確に規定し、対象となる論文を網羅的に収集し、それらを批判的に吟味して必要なデータを抽出し、適切な手法によって分析するという、一連の「システマティック・レビュー」の手続きによって、再現性のある結果を得ることができる。

　メタアナリシスは、量的研究を統計的に統合するものであるが、問題の理解のためには、質的研究をも統合した知見を得ることも必要である。これを行っているのがロンドン大学に2000年に設置された「エビデンスによる政策と実践のための情報連携（EPPI）センター」である。同センターはテーマ設定の段階から、教育行政当局や教育研究団体などのニーズに基づき、参加型で利用者の視点に立ったシステマティック・レビューを実施している[17]。

第8章　教育経営とエビデンス

◢ 第3節　日本におけるエビデンスに基づく教育政策の動向 ◣

第1項　2012年までの動向

　わが国は1960年代からTIMSS（国際数学・理科動向調査）の前身の国際学力調査に参加してきたが、いわゆる学力低下問題が論争になると、2000（平成12）年に開始されたOECD（経済協力開発機構）のPISA（生徒の学習到達度調査）の結果に注目が集まるようになった。多くの都道府県で独自の学力調査が実施されるようになり、2007年から全国学力・学習状況調査が開始された。また2002年に学校評価制度が導入され、2007年には自己点検・評価が義務化された。このように、学校教育の成果や学校運営に対するアカウンタビリティ（説明責任）が問われるようになっている。

　2005年の中央教育審議会の義務教育答申の審議過程では、エビデンスベースな議論の必要が提唱された。これは客観的な資料やデータに基づいて政策判断が行われるべきことを主張するものであったが、その後エビデンスについて議論されることはほとんどなく、国立教育政策研究所による2010年の国際シンポジウム「教育研究におけるエビデンスとは」の開催などに留まっていた。

　また、2012年4月に学校保健安全法に基づいて策定された「学校安全の推進に関する計画」は、「科学的な根拠に基づいた施策を進め、評価もできる仕組みが必要である」としている。これは、世界保健機関の「セーフティプロモーション」の考えに基づいて、科学的に評価可能な介入により事故を予防しようとするものである。また『平成24年度文部科学白書』は、「教育に限らず、政策は、『論』と『証拠（エビデンス）』が共に備わってこそ、真に効果的なものとなります」と述べているが（88頁）、エビデンスに基づく政策や実践という考え方が、体系的に導入されるには至っていなかった。

第2項　2013年以降の動向

　2013年に再開された経済財政諮問会議では、エビデンスに基づく政策評価や

127

教育予算の重点化・効率化などが議論され、有識者議員から「教育分野では残念ながら、これまでの取組をみると、明確なエビデンスに基づくPDCAが確立されていない」と指摘されていた（同年5月20日）。

2015（平成27）年6月30日に閣議決定された「経済財政運営と改革の基本方針2015」に「エビデンスに基づくPDCAの徹底」が盛り込まれたのを受けて、同年12月7日の経済財政諮問会議で文部科学大臣は、教育政策に関する実証研究の実施と全国学力・学習状況調査の研究への活用を表明した。文部科学省はこの方針に基づき、翌2016（平成28）年度から国立教育政策研究所や大学等に委託して、①学級規模等の影響・効果、②加配教員・専門スタッフ配置の効果分析、③高い成果を上げている地域・学校の取組・教育環境の分析、④教員の勤務実態の実証分析に着手している。また、全国学力・学習状況調査の研究への活用に関しては、個票データを大学等の研究者に貸与できるようにするため、2017年3月にガイドラインを定めた。

このほかコホート研究として、厚生労働省が行っていた「21世紀出生児縦断調査（平成13年出生児）」について、2017年1月から文部科学省において高1から就業までの約10年間の追跡調査が開始された。

さらに2016年5月には、教育再生実行会議第9次提言が、教育投資に関連して、国における施策の効果の検証・分析体制の強化の必要を述べ、G7倉敷教育大臣会合「倉敷宣言」では、「客観的根拠に基づく教育政策の推進」が合意された。これらに基づき、中央教育審議会の教育振興基本計画部会において、教育投資の効果や必要性を社会に対して示すための方策という観点から、教育政策への客観的な根拠の活用の在り方等について検討が行われている。

以上のように、日本におけるエビデンスに基づく教育は、特に2013年以降、財政的アカウンタビリティの観点から政策面において導入されつつあるが、学校現場においても少しずつ認識され始めている[18]。

第4節　エビデンスに基づく教育経営の課題

第1項　学習する学校

　今後、教育政策・経営・実践におけるエビデンスの活用は、ますます必要になると考えられる。その際、まず求められるのは、政策立案者や学校経営者、教師などの教育関係者の統計リテラシーやエビデンス・リテラシーである。これはデータや統計、さらにエビデンスを理解し、教育的な専門知識と児童生徒や学校の状態に照らし合わせて、それを批判的に考えることにより、よりよく活用することができる知識・能力と態度である。さらに、研究を活用できるリテラシーだけでなく、自ら研究を企画し、研究者と共同して課題の解決を図るような知識・能力・態度までが含まれるであろう。1996年のハーグリーブズの講演は、研究者としての教師像を提示するものであった。

　また、学校における教育活動を充実した効果あるものとするためには、教育委員会や組織としての学校の役割が重要である。学校ごとに教育の成果を可視化し、教育活動にフィードバックするサイクルを構築する必要性は、政策の効果を可視化し政策立案にフィードバックする必要性と同様である。エビデンスを活用する組織や学校は、「学習する組織」、「学習する学校」に他ならない。

　教育政策担当者、学校経営者とも、データを継続的に整備し、可能な限り客観的な外部のデータやエビデンスとあわせて意思決定に活用する能力を向上させることが必要であり、そのためには、組織文化、システム、構造の進化が必要である。

第2項　エビデンスを幅広くとらえる

　「エビデンス」とは何かについては様々な考え方があり、厳密には「政策や実践による介入の効果についての実証的研究結果として産出されるもの」と言うことができるが、この場合の実証的研究には、量的研究だけでなく、現象の意味や背景を理解するための質的な研究や概念的研究も含めて幅広く考える必

要がある。また、研究によるエビデンスのみならず、統計によるエビデンスや、学校評価によって得られるエビデンスも有益である。

　因果関係に係る量的研究による実証に関連して、エビデンスにはレベルあるいは重みがあることに留意する必要がある。医学研究では、最も強いエビデンスは、複数のランダム化比較試験（RCT）をメタアナリシスしたものであり、次いで個々のランダム化比較試験、ランダム化されていない比較試験、集団を一定期間追跡するコホート研究、というように、研究デザインによってエビデンスの強さが示されることが多い。

　実際には同様のデザインでも信頼度が異なる場合もあり、機械的に判断されるものではない。また、何を明らかにしたいかによって、最もふさわしい研究デザインが決まる。エビデンスのレベルは、あくまで効果（因果関係）を量的に推定する場合のものであり、メカニズムを明らかにしたい場合や、状況や課題を質的に知りたい場合には、RCTによるエビデンスが使えるわけではない。

　また一般化可能性の問題もあり、英米でのRCTやメタアナリシスの結果を、文化的制度的相違の大きい日本にあてはめることができるとは限らない。このことは逆に、日本におけるエビデンスの産出の必要を意味する。

　さらに、RCTのような手法は、現実の学校では適用できないか、適用することが好ましくない場合も多い。また日本では、英国のようにRCTを本格的に実施できる段階に至っていない。

　このため、ランダム化以前に必要なものとして、さまざまなタイプの研究が求められるが、そのためにもまず調査データの収集・蓄積・活用が重要である。例えば全国学力・学習状況調査については、絶えず見直しを行い、よりよい調査にしていくとともに、データの活用を図る必要がある[19]。またコホート研究は、規模が大きく長期にわたる調査になるため、行政機関や学会などによる組織体制の整備が必要である。

　既存のデータの分析・活用も重要である。学校保健・安全や生徒指導は、エビデンスの収集・活用になじみやすい分野であり[20]、スポーツ振興センターの災害共済給付制度の報告書にあらわれている学校安全関係データの分析から、柔道死亡事故の問題が指摘され、政策・経営・実践に強い影響を及ぼし改

善が図られたことは、エビデンスの大きな貢献であった[21]。

学校単位では、学校評価の充実が重要である。学校評価自体が量的・質的データに基づく必要があり、学校評価は学校調査に始まる。評価の際に特別な調査をする場合もあるが、日常的な活動の結果を継続的に蓄積することが必要であろう。

第3項　脳科学とビッグデータ

近年、急速に発展している脳科学やビッグデータに関心が高まっている。

脳科学は、学習をはじめとする人間の行動を解明するものとして期待されている。量的研究によるエビデンスが、教育学習のメカニズムが不明の場合でも、その因果関係に迫ろうとする考え方であるのに対し、脳科学は根源的なメカニズムを明らかにしようとするものと言える。脳科学の知見は、特別支援教育や語学教育の理解には、ある程度有意義であるが、脳科学を通俗的に理解して断片的に教育活動に適用することには、様々な問題があり、正しい理解と長期的な視点が必要である。

OECD教育研究革新センターは、1999年から2008年に「学習科学と脳研究」のプロジェクトを実施した[22]。文部科学省においても2003年に、科学技術の観点から「『脳科学と教育』研究の推進方策について」の報告書が出された。教育の観点からは、子どもの認知力や適応力等の機能の発達の基礎である「情動」に着目して、2度の検討会を経て、2014年の「情動の科学的解明と教育等への応用に関する調査研究協力者会議」では、客観的実証的なデータや理論に基づく指導を行うことの必要性などが議論された。これを受け2015年度に、学校教育における脳科学・精神医学・心理学等の科学的知見の活用や、研究が進展する仕組づくりに向けた文部科学省委託事業が開始された（子どもみんなプロジェクト http://www.kodomo-minna.jp/2017年7月1日確認）。

他方、コンピュータネットワークの発達により、特別にデータを収集しなくても、大量のデータが蓄積される、いわゆるビッグデータの利活用が各分野で進んでいる。たとえば小売チェーンでは、いつどこで何がどんな組み合わせで買われたかの全情報が蓄積されており、販売戦略に用いられている。

教育では、タブレット端末による学習活動を活用すると、大量のデータを自動的に集積することも可能になる。また先端的な例であるが、米国のアルトスクール（AltSchool）のように、教材やテストなどに対する反応だけでなく、子どもの行動や表情を自動観察カメラでデータ化しようとする試みもある[23]。

ビッグデータも安易な理解には問題があるが、その活用は教育産業が先行していると思われ、公立学校においても、教育のICT化とともにビッグデータの利用を図っていく必要が出てくるであろう[24]。

第4項　研究ポートフォリオの改善

英国におけるRCTの急速な活用に対し、ジェフ・ウィッティは、資金の投入は歓迎すべきだが、現実的に考えるべきであるとし[25]、政策は必ずしもエビデンスに基づいて立案されていないことなどを批判している[26]。

また、方法論としてのRCTに対しては、教育の過程をブラックボックスにしているとの批判がある[27]。RCTはメカニズムが分からない場合でも因果関係を明らかにしようとする方法であり、プロセスやその意味や背景などについては別の研究が必要である。「何が効果的か」だけでなく、「いかに、なぜ、誰にとって、どんな条件の下で」についても明らかにするためには、質的研究を含む多様な研究方法を駆使してアプローチをする必要がある。

RCTは、因果関係の推定には最も優れているが、実施が困難な場合もあるし、RCTでは分からないメカニズムの解明や質的な理解も重要である。コホート調査なども含めた各種調査や、脳科学、ビッグデータまで、教育に関する研究には多様な方法が必要とされる。多様な研究方法が相互に補い合って、よりよい教育となるような知見が得られる。

このように、多様な研究方法がどのように行われているかを、研究ポートフォリオとして見ることが必要であり、課題ごとに研究のマッピングやシステマティック・レビューをし、その結果をわかりやすく提供することは、EPPIセンターが成果をあげており、有益である。また、国全体としてバランスよい研究ポートフォリオが構築されるためには、委託研究などの研究資金の拡充が望ましい。ランダム化比較試験（RCT）がほとんど行われていなかった英国で、

急速に行われるようになったのは、教育基金財団（EEF）の設立による資金提供という政府の政策によるところが大きい。

日本の場合は、データやエビデンスに対する関係者のリテラシーを向上させるとともに、量的研究によるエビデンスの産出を促進することが決定的に重要であろう[28]。

また、研究課題の設定には、何が政策や現場で問題となっているかについての、研究者の政策・経営・実践リテラシーも必要であり、研究者と実務家・実践者が協議する場を設けることや、人事交流なども有効であろう。このほか、実験に対する同意やプライバシー保護の重要性はもとより、研究倫理の基準づくりや倫理委員会のような組織的な取組も必要である。

おわりに

英国における「エビデンスに基づく教育」は、1996年以来、教師の専門職性と不可分の課題として提起された。これに対して2013年以降の日本では、財政的観点からアカウンタビリティの問題として提起されている。日本においても、専門職としての教師の在り方や、研究の在り方の観点からエビデンスを捉える必要があるのではないだろうか。

エビデンスを利用するとは、エビデンスを子どものために良心的かつ誠実に、また思慮深く賢明に利用することである。これは、エビデンスに関する基本的な理解に立った上で、利用可能な最良のエビデンスと、子どもや保護者・地域社会の状態を、教師の専門性によって統合して、教育実践に活用することであり、常に「これが最善なのだろうか」という問いかけを必要とする。

エビデンスの語源はラテン語の ēvidentia［強意の ē+vidēre「見る」の名詞形］である。透明な手続きによる明示的なエビデンスに基づく政策や実践は、児童生徒や親の利益にもつながるのであり、関係者の理解と民主的なプロセスによって、エビデンスの産出・伝達・活用が図られることが期待される。

〈注〉

（1）Cabinet Office, *What Works? Evidence for decision makers*, Cabinet Office, 2014.

（2）導入当初の2011-12年度の予算額625百万ポンド（貧困児童生徒1人当たり430ポンド）から毎年増額され、2015-16年度には予算額2,545百万ポンド（貧困児童生徒1人当たり初等学校1,320ポンド、中等学校935ポンド）になった。

（3）教育方法・プログラムの効果を示す「何ヶ月」という単位は、当該教育方法・プログラムを用いた場合の、用いない場合に対する統計的な「効果量 effect size」が1標準偏差である場合を約12ヶ月として、比喩的に表現したものである。

（4）Steve Higgins and Maria Katsipataki "Communicating comparative findings from meta-analysis in educational research: some examples and suggestions," *International Journal of Research & Method in Education*, Vol.39, No.3, 2016, pp.237-254.

（5）学校管理職が利用する情報は学校ベースのものが多く、87％が学校内の評価情報、73％が過去の経験、71％が他校や口コミの情報である。外部の情報は73％がOfsted、49％が地方当局、45％が教育省のウェブサイトであり、学術情報は64％がツールキット、45％がその他の学術情報である。外部の情報を用いている学校管理職の90％以上はそれらが役に立ったと回答している。（National Audit Office, *Funding for disadvantaged pupils*, National Audit Office, 2015, pp.29-30.）

（6）ローゼンデール初等学校のように、新たな教育方法・プログラムの実施主体となって補助金の交付を直接受ける学校はまだ少なく、ほとんどの場合、実施主体は大学または非営利法人である。

（7）エビデンスに「つくる」「つたえる」「つかう」の三つの局面があることついては、津谷喜一郎（2012）「日本のエビデンスに基づく医療（EBM）の動きからのレッスン」国立教育政策研究所編『教育研究とエビデンス』第6章参照。

（8）惣脇宏「英国におけるエビデンスに基づく教育政策の展開」国立教育政策研究所編『教育研究とエビデンス』2012年、第1章参照。

（9）ランダム化比較試験（RCT）とは、影響を調べたい要因に関して、他の要因（交絡因子）による影響を受けないようにするため、対象を実験群と対照群（統制群）にランダム（無作為）に割付けて行う実験デザインを言う。優れた設計と実施によるRCTから得られるエビデンスが最良のものとされ、新しい治療や薬などの有用性を評価するためにはランダム化比較試験（RCT）が必須とされている。

（10）Laura Haynes, Owain Service, Ben Goldacre and David Torgerson, *Test, Learn, Adapt: Developing Public Policy with Randomised Controlled Trials*, Cabinet Office Behavioural InsightsTeam, 2012.（https://www.gov.uk/government/publications/test-learn-adaptdeveloping-public-policy-with-randomised-controlled-trials）

（11）Ben Goldacre, "Building Evidence into Education", in Goldacre, *I think you'll find it's a bit more complicated than that*, Fourth Estate, 2014, pp.202-218.（https://www.gov.uk/government/news/building-evidence-into-education）

（12）惣脇宏「ランダム化比較試験とメタアナリシスの発展」国立教育政策研究所編『教育研究とエビデンス』明石書店、2012年、第2章参照。

（13）A.V. バナジー他（山形浩生訳）『貧乏人の経済学』みすず書房、2012年（原著2011）。

（14）惣脇宏「ランダム化比較試験とメタアナリシスの発展」国立教育政策研究所編『教育研究とエビデンス』明石書店、2012年、第2章参照。

（15）John Hattie, *Visible Learning: A synthesis of over 800 meta-analyses relating to achievement*, Routledge, 2009.

（16）このほかメタアナリシスには、統合する一次研究の質が低い場合の「ゴミからゴミ（garbage in, garbage out）」問題や、効果が有意でないかマイナスの研究結果はあまり公表されないという「ファイル引出問題」があるが、前者には統合する一次研究に対する批判的吟味により、後者の出版バイアスは検出・補正する統計的手法により対応することなどが提案されている。

（17）David Gough et al. *An Introduction to Systematic Reviews*, SAGE Publications, 2012.

（18）森俊郎他「エビデンスに基づく教育とは何か」『初等教育カリキュラム研究』2号、2014年、79-87頁；中日新聞、2016年9月19日付け朝刊9面など。

（19）惣脇宏「全国学力調査のあり方」『指導と評価』第59巻2月号、2013年、8-11頁。

（20）たとえば非行対策に関して、D・C・ゴッドフレッドソン他著（藤野京子訳）「学校を基盤とした犯罪予防」L・W・シャーマン他（津富宏他監訳）『エビデンスに基づく犯罪予防』（財）社会安全研究財団、2008年（原著2002年）、51-156頁。

（21）内田良「教育実践におけるエビデンスの功と罪」日本教育学会『教育学研究』第82巻第2号、2015年、277-285頁。

（22）OECD教育革新センター編著（小泉英明監修）『脳から見た学習：新しい学習科学の誕生』明石書店、2010年（原著2007年）。

（23）Benjamin Herold, "Are schools ready for the power and problems of big data?", *Education Week*, January 13, 2016.

（24）寺澤孝文「教育ビッグデータの大きな可能性とアカデミズムに求められるもの――情報工学と社会科学のさらなる連携の重要性――」『コンピュータ＆エデュケーション』Vol.38、2015年、28-38頁。

（25）https://cerp.aqa.org.uk/perspectives/evidence-informed-policy-practice

(26) Geoff Whitty, *Research and Policy in Education: Evidence, ideology and impact*, UCL Institute of Education Press, 2016.

(27) 今井康雄「教育にとってエビデンスとは何か――エビデンス批判をこえて――」日本教育学会『教育学研究』第82巻第2号、2015年、188-201頁。

(28) 中澤渉「教育政策とエビデンス――教育を対象とした社会科学的研究の動向と役割――」志水宏吉編『岩波講座　教育　変革への展望2　社会の中の教育』岩波書店、2016年、73-101頁。

〈推薦図書〉

OECD教育研究革新センター編著（岩崎久美子他訳）『教育とエビデンス――研究と政策の協同に向けて――』明石書店、2009年（原著2007年）。

国立教育政策研究所編『教育研究とエビデンス――国際的動向と日本の現状と課題――』明石書店、2012年。

D.ブリッジ他（柏植雅義他訳）『エビデンスに基づく教育政策』勁草書房、2013年。

S.M.ナトリー他（惣脇宏他訳）『研究活用の政策学――社会研究とエビデンス――』明石書店、2015年（原著2007年）。

原田信之、H.マイヤー編著『ドイツ教授学へのメタ分析研究の受容――ジョン・ハッティ「可視化された学習」のインパクト――』デザインエッグ、2015年。

第**9**章

学校の組織構造と経営

はじめに

　社会が大きく変容し、子どもを取り巻く環境が厳しさを増す中で、学校はいっそう複雑化・困難化した課題に直面している。もはや、こうした課題に学校のみで対応することは不可能であり、本来、家庭や地域社会もまた教育機能の一部を担っていることがあらためて認識され、「社会総掛かりでの教育の実現」のスローガンの下、多方面にわたる教育改革が進められている。

　その一方で、学校の組織運営に関わる教育経営の機能と構造の在り様によって、学校教育の「質」が大きく左右されることもまた事実であり、学校の組織構造と経営プロセスの改善は、依然として教育改革の主要な柱の一つである。

　2015（平成27）年12月に中央教育審議会は、①地域からの学校改革・地域創生（「新しい時代の教育や地方創生の実現に向けた学校と地域の連携・協働の在り方と今後の推進方策について」）、②学校の組織運営改革（「チームとしての学校の在り方と今後の改善方策について」）、③教員改革（「これからの学校教育を担う教員の資質能力の向上について～学び合い、高め合う教員育成コミュニティの構築に向けて～」）を目指す三つの答申を提出した。これらの内容の具体化を推し進めるために策定された「次世代の学校・地域」創生プラン（2016年1月）では、この3答申の関係図が描かれており、②「チームとしての学校」答申は、①と③をつなぐものとして中心に位置づけられている。

　では今日、学校の組織運営はどのように改革されようとしているのか。そもそもいかなる制度的枠組みの下、どのように運営され、何が問題となってきた

のか。本章では、学校組織運営をめぐる基本的事項を整理しつつ、これからの学校組織構造と経営の在り方について考察を行う。そのためにまず、学校が法制度上いかに位置づけられているのかについて押さえ、次に組織としての学校の特性を整理する。そして学校経営の組織と構造について解説し、最後に今日の改革でどのような組織構造を有する学校像が構想されているのかを提示し、今後の研究課題を提示したい。

◤ 第1節　学校の法制度上の位置づけ ◢

第1項　法律に定める学校

　教育基本法第6条第1項に規定されているように、法律に定める学校（学校教育法第1条で規定されている幼稚園、小学校、中学校、義務教育学校、高等学校、中等教育学校、特別支援学校、大学及び高等専門学校）は、「公の性質」を有している。これは、学校における教育が社会の公共的課題として国民全体のために行われるという公共的性格を持つことを意味している。学校は、国民の「教育を受ける権利」（日本国憲法第26条第1項）の保障を具現化するものであり、国家公共の福利のために尽くすことを目的とすべきであって、「私」の利益のために仕えてはならないと解されている。それゆえ設置者は国、地方公共団体、法律に定める法人[1] に限定されている。

　学校設置者は法人格を有し、法律上の権利義務の主体となることができ、「設置する学校を管理し、法令に特別の定のある場合を除いては、その学校の経費を負担する」（学校教育法第5条）。これは、「設置者管理主義・負担主義」と言われている。なお、学校自体は法人格を有さない。

　また、2006（平成18）年の教育基本法改正により、第6条第2項では、学校の基本的役割を明確にする観点から、学校においては、教育の目標が達成されるよう、教育をうける者の心身の発達段階に応じて、体系的な教育が組織的に行われなければならないことが規定された。この「教育の目標」は、教育基本法第2条に掲げられている内容を指す。

このように、学校は「公の性質」を有することから、一定の基準を満たした人的要素（校長、教頭、教員その他の職員）、物的要素（校地、校舎、校具等）により構成され、公共的な観点から、法令によって定められた教育課程等の基準に従って教育を行うものとされている。

第2項　学校と教育委員会の関係

地方公共団体の設置する学校の管理機関として、教育委員会が置かれている。その学校管理権限については、地方教育行政の組織及び運営に関する法律（以下、地教行法と略す）第21条に規定されており、それは人的管理、物的管理、運営管理の3領域に大別できる。人的管理は、学校の人的構成要素である校長、教員その他の職員の任免、監督、懲戒処分等を行う人事管理である。なお、市町村立の小・中学校、義務教育学校、中等教育学校前期課程及び特別支援学校の教職員並びに市（指定市を除く）町村立の高等学校及び中等教育学校後期課程における定時制課程の校長及び教員の任命権は、学校設置者である市町村教育委員会ではなく、都道府県教育委員会に属する（設置者管理・負担主義の特例）。物的管理は、学校の物的構成要素である校地、校舎、校具、教具等の施設設備を維持管理すること及び財務管理等である。運営管理は、学校の教育活動が適切、効果的に行われるようにするため、教育課程の編成・実施、生徒指導や児童生徒の在籍管理、保健安全等に関し、基準を定めたり指導助言を行うこと等である。

このように広範囲の管理権限が認められているが、教育委員会は現実の学校管理運営のどこまで関与し得るのであろうか。学校は、地教行法第30条において「教育機関」と規定されている。教育機関とは、「教育、学術、および文化（以下「教育」という。）に関する事業または……教育と密接な関連のある事業を行なうことを目的とし、専属の物的施設および人的施設を備え、かつ、管理者の管理の下にみずからの意思をもって継続的に事業の運営を行なう機関」（昭32・6・11委初158号初中局長回答）である。したがって、教育委員会の管理下にありながら、実際には各学校が「みずからの意思をもって」事業の運営を行うことができるのである。

学校管理運営の基本的事項について定め、教育委員会と学校との関係を具体的に記しているのが学校管理規則であり、地教行法第33条を根拠規定としている。この基本的事項には、施設・設備（校舎、運動場、プール等の維持・保全その他の管理、貸与の基準・手続き等）、組織編制（校長、教職員の校務分掌その他必要な職制に関する事項、職員会議の組織運営、学級の組織編制等）、教育課程、教材の取扱（補助教材の使用、教材・教具の共同利用等）の他、児童生徒の管理に関する事項（入学・転学・退学、懲戒等）、休業日に関する事項（臨時休業、振替授業等）、教職員の服務に関する事項（休暇、出張等）等が含まれる。これらの諸事項は、①教育委員会の学校管理権と学校の自主的活動の関係（教育委員会の管理権が通常及ぶ範囲や、学校が主体的に決定して処理し得る事項と教育委員会の指示判断に従って処理すべき事項の区分）、②校長と所属職員の関係、③校長の職務・権限・責任、に分類される。

　教育委員会と学校との関係を明らかにするには、各教育委員会が定めている学校管理規則を個別具体的に検討する必要があるが、その規定内容に対して少なからぬ批判が存在するのも事実である。たとえば、1998（平成10）年の中教審答申「今後の地方教育行政の在り方について」では、学校管理規則について「詳細に教育委員会の関与を規定し、学校の自主性を制約しているものが少なくない」と指摘し、教育委員会の関与を整理縮小し、学校の裁量権限を拡大する観点から見直すことが必要であると提言している。

　しかし、これまで見てきたように、学校教育事業を運営する主体は設置者であるが、教育機関としての学校は、教育行為に関する主体ととらえられ、一定の自律性を有しており、学校は経営組織体として教育行政の規制を受けながらも教育活動を自主的に行う「相対的に独立」した機関と言える。

◢ 第2節　組織としての学校 ◣

第1項　組織とは何か

教育機関としての学校も、一つの「組織」である。では、組織とは何であろ

うか。近代組織論の祖と言われるバーナード（Barnard, C. I.）は、組織とは「二人以上の人々の、意識的に調整された諸活動、諸力の体系」と定義づけた。これは、①組織を構成するのは人間そのものではなく、人間が提供する活動や力であること、②そうした諸活動、諸力は、「体系（システム）」として互いに相互作用を持つこと、③組織を構成する諸活動は、「意識的に調整」されていることを端的に表現している。この3点から「組織」をとらえる視点を整理してみよう。

　①のように、個人と、個人が提供する活動を分けて考えると、組織が成立するには、個人から組織に必要な活動を引き出すこと（動機づけ）が必要であることがわかる。優れた能力を持つ人間がいても、それを引き出すことができなければ、組織としては意味をなさない。②の相互作用を持つということは、個々の要素に還元できない全体としての特性を有することを意味しており、だからこそ、組織は個々の力量の総和以上の成果を出すことが可能となる。また、「システム」には様々なレベルがあり、「組織」はその高次元のレベルに属し、技術的合理性を追求する内部構造を有し、環境との相互作用を持つオープン・システムとしての側面、利害関係の異なる人間同士の社会的相互作用の側面を合わせ持つ。③については、この「意識的調整」が存在することによって、人間の提供する諸活動が一つの体系を持つことになるのであり、計画や組織構造、コミュニケーションや権威を通じた影響過程等は意識的調整のための手段となる。

　バーナードはまた、組織が成立するための3要素として、「コミュニケーション」、「貢献意欲」、「共通目的」を挙げている。つまり組織は、①互いに意見を伝達できる人々が存在し、②彼らが貢献しようとする意欲を持ち、③共通目的の達成を目指すときに成立するのであり、その時々の環境条件に合うようこの3要素を結合し、形成された組織体系の均衡を維持することが経営者の役割であると説いた。

第2項　学校組織の特性

　経営学や組織論においては、共通目的を合理的・効率的に達成しうる組織の

あり方が問われてきたが、それを最適に実現できると考えられたのが「官僚制」であった。これは、組織に正当性を付与し、合理的に管理運営しようとするシステムである。ヴェーバー（Weber, M.）によれば、近代官僚制は、①規則による職務の配分（何をどのようにすべきかを公的に定め、互いの役割を明確に定める）、②ヒエラルヒーの原理（役割関係を階層化し、命令系統を一元化する）、③公私の分離、④文書による事務処理（正確な伝達を期するとともに、記録を保存し、構成員が事実として共有する）、⑤専門的職員の任用（職務遂行に必要な能力を有する人材を採用する）といった諸原則を特色とする。

　学校もまた、たしかにこうした特徴を有している。耳塚寛明は、学校組織の官僚制的組織の特徴として以下の4点を挙げている[2]。（1）校長、教頭、主任、教諭、助教諭などの職位の階梯を持つ、（2）権限の階層化が見られる、（3）一定の専門的訓練を経て（教員養成）、資格を持つスタッフ（教員）によって職務が営まれる、（4）分業して（教科担任制など）職務を遂行している。

　しかしながら、学校は、官僚制的組織として説明できない特徴をも有している。ワイク（Weick, K.E.）は、現実の組織には必ずしも「合理化」されていない部分があり、そうした「ソフトな構造」がどのように生まれ、維持されているのかに着目した。そして学校組織を含めた教育組織が、「連結されている諸事象が、応答的ではあるが各々独自性を保持し、かつ、物理的あるいは客観的な分離性を有する」構造を有していることを指摘した。これは「緩やかに連結されたシステム（loosely coupled system）」と名付けられ、相互に依存しつつ、自律性や独自性を保持するという、こうした緩やかな結びつきにこそ、組織の環境適応の戦略的可能性が存在すると説いた。ワイクは、学校の組織の特徴として、次の点を挙げている[3]。（1）教育における目標が不明確である、（2）教師が用いるべき技術が明らかでない、（3）学校組織においては、管理者が多数の教師を相手にしなければならない。つまり、管理者の統制範囲（span of control）が大きい（鍋ぶた型の組織）、（4）監督と評価（組織的統制）がほとんど機能しない。

　こうした特徴は、日本の学校においてもかなりの程度当てはまる。まず、目標についてであるが、全ての学校で学校教育目標が設定されているものの、多

くの場合は、たとえば「心豊かで、たくましく、自ら学ぶ子どもを育てる」のように、知育・徳育・体育の３領域について抽象的な言葉で表現されるにとどまっており、学校が組織として目指す教育の方向性を明示するものとして設定されていない。また、そうした曖昧な目標を組織的に解釈することなく、教職員個々の解釈に委ねられている場合も少なくない。目標が曖昧で具体性を欠く場合には、その指標を設定することが困難となり、ひいては教員の職務遂行度の評価も難しくなる。

　次に技術については、教育指導に関しては様々な方法が存在し、一つに特定することが困難である。児童生徒の能力やニーズ、家庭の社会的・文化的背景が多様であるため、現実には、教授技術を特定せず柔軟に対応することが求められる。目標を達成するための技術もこのように不確実性を有しているのである。

　さらに、組織形態については、教育活動はそもそも教員の「個業」を前提とする活動と言える。「教授・学習関係」、つまり「教える－学ぶ」という関係は、相互に向き合う内在的な関係性であり、日々の授業や学級経営は、ほぼ教員の判断と行動に委ねられている。教員は個々に、専門家としての意思決定権限が認められており、こうした自律性を本来的に有している。

　学校が個業型組織になるのは、学校の組織編成とも関わっている。すなわち、学校は教育活動の効果的実施のために、教員による「教授組織」と児童生徒による「学習組織」を編成するが、前者については「学級担任制」と「教科担任制」が、後者については、「学年・学級制」が基本とされており、両者の組み合わせによって学校の教育活動の形態が定まることになる。また、垂直に見れば、全校－学年－学級の３層をもって学校の内部経営組織が構成されることになる。そこでは、全校レベルでの意思決定・執行と、学級レベルでの意思決定・執行が固定的に存在するが、その中間にどのような組織を位置づけ、いかなる意思決定と執行の権限を与えるかについては多様である。こうしたレベルの異なる組織単位が存在し、それらが複合的に関連しあっていることから、自律性と複雑性が高い組織特性を有することになる。

143

第3節　学校経営の組織と構造

第1項　学校経営組織

（1）四つのサブシステム

　教育組織としての学校における「生産活動」としての教育活動に関する諸条件の整備が学校経営になる。吉本二郎は「学校経営」を「一つの学校組織体（協力体系）の維持と発展をはかり、学校教育本来の目的を効果的に達成させる統括作用である」（1965年）[4]と定義づけた。

　学校の教育目標を効果的に達成する全ての業務を遂行するために、教職員により構成された組織を「学校経営組織」と言い、それには次の四つのサブシステムが存在する。

　①教育組織：学年や学級など、教授・学習活動そのものの組織であり、学校経営組織の中心に位置づけられる。教授組織と生徒指導組織の両面を含む。

　②研修組織：教育活動の質的向上を期して行われる組織であり、全校、学年、教科レベルで構成される。

　③事務組織：教育組織による教育活動を直接・間接に支える事務的活動を行う組織であり、直接教育活動に関わる事務（学籍の管理、時間割の決定、成績処理等）を扱う教育事務組織と、その他の諸般の事務（庶務、会計、施設管理等）処理を行う一般事務組織から構成される。

　④運営組織：上記の3組織を円滑に機能させるとともに学校全体としての意思統一を図るための調整的機能を有する組織であり、職員会議や、学校運営委員会、各種委員会等が存在する。

　こうしたサブシステムは、並列的に存在するのではなく、学校の教育目標達成のために、互いに有機的に結びつけられ機能することが必要であるが、現実にはそれが困難である実態も存在している。とりわけ、運営組織をめぐっては、

第9章　学校の組織構造と経営

多くの問題が生じてきた。

（2）運営組織をめぐる問題

1）職員会議と学校の意思決定

わが国においては長らく、職員会議の位置づけや運営のあり方についての法令上の根拠が明確ではなく、学校管理規則の規定も多様であったため、学校の意思決定権は校長にあるのか教師集団にあるのかをめぐり、見解が鋭く対立してきた。

教師集団とする説は、学校としての最終的な意思決定権は職員会議にあり、校長もその決定に拘束されるととらえる。この根拠の第一は、憲法第23条及び旧教育基本法第2条に規定されている「学問の自由」に着目し、大学における教授会から類推して職員会議を理解するものであった。第二は、旧教育基本法第10条第1項を根拠として、教師の教育権限独立の保障を説くものであった。

それに対し、校長であるとする説は、学校教育法旧第28条第3項（現在は第37条第4項）における校長の校務掌理権を法的根拠とする。教育委員会が学校の細部にまで関与すれば学校本来の目的を阻害するおそれもあるため、学校の主体性をある程度確保できる範囲で学校管理に関する権限を校長に授権しているととらえており、この場合、職員会議は、校長の権限を補助する機関（補助機関説）、もしくは校長が判断を下すために、所属する教職員の意見を聴く機関（諮問機関説）と把握される。

こうした状況が長く続いたが、1998（平成10）年の中央教育審議会答申は、学校の自主性・自律性の確立のための「学校運営組織の見直し」において、職員会議の運営上の課題について指摘し、改善方策を提示した。つまり、設置者の定めるところにより、学校に職員会議を置くことができ、「校長の職務の円滑な執行に資するため、学校の教育方針、教育目標、教育計画、教育課題への対応方策等に関する教職員間の意思疎通、共通理解の促進、教職員の意見交換などを行う」ものとして位置づけられた。さらに、運営委員会・企画委員会のあり方にも言及され、各学校の実態に応じて運営委員会等を積極的に活用し、組織的、機動的な学校運営に努めることが提言された。これらを受けて、学校

145

教育法施行規則改正が行われ、2000（平成12）年4月から施行された。

2）校務と校長の役割

校長の権限に関わり、「校務」をいかなる範囲で理解し、どのように分掌するかがこれまで論争点となってきた。「校務」とは、「学校の運営に必要な校舎等の物的施設、教員等の人的要素及び教育の実施の三つの事項につきその任務を完遂するために要求される諸般の事務を指す」（1957年8月東京地裁判決）が、学校の教育目標達成のための活動全てが該当するとの解釈がある一方で、旧教基法第10条第1項及び「教諭は、児童の教育をつかさどる」を根拠として狭義にとらえ、児童・生徒に対する教授活動は含まれないとの解釈があり、対立してきた。

法令上、こうした校務に関する責任と権限は校長にあると解されるが、全てを校長が直接に関与・処理することは適切ではなく、現実には不可能であるため、校長は校務を職員に分掌させ、統括者として全般的な調整、統合をはかり、適正な学校運営につとめることとなる。

既述のように、校長の職務については包括的な規定しか存在せず、また「つかさどる」「所属職員」「監督する」の解釈にも諸説があり、校長の職務には法的に不明確な点も少なくないが、おおむね以下のように分類される。すなわち、a）学校組織の統括責任者として学校の諸活動が円滑かつ秩序をもって遂行されるように配慮する管理的職務と、b）指導的な役割を担う教員として教員の志気を高め、質の向上をはかる教育指導的職務であり、管理と教育指導を両立させる機能を果たすことが期待されている。

第2項　学校経営組織の強化──「新たな職」の設置──

学校には、校長、教頭の他、教諭、事務職員等が配置されるが、2007（平成19）年の学校教育法改正により、その他の職として、副校（園）長、主幹教諭、指導教諭を置くことができるようになった。これは、校長のリーダーシップの下、組織的・機動的な学校運営が行われるよう、学校の組織運営体制や指導体制の充実を図ることを目的とした改革である。校長、副校長、教頭、主幹教諭、指導教諭は、学校に置かれる独立の職であるのに対し、主任は学校の内部組織

として、教諭をもって充てる職である。小・中・高等学校等においては、校長、教頭、教諭、助教諭、講師、養護教諭、養護助教諭、事務職員、実習助手、技術職員、寄宿舎指導員、学校医、学校歯科医、学校薬剤師、学校用務員、学校栄養職員、学校給食調理員など多くの常勤、非常勤の教職員が置かれており、学校はこれらの教職員によって運営されているが、校長、教頭、主任はこれら教職員組織の中核となる。

（1）副校長及び教頭

　副校長は、「校長を助け、命を受けて校務をつかさどる」（学教法第37条第5項）と規定され、校務のうち一定のまとまりや独立性があるものをその権限と責任において掌握・処理することができる。校長に事故があるときはその職務を代理し、校長が欠けたときはその職務を行う。

　教頭は、「校長（副校長を置く小学校にあっては、校長及び副校長）を助け、校務を整理し、及び必要に応じ児童の教育をつかさどる」（学教法第37条第7項）。校長（及び副校長）補佐権、校務整理権を有するが、副校長とは異なり、校務掌理権は有さない。また、校長（及び副校長）の職務代理・代行が定められている。教頭の担う実際の職務は、a）職員会議・校務分掌・各種打ち合わせ会・年間教育計画・研修計画などの企画、b）教員の教育活動・研修に対する指導助言、c）教務事務運営についての教職員に対する指導助言、d）物的管理の企画・遂行についての教職員に対する指導助言、e）庶務会計事務に対する指導助言などである。巷間、「教頭は職員室の担任である」と言われるように、教頭には、日常の業務において個々の教職員と関わる中で同僚性を育み、協働文化を形成していくことが期待されている。

（2）主幹教諭

　主幹教諭の職務は、「校長（副校長を置く小学校にあっては、校長及び副校長）及び教頭を助け、命を受けて校務の一部を整理し、並びに児童の教育をつかさどる」（学教法第37条第9項）と規定されており、校長・副校長・教頭の補佐の他、学校全体の方針に関する企画立案や分掌・学年に関わる校務の進行管理

を担い、授業も担当する。主幹教諭は、教諭等とは別の「職」であり、命を受けて担当する校務について一定の責任を持って取りまとめ、整理するが、後述の主任は、教諭等をもって充て、校長の監督を受け、担当する校務に関する事項について連絡調整及び指導、助言に当たる。主幹教諭の職務は主任等の職務を包含する。

主任は、調和のとれた学校運営を目指し、学校における教育指導の充実を図るため、1975（昭和50）年の学校教育法施行規則改正により制度化された。小学校では、教務主任、学年主任、保健主事、事務主任を置くことが規定され、中学校では加えて、生徒指導主事、進路指導主事を置くこととなっている。高等学校ではさらに、2以上の学科を置く場合は学科主任を、農業に関する専門教育を主とする学科を置く場合は農場長を置くものとし、事務主任に代り事務長を置く。

主任の職務は、a）管理職の補佐機能、b）教職員に対する指導助言機能、c）連絡調整機能に分けることができ、事務長、事務主任、農場長等はa）の機能に、保健主事、生徒指導主事、進路指導主事、教科主任は専門的事項についてb）の機能に、教務主任、学年主任等はc）の機能に重点が置かれている。

主任は、学校運営において、特に指導体制上の必要性から一つのまとまった職務を特別に付与されるものであり、その経験や識見を生かし、中核的担い手としてリーダーシップを発揮することが期待されている。

（3）指導教諭

指導教諭は、「児童の教育をつかさどり、並びに教諭その他の職員に対して、教育指導の改善及び充実のために必要な指導及び助言を行う」（学校教育法第37条第10項）。高い指導力を有する教員が、学校内外において、自らも優れた実践を展開しつつ、他の教員への指導助言を行い、学校全体の教育力向上に資することを目的として設置されたが、優れた指導力を有する教員個人に対する実績評価と優遇措置、教員組織の再編成と教員のキャリア形成も意図されている。

第9章 学校の組織構造と経営

第4節　学校経営構造の新たな展開

第1項　「チームとしての学校」

　前節で述べたような教育行政機関と学校との間、学校内部での管理職と一般教職員との間の対立は、今日沈静化し、校長のリーダーシップの下、学校の組織運営体制と指導体制の強化・充実を図るという形で、「学校の自律性」を拡大する改革が進められてきている。

　「学校の自律性」は、教職員の諸意思との関係の他、父母・地域住民等の諸意思との関係においてもとらえられる。学校には、父母や地域住民から伝えられた多様な教育意思・要求を、「専門性」を媒介として受け止め、調整しつつ、自らを独自な立場から組織化すること（「学校経営の自律性」）が必要であるとされる。2000年代以降、現実に「学校の自律性」拡大の制度的装置が設定されてきた。その流れは、2000（平成12）年1月の学校教育法施行規則改正による学校評議員制度の創設、2002年3月の小学校設置基準、中学校設置基準及び2007年6月の学校教育法改正による学校評価制度の導入、2004年6月の地方教育行政の組織及び運営に関する法律改正による学校運営協議会制度の導入と整理できる。

　それから10年以上が過ぎ、社会情勢の変化や教育改革の動向等を踏まえた新たな時代における制度の在り方が模索されている。その一つの潮流が「開かれた学校から地域とともにある学校への転換」、つまり、地域でどのような子どもを育てるのか、何を実現していくのかという目標やビジョンを地域住民等と共有し、地域と一体となって子どもをはぐくむという学校への転換である。そうした学校の運営においては、「熟議」「協働」「マネジメント」の三つが欠かせない機能ととらえられている[(5)]。

　このマネジメントは、今日新たな局面を迎えつつある。「チームとしての学校」答申では、現在配置されている教員に加え、多様な専門性を持つ職員（スクールカウンセラー、スクールソーシャルワーカー等）の配置を進め、両者が一つ

149

のチームとして、それぞれの専門性を生かして、連携、協働することができるよう、管理職のリーダーシップや校務の在り方、教職員の働き方の見直しを行うことを求めている。そこでは、「校長のリーダーシップの下、カリキュラム、日々の教育活動、学校の資源が一体的にマネジメントされ、教職員や学校内の多様な人材が、それぞれの専門性を生かして能力を発揮し、子供たちに必要な資質・能力を確実に身に付けさせることができる学校」像が提示され、そのための具体的な改善方策として、（1）専門性に基づくチーム体制の構築（教職員の指導体制の充実、教育以外の専門スタッフの参画、地域との連携体制の整備）、（2）学校のマネジメント機能の強化（管理職の適材確保、主幹教諭制度の充実、事務体制の強化）、（3）教職員一人一人が力を発揮できる環境の整備（人材育成の推進、業務環境の改善、教育委員会による学校への支援の充実）が掲げられている。

第2項　今後の学校経営研究の課題

これまで、子どもの学校での生活機能の多様化に応じ、学校に置かれる職種も増え、それに伴って教職員組織も多様化・複雑化してきたが、教授機能を担う職と管理機能、生活・福祉的機能を担う職との実態上の分担が十分に整理されていなかった[6]。しかし、今日まさにこの問題が焦点となっている。

他職種との実質的協働の在り方を模索するのであれば、それぞれの「専門性」を吟味することが必要であろう。にもかかわらず、「チームとしての学校」答申で示されているその中身は曖昧である。一見、教員が教育指導に専念する欧米型知育学校を目指しているように見えるが、実は日本的特質をも維持する学校のあり方を模索している。そこでは、多様な専門性を有する職員との「分業体制」をとる欧米型学校とは異なる連携・協働が必要となるが、それについては深められていない。また、具体的な改善方策については、この間の改革の包括的な提示にとどまっており、その理論的・実践的総括を行わなければ、今日の日本の教育経営現実に適応しうるシステム構築は困難ではないだろうか。

「学校の自律性」改革により、教育経営をめぐる現実がどのように変化してきたのかについて、理論的及び実践的に検討を行うとともに、わが国における

学校の役割認識と内部組織・外部関係、教員及びその他の職員の専門性について歴史的に検討することが求められる。その際、教育をめぐる社会システムの相互の関連性とプロセスに着目しつつ、よりトータルに把握できる「教育経営」概念を用い、学校、保護者・地域住民、教育行政機関はもとより、心理や福祉の領域における関連機関等も含めたアクター間のダイナミックな関わりを分析することが必要であろう。

〈注〉

（1）学校教育法、私立学校法に定める学校法人の他、構造改革特別区域法に基づき、学校教育法が読み替えられて適用される構造改革特区において学校の設置が認められている一定の要件を満たす株式会社や特定非営利活動法人も含まれる。

（2）耳塚寛明「学校組織への社会学的アプローチ」『組織科学』31（3）、1998年、39頁。

（3）佐古秀一「学校の組織特性とその問題」佐古秀一・曽余田浩史・武井敦史『学校づくりの組織論』学文社、2011年、121頁。

（4）吉本二郎『学校経営学』国土社、1965年、88頁。

（5）2011年3月の「学校運営の改善の在り方等に関する調査研究協力者会議」報告、2015年3月の「コミュニティ・スクールの推進等に関する調査研究協力者会議」報告において、「熟議」は、関係者が皆当事者意識を持ち、子供たちがどのような課題を抱えているのかという実態を共有するとともに、地域でどのような子供を育てていくのか、何を実現していくのかという目標・ビジョンを共有するために「熟議（熟慮と議論）」を重ねること、「協働」は、学校と地域の信頼関係の基礎を構築した上で、学校運営に地域の人々が「参画」し、共有した目標に向かってともに「協働」して活動していくこと、「マネジメント」は、その中核となる学校は、校長のリーダーシップのもと教職員全体がチームとして力を発揮できるよう、組織としての「マネジメント」力を強化することと説明されている。

（6）堀内孜「学校の組織編成」永岡順・奥田眞丈『学校経営』、新学校教育全集21、ぎょうせい、1995年、71-72頁。

〈推薦図書〉

高見　茂・服部憲児編著『教育行政提要（平成版）』協同出版、2016年。

吉本二郎『学校経営学』国土社、1965年。

佐古秀一・曽余田浩史・武井敦史『学校づくりの組織論』学文社、2011年。

日本教育学会編『自律的学校経営と教育経営』シリーズ教育の経営2、玉川大学出版部、2000年。

日本教育学会編『教育経営研究の理論と軌跡』シリーズ教育の経営5、玉川大学出版部、2000年。

第10章
意思決定とリーダーシップ

第1節　教育経営における情報と選択

　意思決定とは、複数の選択肢から一つあるいは複数を選ぶことであり、選択肢とは認知された情報から導きうる推論である。たとえば、待ち合わせ場所に相手が現れないとき、できる意思決定は相手が来ると踏んで「待つ」か、来ないだろうと考えて「帰る」か、あるいは、別の場所にいることを自分には伝えられないと予想して、「共通の友人に連絡を取るか」という三つの選択肢から選ぶという具合だ。予定通りに待ち合わせができれば生まれなかった情報の認知、推論、選択、そして行為という流れがここに見られる。

　さて、学校は公共性・平等性・中立性などが担保された安定的な場とも想定されており、設立の理念や目的がすでに明確なので、学校内での意思決定の機会は少ないか、あってもその余地は乏しいと見ることもできる。なぜなら、法令と行財政制度に支えられる教職員の資格、定数と配置、授業科目とその時数をはじめとした教育課程、施設・設備、学校配当予算といった経営の基本要素（ひと・もの・かね等）は、各学校を越えたところで確実に定められているからだ。

　その一方、各学校では多様な情報が認知、推論、判断されていることも観察される。上記の基本条件が定まれば、自動的に学校のあり方が決まるわけではない。なぜなら、次のような学校の組織特性が影響しているからである。

第1項　戦術的な意思決定

その一つは、教育政策として基本方針が、そして教育行政においてその計画

153

が策定されたとしても、各教員が児童・生徒と直接に出会う教室の最前線では、方針や計画のとおりには進まないのが実際的ということだ。

　なぜなら、学校にとって児童・生徒は不可欠の存在にもかかわらず、彼ら彼女らが学校の目標や活動を了解するとともに、これに支持的さらには協力的なことがまったく保証されていないからである。多くの組織にとっては想定外とも言える、組織目標とそのための行動に肯定的なことを前提にできないメンバーを抱えざるを得ない特性から、学校の最前線では当初の計画以外の事実が常に生まれ、これが認知、推論、選択されて行動の基準となる。

　それらはたとえば、生徒の友人関係がもつれて学級の雰囲気が悪くなる、学習塾での先取り学習のために生徒間の学力差が開く、SNSでのトラブルから保護者対応に苦慮するなど、枚挙に暇がない。あるいは、新聞にたくさんの生徒の投書が掲載されたことで、国語の授業が楽しい雰囲気を醸し出す、元気な生徒が多く生徒会活動が盛り上がりを見せる、外国の学校との交流話が突如舞い込み、英語の授業がそちらに方向づけられる、といったこともありうる。政策決定や行政策定の段階では読み切れない事態が起こる学校では、その都度、選択肢の設定と判断が求められるのである。

　この特性は、仮に計画どおりに進む状況にあったとしても、生徒の「学び」、教育されることに対する受容の幅を強調する今日の教育思潮にも適っている。すなわち、生徒の関心・意欲・態度や思考・判断・表現といった、彼ら彼女らの内面に根ざす価値の形成が教育成果として重視される中、教員は生徒に問いかけること、異なる考えを引き出し葛藤させることが求められる。それは、たとえ授業者の 掌 (たなごころ) の上ではあれカオス(混沌)へと誘(いざな)うものである。そこでは「自分の言葉」での発表や「話し合い活動」などを通じて、既存の情報の拡散や新しい情報の生成が促される一方、これらを収束させ終着点に向かわせる授業者の意思決定を要する。これらは経営学者ピーター・F・ドラッカー（Peter Ferdinand Drucker）の区分では、教育－学習の目標を達成する上で求められる、戦術的な意思決定に相当する。

第10章　意思決定とリーダーシップ

第2項　戦略的な意思決定

　もう一つの背景は、どんな問題なのかをそもそも問う、戦略的な意思決定の場面にも、各学校は遭遇することである。すなわち、学校は「1条校」として確かに公共機関として存立している。このためその目的や目標も各学校を超えたところで明示され、たとえば教育内容については、文部科学省が告示する学習指導要領とこれに準拠した教科用図書の作成・検定のほか、都道府県・市町村教育委員会による重点課題に基づいた指導行政が見られる。

　この一方、教育課程は各学校で編成されることが法定され、たとえば「総合的な学習の時間」のあり方、学校行事ほか特別活動、生徒指導の方針など、各学校がこれらはどのようなテーマなのかと問いを立てることから始まる。たとえば、宿泊行事はいかにあるべきか、文化祭や運動会で競い合うことの意義は、生徒の問題行動への対応で重要な眼目は何かというように、である。

　そこでは、安心・安全、法令遵守、時間的・労力的なコストパーフォマンス、秩序維持といった観点のほか、教育−学習上の価値に関わっては、達成感・成就感、平等性、継続性、動機づけなどへの意味づけと優先順位が問われる。各学校はそれらをどのような問題と認識し、これにいかに資源を投じて結果を見通すかの判断をしなければならない。ちなみに、各学校の「自主性・自律性」を主張する理念や政策基調も、この方向を強めようとする。

　学校としての態度を決定する点でこの領域には、戦術的・戦略的な意思決定それぞれに対応したリーダーシップが存在する。前者は、主に児童・生徒の教育−学習上の目標実現のための方向づけとして、後者は、主として教職員間あるいは対外的な関係上の志向において、いずれも問われるのである。

　以上のような環境、すなわち①各学校を越えて基本的に規定される条件のもと、②学校内部での事実の発生と認識、選択と判断、行為という流れの中で学校は経営・運営されている。そして学校経営の議論としては、主に後者の戦術的または戦略的な意思決定が焦点になる。そこで以下、①学校内で情報はどのように生まれ、認知されるか、②それらはどのような選択肢として現れ、いかに判断されるか、③そして判断の結果として行為や行動が見られるか、という

観点に即して、学校における意思決定とリーダーシップを説明したい。

第2節　官僚制／非官僚制のもとでの情報とその認知

第1項　文書主義

　学校は公共事業体の一つとして、官僚制の基本原則である没人格的な職務遂行、明確な権限・責任関係、文書主義などに濃く彩られている。公共性が担保される学校は、説明責任、情報公開、評価とその数値化に耐えるべきと見なされる。

　さて、官僚制にもとづく情報には次のようなものがある。各学校をまたぐこととしては、法律や規則などの諸規定、重点課題といった行政指導上の資料、また学校の内部では自校で策定する教育課程計画、校務分掌、学年歴にしたがった授業ほか諸活動の予定などが挙げられる。

　これらはいずれも明文化、可視化されており、一度決まれば基本的に変更はない。また、仮に変更する場合も然るべき手続きを要し、その経過も学校日誌や会議録などを通じて記録される。文字化・図式化されるこれらの情報は安定的で、透明性も高いので認知のずれは小さい。これらは、すぐれて客観的なものとして了解されるので、対外的な説明材料にもなる。

第2項　偶発性

　その一方で学校は、教職員と児童・生徒、その保護者、学区地域住民など、定型を想定しにくい関係者がいわば偶然に出会う場でもあるため、非官僚制的にならざるを得ない面も多く見られる。とくに義務教育では、通うべき学校が教育委員会から指定され、また校長ほか学級担任等を選べないこともあって、学校に対する当事者の意識は決して一様でない。「学校には行かなければならない」「子どもを預かってくれれば、それで十分だ」「学校はサービス業なのだから、好きなことを要求すればよい」と、当事者間の勘違いや誤解、無理難題が常に生じうる。これらに、「法令や規則でこのように決まっていますから」と、

いわゆる杓子定規に対応することは実際的でない。

　また、「教育は、人格の完成を目指し」（教育基本法）と目的がうたわれる教育－学習は、学校や学級の規模や男女比などのほか、児童・生徒の個人差、その日の気分・感情、いわゆる空気や雰囲気にも規定される。児童・生徒はいつも同じ調子で授業に臨むわけでは決してなく、教員もまた同様だ。そこに当事者間の「不幸」、すなわち発信－受信の間で意図や解釈のずれが、しばしば起こるのである。

　たとえば、授業計画を指導案と言うが、これは決して確定されることはなく、授業直前でも「案」のままである。これは授業が「出たこと勝負」で全てを予め決めてはおけないゆえの、最前線の知恵でもあるだろう。あるいは、何かの拍子で教員自身が授業から外れる場合もある。中学校のある女性教員は、新婚旅行から帰ってきた直後の自分の社会科の授業で、自分たちの結婚式がいかに素晴らしかったかをとうとうと述べた。「授業は生き物」としてまさに不安定であり、このためその都度、情報が生まれ、認知されるのである。

第3項　非言語

　文書主義の対極に位置する情報、それは非言語である。「説明しましょう」「発表しよう」と教室は言葉であふれているようにも見えるけれど、多くの表現は実は非言語的になされている。

　マジョリー・F・ヴァーガス（Majorier F. Vargas）は、非言語を人体、動作、目、周辺言語、沈黙、身体接触、対人的空間、時間、色彩に分類し、具体的に説明を試みているが、これにならい、学校における非言語の例を挙げてみよう。

○人体－多くの中学校や高校では、制服を「正しく」着用するのが生徒として望ましい。このため、転校生など違う学校の制服を着ていると、排除といういじめに遭うこともある。また、集会などで背の順に並ぶことを求められると身長の差が歴然となり、微妙な力関係の生じることもある。

○動作－授業中に「ペン回し」をすることは、少なくない教員から否定的な眼差しを受けている。生徒の中には授業に懸命ゆえの動作にもかかわらず、である。

○目－教員をよく見ている生徒は熱心だと評されがちだ。反対に視線を落としていると、授業に集中していないと見られやすい。

○周辺言語－適度な冗長的表現は注目を集めるのに適しているが、これが過度になると場の緊張感を欠く。

○沈黙－生徒のお喋りを止めさせるなど、やんわりと叱る方法の一つとしても教員には捉えられている。

○身体接触－肩を叩く、握手するなどは信頼や親近感を示すものである。反対にわざとぶつかったり、いじめられっ子に触れたことで「～菌」と騒いだりするのは、攻撃に他ならない。

○対人的空間－学級の席替えは生徒にとって一大事である。誰が自分の横に座るか、前後に誰が来るかは、彼らの学校生活に喜びと悩みをもたらす。

○時間－どのタイミングで表現するかは、内容を上回る重要性を持っている。いつ発問するか、発言するかは、教員と生徒いずれにも問われる振る舞いである。

○色彩－スクールカラーは学校のイメージを一つ決める。図書室などにおけるカラフルな飾りは、読書へと誘う。

　なお、児童・生徒の中でも幼い子どもの語彙力はまったく限られ、彼らの表現の多くは非言語的である。それらは短い時間しか現れず、見逃される場合も少なくない。また、非言語に関する共通の辞書がないために、認知されたとしても、その解釈には幅がある。クラスメイトのものを盗んだとあらぬ疑いを掛けられた児童が驚きのあまり涙を浮かべたら、「そうして泣くっていうのは、後ろめたいことがあるからだよね」と担任教員から非難されたというエピソードは、これを例示するものだろう。

　くわえて非言語は、伝えるつもりがないのに、伝えたいかのように捉えられうる点でも特徴的である。なかでも、教育－学習活動における非言語は、「児童・生徒理解」の必要性が叫ばれ、「小さなサインも逃さない」と喧伝されるので、メッセージとして過剰に捕捉される。たとえば、親とケンカをしたことを授業中に思い出した生徒が膨れっ面したことを、教員は自分の授業への不満だと捉えてしまう、あるいは、生徒は癖でうなずいているだけなのに、教員は授業を

理解していることの現れだと見る、といったようにである。

◢ 第3節　短期的／中期的な選択肢とその判断 ◣

　文書主義、偶発性、非言語といった情報の生成と認知に対して、選択肢はいかに用意され、それらへの判断がいかになされるかを、次に見ていこう。

第1項　法令遵守（コンプライアンス）

　法令遵守は、とりわけ文書主義における第一義的な選択肢である。たとえば、いじめ防止対策推進法（2013（平成25）年）第16条には、「学校の設置者及びその設置する学校は、当該学校におけるいじめを早期に発見するため、当該学校に在籍する児童等に対する定期的な調査その他の必要な措置を講ずるものとする」とある。いじめについてのアンケートが取られる、その結果が生徒指導の指針とされるのは、この法律を守るために選択される組織行動である。

　もっとも、すべての行動がこれを最優先にするわけではない。たとえば、学校教育法施行規則第57条には「小学校において、各学年の課程の修了又は卒業を認めるに当たっては、児童の平素の成績を評価して、これを定めなければならない」とあり、修了や卒業が認められない場合のあることを示すものの、これは「伝家の宝刀」状態である。法令遵守よりも、「不登校だが、これから頑張ると言っているから」「他の子どもと違いを付けるべきではない」といった「教育的配慮」の優位した選択が行われるからである。

　あるいは、次のような場合もある。筑波大学附属中学校・高校・特別支援学校に勤務する教員4人が、教員免許を失効したまま最大4年以上授業を担当していたことが判明。しかしながら、授業自体は適切に実施していたとして、教員免許状失効後に授業を受けた児童・生徒の単位や卒業は認めると判断された（2016年6月）。教員免許状を有しない者による授業は法的には無効なものの、卒業した生徒を学校に呼び戻すなどおびただしい混乱を招くから現実的ではない、と考えるのである。このように、学校の秩序維持や物理的・時間的コストがより重要と判じる意思決定もありうる。

第2項　短時間での判断

　学校で日々生じる事態の多くは、短い時間での対応を必要とする。たとえば、授業中、どの児童・生徒を当てるかを決めるための時間は数秒以内である。会議を開くべき事柄ではない。あるいは、学級の「終わりの会」である生徒への不満が出され同調する生徒も少なくない一方、明らかに退屈している生徒もいる状況が見られる時、担任教員としてこの会をどうするかの判断が早急に行わなければならない。このように、とくに児童・生徒と対面した戦術的な意思決定において、時間の制約が強いことは明瞭である。

　そして、この状況は、しばしば適切な推論とその選択に至らず、誤った行為を招く。なぜなら、限られた時間では複数の選択肢を挙げて比較考量し、いずれかに決めるという物理的・精神的な余裕を持てないためである。

　たとえば、次のような事例はどうだろうか。「神戸市教育委員会は、姿勢が悪い児童の椅子の背もたれに押しピンを貼り付けるなどの体罰をしたとして、市立小学校の女性教諭（38）を同日付で戒告処分とした。児童にけがはなかった。市教委によると、教諭は担任の4年生のクラスで、足を投げ出し椅子に沈み込むような姿勢で授業を受けていた児童にきちんと座るよう注意。従わなかったため、椅子にもたれかかると背中に針が刺さるよう背もたれに押しピン2個を粘着テープで貼り付け、両ひざをタオルで結んだという。（『朝日新聞』2015年7月16日付、一部改変）」

　つまり、姿勢が悪い児童にどう対応すべきか、今は判断できないと考えて、教員がまずその場面では何もしないという選択がありえたにもかかわらず、このケースでは異なる判断をしてしまった。これと同様に、ある事実が問題だと認識されることで生じうる、「思わず」「カッとなって」といった「体罰」に関わる判断と行為は、すぐに決めなければならないと教員が考え、意思決定上の省力化を図ろうとすることによるものである。

　時間の制約を背景に、事態を適切に把握する、ありうる推論を挙げていずれかを選ぶ、行為に至るという過程を教員は踏みにくくなる。その際、事実とその認識に関する教員の診断能力を問うことなく、「何かしなければならない」

第10章　意思決定とリーダーシップ

と考えがちな実践志向が、教員の心性として認められる。

第3項　閾値

　反応を起こすのに必要な最少の刺激量のことを指す閾値（いきち）という概念は、学校における意思決定の多くを説明してくれる。たとえば、学校で奨励される整理整頓に対する理解は個人差が大きく、どのくらい片付いていれば大丈夫なのかの受け止めには幅がある。生徒の様子を見て問題ありと判じるか否かは、その教員の閾値にかなり依っており、客観的に定めることが難しい。ある様子が気になる教員は指摘するが、気にならない閾値の高い教員であれば状況そのものが認知されにくく、また認知されても行為を生起させない。

　たとえば、「浸けパン」議論を挙げてみよう。これは、カレーやシチューが給食に出された際、パンをちぎってこれに浸して食べるかというマナーの是非である。これに肯定的な教員は美味しい楽しいと言うのに対して、汚らしい、こぼしたらあとが大変と否定的な教員もいる。もちろん正解はないけれど、このいずれの教員が傍らにいるかによって、生徒たちの振る舞いや教室の雰囲気が違ってくる点で、学校生活においては重要なことでもある。

　しかしながら、教員が自身の閾値に自覚的なわけでは必ずしもなく、何となく、それが常識だろうと見なして、浸けパンという事実を判じ、「美味しいよ、やってみたら」あるいは「そんなことは止めなさい」と発言する。ここに、強い実践志向はメタ認知の欠落を伴いやすいことを確かめられる。

第4節　職位的／属人的リーダーシップ

　以上、事実の発生と認知、選択と行為は学校の組織特性を投影しているが、これはリーダーシップについても同様である。つまり、学校において校長等に限らない多様なリーダーシップがありうること、また、焦点化された目標に接近するための働きかけとしてのみリーダーシップを捉えることには限界があること、が指摘できるだろう。最後にこの点を確かめたい。

161

第1項　職位

　学校教育法第37条「校長は、校務をつかさどり、所属職員を監督する」以下、学校の職位はいくつかの階層として制度設計されている。しかし、活動の集大成としての製品や作品が明らかでない、とくに普通教育学校においては、この階層は主に対外的に意味を持つものの、学校内では学年や教科あるいはその他分掌内部のリーダーシップが優位する、すなわち校長やミドルリーダーは、各部門の決定を了解、正統化するに留まる場合が珍しくない。

　たとえば、修学旅行の計画、実施、評価は学校行事の一部ではあるものの、ほとんど当該学年に委ねられ、学校としては運営委員会等による確認と校長の承認を残すのみである。あるいは、中学校での校内研究は、教科主任ほか教科メンバーでの活動が実質を決め、研究主任は日時等の調整とまとめ役に留まりがちだ。研究主任に委ねたからそれでよしとする学校管理職もいるだろう。

　この一方で、対外的なリーダーシップも存在する。学校として説明を求められる、態度を表明しなければならない場面、たとえば事故や問題行動等、危機管理に関わる事案には校長が矢面に立たねばならず、職員も事態の収束とその後の対応にまさにチームとして同じ方向で動くことになる。

　あるいは、内部に対しても法令遵守に関わっては「後ろ盾」を得ているので、人事管理上の事項、触法行為になりかねないような事案（服務違反、体罰、ハラスメントなど）に対して、校長ほか学校管理職が職員を指導する余地が残される。もっとも管理職自身がこうした問題を起こす場合もあり、任用権者や服務・監督権者を苦悩させる。

第2項　属人主義

　学校におけるリーダーシップのありようは職位から導かれるというよりも、スタッフそれぞれの使命感、気概、矜持のいかんに見出すことができる。というのは、学校として対応が求められる場合を除けば、公式に学校が開けられている年間200日余りのうち約９割は、個業的な授業と学級経営に費やされており、そこでは各教員の価値観とその論理化、それらに依拠した行為や実践が

見られるからである。

　授業では自身の動線、発問の仕方、児童・生徒の活動の組み方など、学級経営ではクラス目標や班活動の準備、給食の配膳、机の配置や児童・生徒の呼称など、いずれも定型を予定できず、教員ごとにスタイルがあるとすら言える。そこで教育職としての使命は何か、どのような教員でありたいかは、相当部分が個々の教員に委ねられている。同僚や管理職ができるのはせいぜいその方向づけまでであり、細部まで操作することはほぼ不可能である。

　しかもこの領域は、たとえば自分の授業をビデオで撮り、後に映像を見て自身の振る舞いを検討するのが実際的でないように、客観的な材料を欠いたリフレクションに留まり、結果、「自分らしいやり方」の正統化と定着が図られる。教職経験年数が長いほど指導力不足等の教員が生まれるとすれば、それは固定的な教職像に安住したがゆえと解釈できるだろう。

　これに対して揺らぎを与えるのが、自身をメタ化、相対化する能力や態度だが、これは職務に没頭しているだけでは開発が難しい。なぜなら、「上手く仕事ができる」ことは、新しいことへの挑戦や自身の革新を抑制もするからである。ここにリーダーシップの逆説がうかがえる。

　すなわち、とりわけ児童・生徒（「子ども相手」）に発揮されるリーダーシップは、反発や否定がなされにくいので、教員自身が変わる必要性に気付きにくく、「学級崩壊」に見られるように大きな事態になってはじめて対応することになりがちである。この点で、各職員に多くを委ねられざるを得ない児童・生徒に対するリーダーシップは、その強化だけではなく、疑い、分析、新たな試みといった側面を合わせ持つことが求められる。

　このことは、学校管理職やミドルリーダーによる教職員へのリーダーシップについても当てはまる。それらはいかに発揮するかが問われるだけではなく、その影響の大きさを鑑みた謙虚さ、自身への懐疑、考察、想像力といった、すぐれて哲学的な態度を求めるものでもあると導くことができる。

〈参考文献〉

青木　薫編『教育経営学』福村出版、1990年。

岡本浩一・鎌田晶子『属人思考の心理学――組織風土改善の社会技術――』新曜社、2006年。

榊原禎宏「意思決定」大塚学校経営研究会編『現代学校経営論』2000年、56-62頁。

榊原禎宏「学校組織における意思決定再論」『京都教育大学紀要』118、2011年、17-26頁。

榊原禎宏・池本淳子・出来正晃・西村府子・守山雅史・森脇正博「授業中の『ペン回し』
　がもたらすもの――非言語コミュニケーションに見られる教室の非制度――」『京都教
　育大学教育実践研究紀要』11、2011年、197-207頁。

白石　裕編『新・教職教養シリーズ 第10巻　教育経営』協同出版、1993年。

吉本二郎・朴聖雨編『講座学校学1　学校』第一法規出版、1988年。

P.F. ドラッカー（上田惇生訳）『ドラッカー名著集2　現代の経営（上)』ダイヤモンド社、
　2006年。

H.A. サイモン（桑田耕太郎・西脇暢子・高柳美香・高尾義明・二村敏子訳）『新版 経営行
　動――経営組織における意思決定過程の研究――』ダイヤモンド社、2009年。

M.F. ヴァーガス（石丸正訳）『非言語（ノンバーバル）コミュニケーション』新潮社、
　1987年。

〈推薦図書〉

岡本浩一・鎌田晶子・堀洋元・下村英雄『職業的使命感のマネジメント――ノブレス・オ
　ブリジェの社会技術（組織の社会技術5）――』新曜社、2006年。

杉尾　宏『教師の日常世界――心やさしきストラテジー教師に捧ぐ――』北大路書房、
　1988年。

長瀬勝彦『意思決定のマネジメント』東京経済新報社、2008年。

宮川公男『意思決定論――基礎とアプローチ――』中央経済社、2010年。

V.P. リッチモンド・J.C. マクロスキー（山下耕二訳）『非言語行動の心理学――対人関係と
　コミュニケーション理解のために――』北大路書房、2006年。

第11章

教育内容行政と教育課程経営

第1節　国・地方の教育内容行政

第1項　教育課程の基準

（1）教育課程の意義と法制

　教育課程とは、学校教育の目的や目標を達成するために、教育の内容を児童生徒の心身の発達に応じ、授業時数との関連において総合的に組織した学校の教育計画であると定義される。

　各学校における具体的な指導内容については、学校教育法施行規則及び学習指導要領に各教科等の種類や目標、指導内容等の基準が示されている。学校教育法施行規則においては各教科等の構成及び授業時数が、学習指導要領においては各教科等の目標及び指導内容が示されている。

　小学校を例にすると、学校教育法第33条において、小学校の教育課程に関する事項は文部科学大臣が定めるとしている。これを受けて、学校教育法施行規則において、小学校の教育課程は、国語、社会、算数、理科、生活、音楽、図画工作、家庭及び体育の各教科、道徳、外国語活動、総合的な学習の時間並びに特別活動によって編成することや、各学年における各教科等の年間の標準授業時数並びに各学年における年間の標準総授業時数、教育課程の基準として小学校学習指導要領によらなければならないことなどを定めている。

　なお、2015（平成27）年3月に学校教育法施行規則並びに小学校、中学校、特別支援学校小学部・中学部の学習指導要領の「道徳」が「特別の教科である

道徳」に改正され、小学校及び特別支援学校小学部は2018年度から、中学校及び特別支援学校中学部は2019年度から施行される。また、2017（平成29）年3月には、学習指導要領の改訂に関わって学校教育法施行規則が改正され、小学校に外国語科が新設されており2020年度から施行される。

　都道府県及び市町村（特別区を含む）の教育委員会は、学校の教育課程に関する事務を管理、執行し、法令又は条例に違反しない限度において教育課程について必要な教育委員会規則を定めるものとするとされている。この教育委員会規則は、一般に「学校管理規則」と呼ばれており、各学校は、この規定に従って、教育課程を編成しなければならない。学校管理規則においては、教育課程の編成やその基準、教育課程の届出などを定めている場合が多い。

　各学校においては、国として統一性を保つために必要な限度で定められた基準に従いながら、創意工夫を加えて、児童生徒、学校及び地域の実態に即した教育課程を編成することが期待されている。

（2）教育課程の編成・実施に関する指導・助言

　公立学校の場合、教育委員会は設置する各学校において、教育課程が適切に編成・実施されるよう、必要な指導・助言を行うことが求められる。

　教育委員会の事務局には指導主事を置き、指導主事は、学校における教育課程、学習指導その他学校教育に関する専門的事項の指導に関する事務に従事することとされている。指導主事は、各学校を訪問するなどして、教育課程の編成・実施や学習指導に関して、校長や教員に対して指導助言を行う（地方教育行政の組織及び運営に関する法律第18条第1項から第4項）。教育委員会の事務のうち、教育課程、学習指導、教科書その他の教材の取扱に関することなどは、学校の教育活動に密着したものであって、その性質上、単なる指揮命令という管理形態をとるのみでは、その実効を十分期待しえないものである。このような事項については、教育委員会の積極的な指導機能が求められ、その指導機能に関する教育長の職務を補助するのが指導主事である。

第11章　教育内容行政と教育課程経営

第2項　学習指導要領

（1）学習指導要領の位置付け

　学校教育法及び学校教育法施行規則の規定に基づいて、文部科学大臣は学習指導要領（幼稚園は幼稚園教育要領）を告示の形式で定めている。法律から省令へ、省令から告示へという委任関係に基づいており、告示として公にされた学習指導要領は、法規としての性質を持ち、法的拘束力を持つものである。

　学習指導要領の法的性格や基準性については、昭和30年代の全国学力調査の実施などに関連して裁判上争われ、また学説も分かれるなど長い間論争が行われてきた。しかしながら、1976（昭和51）年の最高裁判決（旭川学テ事件）において、国は必要かつ相当と認められる範囲において教育内容についても決定する権能を有するとした上で、文部大臣は教育における機会均等の確保と全国的な一定水準の維持という目的のために必要かつ合理的な基準を設定することができるとするとともに、学習指導要領は「教師による創造的かつ弾力的な教育の余地や、地方ごとの特殊性を反映した個別化の余地が十分残されており、全体としてはなお全国的な大綱的基準としての性格をもつものと認められる」とし、学習指導要領の基準としての適法性を認めた。さらに、1990（平成2）年の最高裁判決（伝習館高校事件）は、学習指導要領は「文部大臣が、告示として、普通教育である高等学校の教育の内容及び方法についての基準を定めたもので、法規としての性質を有するもの」と明確にし、法的拘束力を認めたものである。

　学習指導要領に示している内容は、全ての児童生徒に対して確実に指導しなければならないものであると同時に、個に応じた指導を充実する観点から、児童生徒の学習状況などその実態等に応じて、学習指導要領に示していない内容を加えて指導することも可能（学習指導要領の「基準性」）であり、2003年には学習指導要領が一部改正され、そのことが明確化されている。

（2）学習指導要領の変遷

　学習指導要領は、1947（昭和22）年に初めて作成されて以来、おおむね10年

167

表11-1-1　学習指導要領の改訂

改訂の年度	改訂の概要
1958～60年 （全面改訂）	教育課程の基準としての性格の明確化 ・道徳の時間の新設、基礎学力の充実、科学技術教育の向上　等
1968～70年 （全面改訂）	教育内容の一層の向上 ・時代の進展に対応した教育内容の導入、算数における集合の導入　等
1977～78年 （全面改訂）	ゆとりある充実した学校生活の実現（学習負担の適正化） ・各教科等の目標、内容を中核的な事項にしぼる　等
1989年 （全面改訂）	社会の変化に自ら対応できる心豊かな人間の育成 ・小学校に生活科の新設、道徳教育の充実　等
1998～99年 （全面改訂）	基礎・基本を確実に身に付けさせ、自ら学び自ら考える力などの「生きる力」の育成 ・教育内容の厳選、「総合的な学習の時間」の新設　等
2003年 （一部改訂）	学習指導要領のねらいの一層の実現 ・基準性の一層の明確化、総合的な学習の時間や個に応じた指導の一層の充実
2008～09年 （全面改訂）	改正教育基本法等を踏まえた学習指導要領の改訂 ・「生きる力」という理念の共有、知識、技能の習得と思考力、判断力、表現力の育成とのバランスの重視、授業時数増、小学校に外国語活動の新設　等
2015年 （一部改訂）	「特別の教科である道徳」の新設
2017年 （小・中学校 全面改訂）	育成を目指す資質・能力の明確化 ・「主体的・対話的で深い学び」の実現に向けた授業改善の推進 ・小学校における外国語教育の早期化・教科化

ごとに改訂されてきた（表11-1-1参照）。

　1947年に学校教育法が制定され、文部省は、学校教育法施行規則を制定し、教育課程に関する基本的事項を定めるとともに、同規則第25条（当時）「小学校の教科課程、教科内容及びその取扱いについては、学習指導要領の基準による」という規定を受けて、教育課程の基準として学習指導要領を「試案」の形式で作成した。その後、1949年に新たに設置された教育課程審議会の答申を受けて、1951年には全面的に改訂されているが、この時も「試案」の形で出版されている。

第11章　教育内容行政と教育課程経営

　1958年に、学習指導要領の全面改訂が行われ文部省告示として公示し、学校教育法施行規則に年間最低授業時数が明示された。この形式も含めた改訂により、学習指導要領の教育課程の基準としての性格が明確化され、今日に至るまでの教育課程の基準の基本的な構造が確立された。

　1958年以降の学習指導要領の改訂は、教育課程審議会（1998年改訂以降は中央教育審議会）の答申を経て、学校教育施行規則及び学習指導要領を改正して行われてきており、学校教育法施行規則において教科の構成及び標準授業時数を、学習指導要領において各教科等の目標や内容を示す形式は継承されてきている。

（3）学習指導要領の改訂

　学習指導要領の改訂は、文部科学大臣の諮問機関である中央教育審議会に教育課程の基準の改善について諮問され、その答申を受けて行われている。

　2014（平成26）年11月に、文部科学大臣から、初等中等教育における教育課程の基準等の在り方について諮問が行われた。具体的な審議は、中央教育審議会初等中等教育分科会教育課程部会に教育課程企画特別部会及び22の学校段階別・教科等別のワーキング・グループ等が設けられ、専門的な調査研究が行われた。教育課程部会では、学校教育関係者、大学関係者、経済界、文化・スポーツ関係者など約30名の委員で構成され、学習指導要領の実施上の課題や各種調査結果の検証、有識者や関係団体からのヒアリングを行いつつ、専門的な見地から検討が進められ、2年にわたる審議を経て、2016年12月に「幼稚園、小学校、中学校、高等学校及び特別支援学校の学習指導要領等の改善及び必要な方策について」答申を行った。

　中央教育審議会の答申を受けて、文部科学省において、学習指導要領の編集作業が行われるが、その編集作業は、校長等の教員、教育委員会職員、大学教員などの協力を得て進められ、更にその検討の蓄積により学習指導要領の規定内容等について説明する学習指導要領解説編が編集される。

　2017年3月公示された小・中学校の新学習指導要領では、これからの時代を生きる児童生徒に必要な資質・能力（「知識及び技能」、「思考力、判断力、表

現力等」、「学びに向かう力、人間性等」の三つの柱で整理されている）を育むことを目指し、いわゆるアクティブ・ラーニングの視点を生かし「主体的・対話的で深い学び」の実現に向けた授業改善を進めること、特に小学校においては外国語教育の充実を図り、3、4年生で「外国語活動」を、5、6年生で「外国語科」を導入することとなっている。

第2項　教科書

（1）教科書の位置付け

　教科書は、「小学校、中学校、義務教育学校、高等学校、中等教育学校及びこれらに準ずる学校において、教育課程の構成に応じて組織排列された教科の主たる教材として、教授の用に供せられる児童又は生徒用図書であり、文部科学大臣の検定を経たもの又は文部科学省が著作の名義を有するもの」とされている（教科書の発行に関する臨時措置法第2条）。教科書には、文部科学省の検定を経た教科書と、文部科学省が著作の名義を有する教科書（文部科学省著作教科書）があり、学校教育法においては、「文部科学大臣の検定を経た教科用図書又は文部科学省が著作の名義を有する教科用図書を使用しなければならない」ことが規定され、学校教育における教科書の使用義務が定められている。

　教科書発行者において編集された教科書が学校において使用されるまでには、おおむね、編集→検定→採択→発行・使用という経緯を経ることとなる。

（2）教科書の検定

　教科書検定制度は、民間で著作・編集された図書について、文部科学大臣が教科書として適切か否かを審査し、これに合格したものを教科書として使用することを認めることである。このような教科書検定制度は、教科書の著作・編集を民間に委ねることにより、著作者の創意工夫に期待するとともに、検定を行うことにより、適切な教科書を確保することをねらいとして設けられているものである。

　小・中・高等学校等の学校教育においては、国民の教育を受ける権利を実質的に保障するため、全国的な教育水準の維持向上、教育の機会均等の保障、適

正な教育内容の維持、教育の中立性の確保などが要請されており、教科の主たる教材として重要な役割を果たしている教科書についての検定は、教育課程の基準である学習指導要領を定めることとともに、こうした要請に応えるものである。

検定における教科書の審査は、文部科学省があらかじめ告示している義務教育諸学校教科用図書検定基準及び高等学校教科用図書検定基準に基づいて行われる。検定基準では、教育基本法に示す教育の目標並びに学校教育法及び学習指導要領に示す目標を達成するため、これらの目標に基づき、具体的に示す各項目に照らして適切であるかどうかを審査することが示されている。

文部科学省には、検定の審査に係る教科用図書に関し調査審議を行う審議会として教科用図書検定調査審議会が置かれ、検定申請された図書が教科用図書として適切であるかどうかについて、教科書検定の基準に基づいた専門的・学術的な調査審議が行われる。検定の申請があると、文部科学省の教科書調査官による調査が開始され、また、審議会においても専門的事項を調査するため専門委員が置かれる。審議会における調査審議は、これらの専門的な調査の結果を基に行われる。審議会から答申が行われると、文部科学大臣はこの答申に基づいて検定の決定又は検定審査不合格の決定を行う。

（3）教科書の採択及び給付

教科書の採択は、学校で使用する教科書を決定することで、その権限は、公立学校で使用される教科書についてはその学校を設置する教育委員会に、国・私立学校ついては校長にある。高等学校については、法令上の規定はないが、義務教育諸学校と同様に公立学校はその学校を設置する教育委員会に、国・私立学校については校長にある。

市町村立の小・中学校で使用される教科書の採択の権限は市町村教育委員会にあるが、採択に当たっては都道府県教育委員会が採択地区を設定し、採択地区が2以上の市町村の区域を併せた地域（共同採択地区）であるときは、地区内の市町村教育委員会が協議して種目ごとに同一の教科書を採択することとされている。

教科書の採択に関するこれらの制度は、採択権者において教科書が適切かつ公正に採択されるようにするために設けられているものであるが、教科書採択が保護者をはじめ国民により開かれたものにしていくため、採択に関する情報を公開していくことが求められている。2014（平成26）年4月の義務教育諸学校の教科用図書の無償措置に関する法律の改正により、義務教育諸学校については、採択権者が採択を行ったときは、遅滞なく、①当該教科書の種類、②当該教科書を採択した理由、③教科書研究のために資料を作成したときは、その資料、④教育委員会が会議の議事録を作成したときは、その議事録の公表に努めることとされている。

　教科書が採択されると、必要となる教科書の見込み冊数（需要数）が市町村教育委員会や各学校から都道府県教育委員会に報告され、都道府県教育委員会は、これを取りまとめて文部科学大臣に報告する。文部科学大臣は、都道府県教育委員会から報告された教科書の需要数を集計し、これに基づいて発行者に発行すべき教科書の種類及び部数を指示する。この指示を承諾した発行者は、教科書を発行し、これを各学校まで供給する義務を負っている。

　学習指導要領をはじめとした教育課程の基準とそれを踏まえた教科書制度は、教育基本法が要請する教育の機会均等（第4条）や義務教育の水準の確保（第5条第3項）を具体的・制度的に保障するものと言うことができる。

　その上で、児童生徒やその取り巻く環境の変化に柔軟に対応していくことも求められている。グローバル化や情報通信技術の発展といった社会を取り巻く環境の変化は、教育内容の変化と無縁ではなく、そうした変化に適切に対応しながら、教育の機会均等と水準の確保という要請を実現していくことが必要となっている。

〈推薦図書〉

文部科学省『小学校学習指導要領解説　総則偏』東洋館出版社、2008年。

文部科学省『初等教育資料900号記念増刊号　教育の未来を拓く――学習指導要領の変遷――』東洋館出版、2013年。

第11章　教育内容行政と教育課程経営

第2節　教育課程編成と学校経営

第1項　学校経営と教育課程経営、教育課程

（1）学校経営と教育課程経営

　教育課程経営は、各学校における教育課程の編成、実施、評価、改善という、学校としての組織的な一連の営みである。学校は、児童生徒や地域の実態に即し、創意工夫を生かした特色ある学校づくりを実現するために効果的な教育課程の編成を求められており、教育課程経営は学校経営のまさに中核に位置づくものである。それはまた、学校経営の自主性、自律性の確立を指向する上で中心的な役割を担う機能であるとも捉えられる[1]。したがって、各学校の創意工夫を生かした特色ある学校づくりと一体化した教育課程の編成が、教育課程経営の実践的な課題となる。

　具体的に教育課程経営は、学校の教育目標の実現に向けて教育課程を編成、実施し、それを評価し、その改善を図るという PDCA サイクルで実施され、組織的、計画的に推進される。それは、「教育内容」と「条件整備」の相互の関係を全体的、総合的に把握することであり、教育課程（カリキュラム）をヒト・モノ・カネ・情報・時間などの経営資源との関連で捉えるものである。この PDCA サイクルを学校での実際のプロセスで見ると、1）学校教育目標の設定と教育課程の編成、2）授業の展開、3）授業の評価、4）単元の評価・改善、5）指導計画の評価・改善、6）カリキュラムの評価、7）学校評価、8）改善への取り組み、9）目標・計画の作成、となる[2]。

　そして、2017年3月に公示された小・中学校の新学習指導要領では、教育課程経営ではなく、「カリキュラム・マネジメント」という言葉が用いられている。そこでは、各学校において、①児童や学校、地域の実態を適切に把握し、教育の目的や目標の実現に必要な教育の内容等を教科等横断的な視点で組み立てていくこと、②教育課程の実施状況を評価してその改善を図っていくこと、③教育課程の実施に必要な人的又は物的な体制を確保するとともにその改善を図っ

173

ていくこと等によって、教育課程に基づいて組織的かつ計画的に各学校の教育活動の質の向上を図っていくことが求められている。

（2）教育課程とその構成

　教育課程とは、前節でもみたが、「学校教育の目的や目標を達成するために、教育の内容を児童の心身の発達に応じ、授業時数との関連において総合的に組織した各学校の教育計画」である（たとえば、『小学校学習指導要領解説 総則編』（2017年））。学校はこの教育課程の編成主体であり、2017年3月公示の小学校学習指導要領でも、「各学校においては、教育基本法及び学校教育法その他の法令並びにこの章以下に示すところに従い、児童の人間として調和のとれた育成を目指し、児童の心身の発達の段階や特性及び学校や地域の実態を十分考慮して、適切な教育課程を編成する」とある[3]。各学校において校長は、学校全体での共通理解と教職員集団の協力のもとで教育課程を編成することが求められる。その際に校長は、教育課程経営のビジョンを提示し、それに基づいた学校教育目標の設定が必要となる。

　教育課程は、この1）学校教育目標に加えて、2）教育内容の組織化、そして3）授業時数の配当という三つの基本的な要素で構成される。まず、1）学校教育目標は大きくは次の二つの側面で成り立ち、学校教育目標の設定において相互に有機的な関連が問われることになる。一つは、日本国憲法、教育基本法、学校教育法、学習指導要領の「教育法体系のなかから実体として規定されてくるもの」であり、国全体としての教育水準の維持・向上を意図した、各学校の共通性を示した基準である。そして二つ目として、「学校の現実の教育活動の指針となる」「学校独自」の目標である。これは個々の学校の独自性、個性化に立脚したものであり、「地域の実態からの規定」（学校を取りまく地域の自然環境、住民の教育関心や教育要求、産業・交通・文化環境等の特性傾向）、そして、「学校および児童・生徒からの規定」（学校の学習環境、物的・人的条件、児童・生徒の学習態度や行動特性、学習要求等に関わる特性傾向）がここで考慮されるべきものとなる[4]。

　次に2）教育内容の組織化に関しては、学校教育法施行規則で教育内容が各

学校段階で具体的に規定されている。たとえば小学校では、「教育課程は、国語、社会、算数、理科、生活、音楽、図画工作、家庭、体育及び外国語の各教科、特別の教科である道徳、外国語活動、総合的な学習の時間並びに特別活動」によって編成するとされる（ここでは、『小学校学習指導要領解説 総則編』（2017年）。なお、近年の道徳、外国語活動においての変更は前節でみた通りである）。そして３）授業時数については、「小学校（中略）の各学年における各教科、道徳、外国語活動、総合的な学習の時間及び特別活動のそれぞれの授業時数並びに各学年におけるこれらの総授業時数は、別表第一に定める授業時数を標準とする」（同第51条）とし、この表に示される授業時数をもとに年間・月間の指導計画や週案、日課表等が組まれることになる。

第２項 教育課程の編成と実施

（１）教育課程の編成

教育課程の編成においては、たとえば『小学校学習指導要領解説 総則編』（2017年）においてその手順の一例が示されている。それは、１）教育課程の編成に対する学校の基本方針を明確にする、２）教育課程の編成・実施のための組織と日程を決める、３）教育課程の編成のための事前の研究や調査をする、４）学校の教育目標など教育課程の編成の基本となる事項を定める、５）教育課程を編成する、そして６）教育課程を評価し改善する、である。教育課程は、実際のその編成段階において、学校の教育目標の実現を目指して指導内容を選択してそれを組織し、そのために必要な授業時数を定めて編成することになる。同解説ではそれは主に次の通りである。

まず、指導内容の選択に際しては、基礎的・基本的な知識及び技能と学校の教育目標を有効に達成するために重点を置くべき指導内容を明確にすることが求められる。さらに、各教科等の指導では基礎的・基本的な知識及び技能の確実な習得、思考力・判断力・表現力等の育成とともに個に応じた指導の推進、学校の教育活動全体を通じて行う道徳教育、体育・健康に関する指導での適切な指導、児童や学校、地域の実態に応じて各学校が行う総合的な学習の時間の適切な展開等が配慮すべき事項とされている。そして、指導内容として取り上

げた事項のまとめ方や重点の置き方を検討することが求められている。

　次に、このようにして選択した指導内容を組織するに当たって各教科等の間の指導内容相互の関連を図り、明確にすること、発展的・系統的な指導ができるように指導内容を配列し組織すること、各学年で合科的・関連的な指導に配慮すること等が必要とされる。そして、指導内容と関連して年間授業時数を、また、各教科等や学習活動の特質に応じて年間での学期・月・週ごとの各教科の授業時数を定める等の授業時数の配当を行うことになる。

（2）教育課程の実施

　教育課程と実際の教育活動の間には様々な指導計画が作られ、教育課程はそれらの計画をもとに具体化され、実施される。この中で、領域別、学年別に教育内容を配列、組織し、月ごとに指導内容を具体化し、教材・教具、指導上の留意点等が記載される各教科等の指導計画はその代表的なものである。

　一方、教育課程の実施においては個々の教員がそれを担うことになる。学校の教育活動は、学校・学年・学級で展開されており、編成された学校全体としての教育課程は、学年さらには学級での教育活動で具体的に実施されることになる。このことから、教育課程は本来、各学年で作成される学年経営案、各学級担任が作成する学級経営案とのつながりが求められることになる[5]。すなわち、学校として示した教育目標、組織配列された教育内容、配当された授業時数等について各学年でどう受け止め、教育活動として展開するのか、そして各教員はこれらを踏まえて自身の学級の子どもの発達段階や特性に応じて独自の具体的な教育目標・計画を立て、実施、展開するのである。

　ここで重要な点は、教育課程を実施する上での教員間の共同である。学校全体として編成された教育課程をもとに各学年・教科や部会、教員同士で共同しながら種々の指導計画等を立てたり、児童生徒の特性や課題に応じた授業や教材を開発したり、各学級での指導の調整を行う等が求められる。また、その際に校長は、教員による教育課程の実施が各学級・学年等で適切に行われるように指導計画や指導の調整を行ったり、人員等の諸資源を配分、調整したりすること等を通して教育課程の実施と運営を支援するとともに、教職員や地域住民

第11章　教育内容行政と教育課程経営

等のニーズや実態を把握しながら、学校が組織として円滑に教育活動が展開していくためのリーダーシップを発揮することが求められる。

第3項　教育課程の評価と学校改善

（1）教育課程の評価

　現在、教育課程の評価は、2017年公示の学習指導要領では、カリキュラム・マネジメントにおいて、「学校評価ガイドライン」（直近の改訂は2016年）で示されるように学校評価の枠組みに基づいて捉えられている[6]。学校評価は、自己評価と学校関係者評価、第三者評価を通じて学校が学校運営を改善してその教育水準の向上を図り、また説明責任を果たして保護者や地域住民等の理解と参画を得ながら学校づくりを進めていくことが目的とされる[7]。

　このうち自己評価は学校評価の基本的なものであり、校長のリーダーシップのもとで全ての教職員が、設定した教育目標や計画等の達成状況やそのための取り組みの適切性等について評価を行う。そして、その結果は保護者・地域住民等の学校関係者評価により評価されることになる。同ガイドラインでは「評価項目・指標等」の例を12分野に区分している。この中で「教育課程・学習指導」では、まず「各教科等の授業の状況」として、説明・板書等の教員の授業の実施方法、体験的な学習や問題解決的な学習、個に応じた指導、ICTを活用した授業、外部人材の活用・工夫等が、そして「教育課程等の状況」では、教育課程に関する教職員の共通理解、子どもの学力・体力の状況把握と取り組み、観点別学習状況の評価・評定、年間の指導計画・週案等の教育課程の編成・実施の管理等が、それぞれ例示されている。

　また、第三者評価は学校運営に関する外部の専門家による評価であるが、法令上その実施が義務づけられているわけではない。同ガイドラインでは「評価項目・観点」として大きく四つを提示し、この中の「授業等の状況」において教育課程、授業、特別支援教育等における評価項目等が例示されている。

（2）教育課程経営と学校改善

教育課程経営は、学校の教育目標の実現に向けて教育課程を編成、実施し、

177

それを評価し、その改善を図る組織的な一連のプロセスである。そして、教育課程の評価は、各学校の教育目標のもとで編成された教育課程がどのように実施、展開され、どのように効果を上げたのかを検証するものであり、全ての教職員が評価を実施することが重要である。また、この評価の段階では、保護者や地域住民等の意見がその後の種々の改善に反映されうるとともに、彼らの理解と協力を得て教育活動が実施、展開されていくことにもなる。

　これらを前述の学校での実際のプロセスで見れば、教員が授業をはじめとした教育活動を実施、展開する中で授業、単元、指導計画の評価と改善が行われ、それらを踏まえて教育課程の評価、さらには学校評価が実施され、そしてそこでの評価結果をもとにして改善に向けた取り組みや翌年度の教育目標・計画の作成に反映される等の学校改善に活かされていくことになる。

　佐古秀一は学校の組織特性を教員の強い裁量性に依拠した組織（個業型の組織）として捉えたが[8]、このことは学校が組織として教育活動を展開することを困難にさせる。こうした学校組織の特性に対して、教育課程経営は、学校の教育目標をすべての教職員が共有し、その達成に向けて教員の教育活動を系統的、組織的に展開させるとともに、全教職員で評価結果を共有して翌年度の教育目標、教育課程に反映させるものであり、それは、学校改善を組織的、継続的に促進させるという点でその意義は大きい[9]。

〈注〉

（1）中留武昭『学校改善ストラテジー』東洋館出版社、1991年、63頁。

（2）天笠茂『カリキュラムを基盤とする学校経営』ぎょうせい、2013年、24-25頁。なお、本書では、「教育課程」と「カリキュラム」の両者を原語と訳語という関係で、同義として捉えられている（ⅲ頁）。

（3）『小学校学習指導要領』第1章　総則　第1教育課程編成の一般方針。

（4）児島邦宏『教育学大全集12　学校経営論』第一法規出版、1982年、22-23頁。

（5）天笠、前掲書、60-64頁。

（6）山崎雄介「第4章　教育課程の経営と評価」山﨑準二編『教師教育テキストシリーズ　教育課程』学文社、2009年、では、教育課程経営における学校評価の意義と現状

第11章　教育内容行政と教育課程経営

での問題点が指摘されている（61-66頁）。

（7）文部科学省「学校評価ガイドライン〔平成28年改訂〕」2016年、2頁。

（8）佐古秀一・曽余田浩史・武井敦史「学校づくりの組織論」『講座現代学校教育の高度
化 第12巻』学文社、2011年、124頁。

（9）なお、たとえば、田村知子『カリキュラムマネジメント——学力向上へのアクショ
ンプラン——』日本標準ブックレット No.13、日本標準、2014年では、校長を中心と
するスクール・リーダーによる教育課程経営（同書では「カリキュラムマネジメント」
と表記）の方法について、事例校での実践をもとに分析し、具体的に論述されている。

〈推薦図書〉

天笠茂『カリキュラムを基盤とする学校経営』ぎょうせい、2013年。

田村知子『カリキュラムマネジメント——学力向上へのアクションプラン——』日本標準
ブックレット No.13、日本標準、2014年。

中留武昭・曽我悦子『カリキュラムマネジメントの新たな挑戦——総合的な学習における
連関性と協働性に焦点をあてて——』教育開発研究所、2015年。

第12章

教育の情報化政策と学校経営

第1節　「教育の情報化」とは

　本章では、主として初等中等教育分野における教育の情報化政策（主として国の政策）と学校経営について検討していきたい。

　「教育の情報化」は、主として以下の3領域で捉えられることが多い[1]。

1）情報教育：情報活用能力（情報リテラシー）や情報モラルなど、「高度通信ネットワーク社会」への参画に必要な能力や態度の育成に関するもの

2）教科指導におけるICT（Information and Communication Technology、情報通信技術）活用：ICTを効果的に活用した、分かりやすく深まる授業の実現に関するもの

3）校務の情報化：ICTを活用した情報共有による授業外のきめ細かな指導や、校務の負担軽減などに関するもの

　これらの領域は、学校環境の条件整備に関する「教育現場の情報化」と、ICTへの適応に関する「情報化に対応するための教育」の二つに大別され、それぞれ児童生徒の活用に関する視点と、教員の活用に関する視点が存在する。また、条件整備の内容に着目すると、PCやタブレット端末、デジタルテレビやプロジェクタなどの周辺機器をはじめとした「ハードウェア」、電子教科書やアプリケーションなどの「ソフトウェア」、ICT支援員やコーディネータなどの人的資源に関する「ヒューマンウェア」の3種別に分類可能である。以上を総括すると、図12-1のような関係性に整理できる。

181

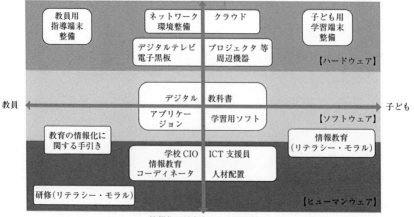

図12-1 「教育の情報化」に関する条件整備

出典：筆者作成。

第2節 「教育の情報化」政策の史的展開

　日本における「教育の情報化」が、教育課程全体へと広がりを見せる契機となったのは、1984（昭和59）年に発足した臨時教育審議会での議論である[2]。ここでは「教育の情報化」を「国際化・情報化等変化への対応」という形で教育改革の3原則の一つの柱と位置づけ、「情報活用能力の活用」「情報手段の活用」「情報モラルの確立」「情報の光と影（華やかな側面の裏にある落とし穴）への配慮」「教育の情報化への条件整備」などが提言された。情報処理教育の導入が議論された1967（昭和42）年の産業構造審議会以降、一部の専門的技術者を対象とした性格が強かったコンピュータの活用を、すべての学習者を対象とした点において大きな変化であった。その後「インターネット元年」とも称される1995（平成7）年以降はWindows95の普及拡大に伴うネットワーク活用と連動する形で、情報通信機器導入へのニーズが大きく高まることとなった。

　「教育の情報化」という概念が教育政策上明示的に用いられる端緒となった

のは、おおむね2000（平成12）年に始動した「ミレニアム・プロジェクト『教育の情報化』」に拠るところが大きい。省庁連携タスクフォースである「バーチャル・エージェンシー」のもとに、「2005（平成17）年度末を目標に、『全ての小中高等学校等』からインターネットにアクセスでき、『全ての学級』の『あらゆる授業』において、教員及び児童生徒がコンピュータ・インターネットを活用できる環境を整備する」ことを目標とするもので[3]、とりわけ重点項目として、（1）公立小中高等学校等のコンピュータ整備[4]、（2）公立小中高等学校等のインターネット接続[5]、（3）私立学校のコンピュータ整備・インターネット接続[6]、（4）公立学校教員の研修の実施[7]、（5）学校教育用コンテンツの開発[8]、（6）教育情報ナショナルセンター機能の整備[9]、などが提起され、ハードウェアや通信回線などの整備からソフトウェアやコンテンツ、人的資源にいたるまで網羅された計画であった。

　ミレニアム・プロジェクトが打ち出された2000年までの教育の情報化政策の動向を整理したものが表12-1である。

　一方、2001（平成13）年以降の教育の情報化政策を整理したものが表12-2である。2000年に制定された「高度情報通信ネットワーク社会形成基本法（「IT基本法」）」の規定に基づき、翌年内閣に設置された「高度情報通信ネットワーク社会推進戦略本部（IT総合戦略本部）」が策定した「e-Japan戦略」は、「超高速インターネット網の整備とインターネット常時接続の早期実現、電子商取引ルールの整備、電子政府の実現、新時代に向けた人材育成などを通じて、市場原理に基づき民間が最大限に活力を発揮できる環境を整備し、我が国が5年以内に世界最先端のIT国家となることを目指す」を目標として出発した[13]。本戦略については、2002年に出された「e-Japan重点計画2002」では、全公立学校のインターネット接続と教員のIT操作能力向上を通じた「学校教育の情報化」、約550万人を対象としたIT基礎技能講習を通じた「国民のIT活用能力の向上」、さらに「専門家の育成等」が成果として挙げられている[14]。以降、2003年からは「e-Japan戦略II」、2006年の「IT新改革戦略」へと引き継がれ、重点計画や工程表が策定されてきた。同年末の教育基本法改正に伴い、2008年以降は「教育振興基本計画」において具体的な整備目標が数値化され、各種の

表12-1 「教育の情報化」関連政策の変遷【2000（平成12）年まで】

西暦	「教育の情報化」関連	教育全般／情報化全般
1967	情報処理教育の導入（1970～）	→産業構造審議会
1984		臨時教育審議会発足（～1987）
1985	「情報化」に対応する人材の育成	←臨教審第一次答申
	情報化協力者会議	教育課程審議会（～1987）
	「教育方法開発特別設備費補助」（～1989）	←学校教育設備整備費等補助金
1986	「情報化に対応した教育に関する3原則」	←臨教審第二次答申
1987	「社会の変化（情報化）への対応」	←臨教審第三次・最終答申
1990	教育用コンピュータ整備計画（～1994）	→小3・中22・高23・特5台
	「情報教育に関する手引」	
1993		「高度情報化プログラム」（通産省）
1994	100校プロジェクト[10]（～1996）	
1996	新教育用コンピュータ整備計画（～1999）	→小22・中42・高42・特8台
	「情報化に適切に対応した教育の充実」	←「21世紀を展望した我が国の教育の在り方について」（中教審答申）
	「情報化の進展への対応」	←「教育改革プログラム」
	こねっとプラン（「1000校プロジェクト」）	→民間企業等によるICT教育支援
1997	新100校プロジェクト[11]（～1998）	
	「体系的な情報教育の実施に向けて（第1次報告）」	←情報化の進展に対応した初等中等教育における情報教育の推進等に関する調査研究協力者会議
1998	「教育の情報化推進事業（Learning Web Project）」（IPA、通産省）	学習指導要領告示
	「バーチャル・エージェンシー」（～1999）	
	先進的教育用ネットワークモデル地域事業（郵政省）	
	「公立学校におけるインターネットの利用について（通知）」	→インターネット接続率100％を目標
1999	eスクエア・プロジェクト[12]	
	「情報化による教育立国プロジェクト」	→校内LAN整備率100％を目標
2000	「教育革新と情報通信技術（ICT）」	←G8教育大臣会合
	ミレニアム・プロジェクト「教育の情報化」（～2005）	高度情報通信ネットワーク社会形成基本法（「IT基本法」）→IT基本戦略
	教育用コンピュータ整備計画（～2005）	→小42・中42・高42・特8台　普通教室各2・特別教室各6台

出典：「教育の情報化」関連の政府資料等を基に筆者作成。

第12章　教育の情報化政策と学校経営

表12-2　「教育の情報化」関連政策の変遷【2001（平成13）年以降】

西暦	「教育の情報化」関連政策	内容・備考
2001	e-Japan 戦略・e-Japan 重点計画	→ e-Japan 2002プログラムへ
2002	e-Japan 重点計画2002	高速インターネット接続100％を目標化
	新「情報教育に関する手引」	メディアリテラシー・情報モラル等
2003	e-Japan 戦略Ⅱ・e-Japan 重点計画2003	→ e-Japan 戦略Ⅱ加速化パッケージへ
2004	e-Japan 重点計画2004	
2005	IT 政策パッケージ2005	
2006	IT 新改革戦略 重点計画2006	目標：超高速インターネット接続100％ 可動式 PC40台、教員用 PC1人1台
2007	重点計画2007	学習指導要領改訂関連
2008	第1期教育振興基本計画	教育用コンピュータ1台当たりの児童生徒数3.6人 全教員の ICT 活用指導力育成教育 CIO の配置
	重点計画2008	地上デジタルテレビ放送への移行に伴う学校など公共施設のデジタル化 情報モラル教育の推進等
2009	スクール・ニューディール構想 「デジタル新時代に向けた新たな戦略 ～3ヶ年緊急プラン～」	普通教室や特別教室における地上デジタルテレビ、電子黒板等の配備
	i-Japan 戦略2015	双方向の授業体制の整備（電子黒板） 情報教育の充実(セキュリティ・モラル)
2009 2010	原口ビジョン（Ⅰ・Ⅱ）	「フューチャースクール」事業 デジタル教科書・教育クラウド等
2010 ～ 2013	フューチャースクール推進事業（総務省） 「教育分野における ICT 利活用推進のための情報通信技術面に関するガイドライン（手引書）」	モデル校20校（小10、中特10） タブレット、電子黒板、 教育クラウド、無線 LAN 等
2010	「新たな情報通信技術戦略」 （高度情報通信ネットワーク社会推進戦略本部）	ⅰ）教え合い学び合う双方向授業 ⅱ）教職員の負担軽減 ⅲ）21世紀型学校教育環境整備
	「教育の情報化に関する手引」	「情報教育」 「教科指導における ICT 活用」 「校務の情報化」等
2011	「教育の情報化ビジョン」	子ども一人1台の情報端末環境整備 実物投影機等の提示用機器整備 超高速の校内無線 LAN 環境 デジタル教科書・教材の供給 災害に備えた情報通信技術環境整備

185

2011〜2013	学びのイノベーション事業 （文部科学省） 「学びのイノベーション事業実証研究報告書」	モデル校20校（小10、中特10） →フューチャースクールと同一校 デジタル教科書、ICT指導法開発 ICT活用の教育効果検証等
2013	日本再興戦略——JAPAN is BACK——	21世紀型スキルの修得 2010年代に1人1台の情報端末による教育の展開 義務教育段階からのプログラミング教育等の推進
2013〜	世界最先端IT国家創造宣言	→世界最先端IT国家創造宣言工程表へ
2013〜2017	第2期教育振興基本計画	教育用PC1台当たりの児童生徒数3.6人 電子黒板・実物投影機の整備（1学級1台） 超高速インターネット接続率・無線LAN整備率100% 校務用コンピュータ教員1人1台の整備 地方公共団体に対し教育クラウドの導入 ICT支援員・学校CIOの配置
2014	教育のIT化に向けた環境整備4か年計画（〜2017）	4年総額6,712億円の地方財政措置
2014〜2016	先導的教育システム実証事業	教育クラウド導入の実証実験
2016	日本再興戦略2016	学習指導要領改訂関連 アクティブラーニング プログラミング教育必修化

出典：「教育の情報化」関連の政府資料等を基に筆者作成。

アクションプランの礎となっている。

　表12-1および表12-2の経緯を見てもわかるように、教育の情報化政策の特徴の一つは数値目標を伴った「ハードウェア」重視の資源配分で進められてきた点にある。1990（平成2）年度から実施された「教育用コンピュータ整備計画（第1次）」で初めて台数が具体的に示された設置目標を契機に、2000年度からの「教育用コンピュータ整備計画（第3次）」では小中高各42台・特別支援学校8台の設置目標に加え、初めて普通教室（2台）や特別教室（6台）への端末導入が提起された。同時期に示されたインターネット（ならびに校内

LAN）接続率100％などの政策目標とともに、この時期に策定された目標は現在も適用されている。

　教育の情報化政策のもう一つの特徴は、モデル校による実証実験方式を用いた資源配分の集中化にある。1994年に始動した「100校プロジェクト」は、初等中等教育におけるコンピュータ・ネットワークの有効性を検証する画期的な実験的試行の先駆けであった。以降、1997年の「新100校プロジェクト」、そして1999年の「ｅスクエア・プロジェクト」と形を変えながら、先端的なネットワークのあり方を検討する場を形成してきた。この他にも、通商産業省（当時）や郵政省（当時）の主導する各種の情報化推進事業や、「こねっとプラン」をはじめとした民間主導型のプロジェクトなど[15]、新たな展開を模索する事業が多数始動した時期でもあった。2000年代以降においても、総務省が実施する「フューチャースクール推進事業」と文部科学省が実施する「学びのイノベーション事業」が同じ対象校で相乗りする形でモデル事業を進め、得られた知見を報告書や手引きにまとめることで全国への展開普及をはかっている。

　では、現在の教育の情報化政策に伴う条件整備状況はどのようになっているのか、次節では第1節で整理した分類軸をもとに検討してみたい。

第3節　「教育の情報化」政策の現状

　本節では、文部科学省が1988（昭和63）年より毎年実施する「学校における教育の情報化の実態等に関する調査」の結果などをもとに、教育の情報化政策の現況について、「ハードウェア」「ソフトウェア」「ヒューマンウェア」の視点からそれぞれ検討していきたい。

第1項　「ハードウェア」に関する条件整備

（1）児童生徒の活用に関するハードウェア整備の状況

　児童生徒の活用に関するハードウェア整備で政策上最も重視されてきたのが、「教育用コンピュータ1台あたりの児童生徒数」である。現行では「第2期教育振興基本計画」で示されている「1台あたり3.6人」という数値が2017（平

成29)年度までの達成指標として規定されている一方で、図12-2を見ればわかるように2015年度時点での水準は「1台あたり6.2人」と、大きく乖離した状況にある。そもそも、数値目標が設定されるようになった1990年代後半から一度も目標値をクリアできたことがない上に、現行の水準はミレニアム・プロジェ

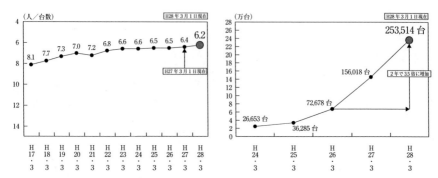

図12-2：教育用PC1台あたりの児童生徒数　　図12-3：タブレットPCの導入台数

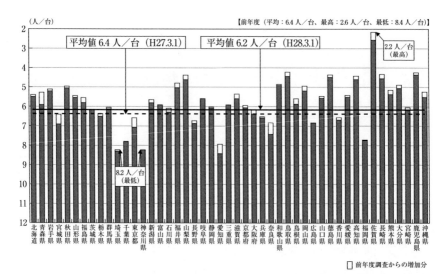

図12-4：平成26・27年度教育用PC1台あたりの児童生徒数（都道府県別）
出典：図12-2〜図12-14まで、文部科学省「学校における教育の情報化の実態等に関する調査」より抜粋。

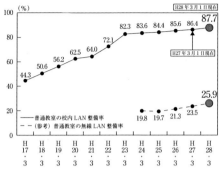
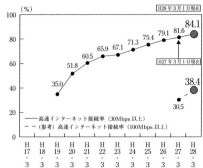

図12-5：普通教室の校内LAN整備率　　図12-6：超高速インターネット接続率

クト完成年度である2005年度の目標値であった5.4人にすらはるかに届いていない。初等中等教育の条件整備主体はあくまで地方公共団体であり、国が数値目標を設定しても実際には地方の政策的優先順位が高まらなければ整備は進まないが、図12-4からわかるように「1台あたり3.6人」の水準を超えたのは佐賀県のみであり、都道府県間にも3倍前後の格差が存在している。少子化に伴う児童生徒数の減少傾向にもかかわらず、教育用コンピュータの総数は約190万台前後でこの数年間横ばいになっており、結果的に状況の改善には至っていない。

近年はいわゆる「反転授業」の展開などもあいまって、児童生徒が専用の端末を家に持ち帰って学習する形態を実現するために「BYOD（Bring Your Own Device、個人用端末利用）」という考え方に基づき、佐賀県などが端末の個人購入による端末整備に踏み切った事例もあるが、少数に留まっている。

インターネットや校内LANの接続率においても、1998～99年頃に初めて100%を目指すとの目標が設定されて以降、今日まで一度も達成されたことはないものの、近年は超高速インターネット接続率も80%を超え、徐々に整備が進みつつある。校内LANを整備する普通教室のうち、無線LANを整備する教室の割合は29.5%で、この数年間緩やかな上昇傾向にある。

また、2006（平成18）年の「IT新改革戦略」で「可動式教育用コンピュータ40台、教員用コンピュータ1人1台の実現」が謳われて以降、これらの実現

手段としてタブレット型端末に注目が集まり、2010年のiPad発売や同時期に展開された「フューチャースクール推進事業」「学びのイノベーション事業」などのモデル事業におけるタブレットの活用などもあいまって、図12-3のようにタブレット型端末の導入は急速に進みつつある。教育用コンピュータ全体に占めるタブレット端末の割合は約13%であり、iPadが51,000台、Androidタブレットが約12,000台と、Windows以外のタブレット端末が約4分の1を占め、増加傾向にある。

（2）教員の活用に関するハードウェア整備の状況

教員の活用に関するハードウェア整備については、「授業における活用」と「校務における活用」の2側面が想定される。前者については、普通教室における指導用コンピュータの整備とともに、「電子黒板」や「実物投影機」などの周辺機器の整備が関係している。「第2期教育振興基本計画」では、「1学級あたり1台」の達成指標のもとに整備が進められ、現在は図12-7および図12-8に示すような状況となっている。

電子黒板については地上デジタル放送への移行に伴うテレビの買い替えなどの需要にも関連して2009（平成21）年度に展開された「スクール・ニューディール」政策などの影響もあり、2010年以降大幅な増加傾向にある。都道府県別の整備状況を見ても、図12-9のように多少の格差はあるものの、約80%の学校が

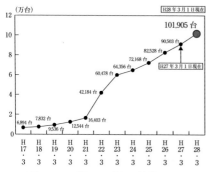

図12-7：電子黒板の整備状況

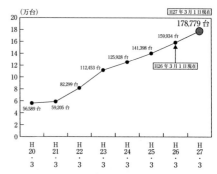

図12-8：実物投影機の整備状況

第12章　教育の情報化政策と学校経営

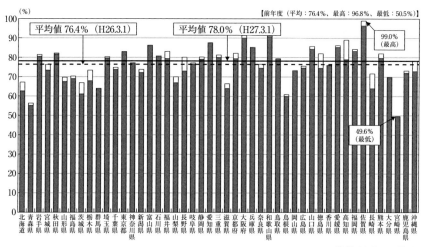

図12-9：平成25・26年度電子黒板のある学校の割合（都道府県別）

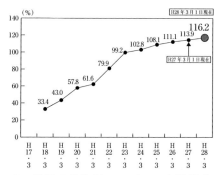

図12-10：教員の校務用コンピュータ整備率の推移

設置している状況にある。実物投影機についても電子黒板と同様に2010年以降増加傾向に転じている。

　次に教員用コンピュータの整備は、2000（平成12）年の「教育用コンピュータ整備計画」において初めて普通教室に各2台の配備目標が示され、2006年の「IT新改革戦略」以降は「教員用コンピュータ1人1台」に切り替えて配備が進められてきた。電子黒板などと同様に2010年以降は上昇に転じ、現在は図

191

12-10に示すように校務用コンピュータとして利用できる端末の割合は100％を上回る状況にある。いわゆる「教員1人1台」体制の実現という意味では目標はクリアできているものの、注意すべきは「校務用コンピュータ」という点にある。すなわち、「校務における活用」の観点では整備が進んだものの、「教員1人1台」が校務用のコンピュータ整備に焦点化された経緯もあって、「授業における活用」については後回しになっている状況がうかがえる。

第2項 「ソフトウェア」に関する条件整備

（1）児童生徒の活用に関するソフトウェア整備の状況

児童生徒の活用に関するソフトウェア整備については、「教科指導におけるICT」の観点においては児童生徒用の「デジタル教科書」や学習用ソフトウェア・アプリケーションの開発整備、インターネット上にこれらのデータやソフトウェアを保存管理する「教育クラウド」などが考えられる。また、「情報教育」の観点においては「情報活用能力（情報リテラシー）」「情報モラル」「情報セキュリティ」などの学習プログラムや教材などが考えられる。

まず前者の「教科指導におけるICT」の観点から確認してみると、児童生徒用の「デジタル教科書」については、2020（平成32）年の新しい学習指導要領（以下、新学習指導要領）の完全実施に向けてようやく議論が始まった段階である。2016年にまとめられた「デジタル教科書」の位置付けに関する検討会議の中間まとめによれば、「紙の教科書を主たる教材として使用することを基本としつつ、学習内容に応じて、教科の一部（単元等）の学習に当たって、デジタル教科書を紙の教科書に代えて使用する」ものであり、紙の教科書との学習内容（コンテンツ）の同一性を担保することで独自に検定を経る必要を無くすこと、義務教育諸学校において紙の教科書と同等の無償措置の対象とはみなせないが、可能な限り低廉な価格で提供できる工夫を検討すること、著作権の問題など新たに生じる課題への対応を検討することなどが挙げられている。また「教育クラウド」については、総務省と文部科学省が連携して2014（平成26）年度より進める「先導的教育システム実証事業」の成果をもとに作成した「クラウド導入ガイドブック」などにより、普及啓発への動きが進みつつある。ク

ラウド[16]は日常における利便性に貢献しているが、個人情報の保護をはじめとした学校現場独自の環境に適応するためには、情報管理の問題やリテラシーの向上など、課題はまだまだ山積している。

　続いて、後者の「情報教育」の観点であるが、1997（平成9）年に「情報化の進展に対応した初等中等教育における情報教育の推進等に関する調査研究協力者会議」がまとめた報告「体系的な情報教育の実施に向けて」においてはじめて提起された情報教育の目標の3観点（情報活用の実践力、情報の科学的な理解、情報社会に参画する態度）に基づく「情報活用能力」育成に向けて1998年版の学習指導要領から導入された教科「情報」について、新学習指導要領では情報科学をベースにした共通必履修科目の設置がワーキンググループによって提言されている。さらに、第一次安倍内閣に於ける成長戦略としての「日本再興戦略」や、第二次安倍内閣における私的諮問機関である教育再生実行会議の提言などにも繰り返し言及され、新学習指導要領の目玉の一つとも位置づけられる「プログラミング教育」について、2016（平成28）年の「小学校段階における論理的思考力や創造性、問題解決能力等の育成とプログラミング教育に関する有識者会議」が取りまとめた「小学校段階におけるプログラミング教育の在り方について」においては、人工知能やIoT（Internet of Things、インターネットを経由した身近な物の最適化）に伴う「第4次産業革命」を見据え、「自分が意図する一連の活動を実現するために、どのような動きの組合せが必要であり、一つひとつの動きに対応した記号を、どのように組み合わせたらいいのか、記号の組合せをどのように改善していけば、より意図した活動に近づくのか、といったことを論理的に考えていく力」、すなわち「プログラミング的思考」を育むためにアルゴリズム的問題解決や簡単なプログラム作成などが提言されている。

（2）教員の活用に関するソフトウェア整備の状況

　次に教員の活用に関するソフトウェア整備についてであるが、「教科指導におけるICT」の観点においては指導用デジタル教科書・教材の問題、「情報教育」の観点においては「情報活用能力（情報リテラシー）」「情報モラル」「情報セキュ

リティ」などの指導に関する問題、さらに「校務の情報化」の観点においてはグループウェアなど出欠管理や成績処理をはじめとした校務運用システムの問題などが挙げられる。

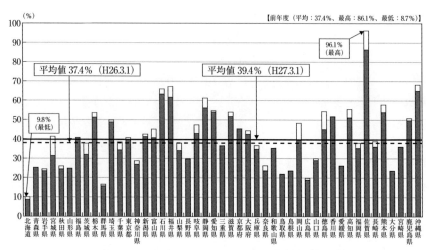

図12-11：平成25・26年度デジタル教科書の整備状況（都道府県別）

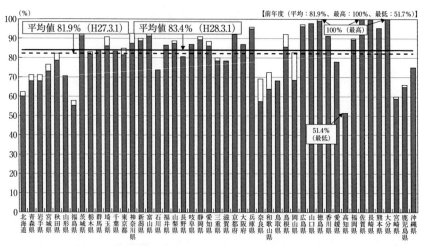

図12-12：平成26・27年度校務支援システムのある学校の割合（都道府県別）

第一に「教科指導における ICT」に関して、教員用デジタル教科書の整備状況を示したものが図12-11である。40％に満たない整備状況であり、電子黒板などハードウェアの整備状況に比べると格段に低い整備率となっている。

第二に「情報教育」の観点について、「情報モラル実践事例集（平成27年6月・文部科学省生涯学習政策局情報教育課）」や「インターネットトラブル事例集（平成27年度版・総務省）」など、手引きや事例集の形で教材の提供が進められつつある。

第三に「校務の情報化」についてであるが、図12-12の通り、8割以上の学校が校務支援システムを導入しており、複数の県が100％を達成している点に鑑みても、授業における活用に比べて整備が進んでいると解される。

第3項 「ヒューマンウェア」に関する条件整備

「ヒューマンウェア」に関する条件整備に関しては、教員の ICT 活用を支える人材の配置を通じて、児童生徒の学習支援に資するものが中心と考えられる。特に、「教員の ICT 活用能力」に関する観点と「教員の ICT 活用を支援する人材配置」に関する観点に大別可能である。

前者の「教員の ICT 活用能力」については、図12-13に示した通り、いずれの能力も年を追うごとに上昇傾向にあるものの、第1期教育振興基本計画から目標として設定されている「全教員が ICT を活用して指導できる能力の育成」の達成には至っていない。特に、「児童の ICT 活用を指導する能力」については上昇幅が小さく、「授業中に ICT を活用して指導する能力」とともに課題となっている。また、ICT 活用指導力の育成に関する研修受講率も38.3％と、全体の3分の1に留まる低い水準となっている。

後者の「教員の ICT 活用を支援する人材配置」に関しては、ICT 支援員と教育 CIO（Chief Information Officer、最高情報責任者）、教育情報化コーディネータの配置が挙げられる。いずれも「教育振興基本計画」や「教育の情報化ビジョン」などで導入が提起されたものである。ICT 支援員は、授業・研修・校務において教員と相談したり、指示を受けたりしながら、機器やソフトウェアの設定操作・指導・アドバイス、デジタル教材作成補助などの業務を行い、非常勤

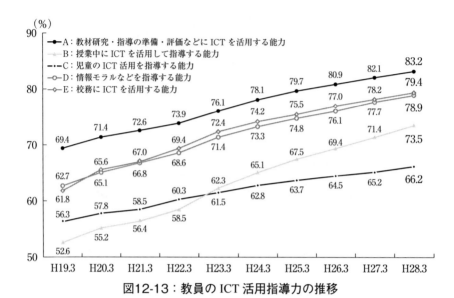

図12-13：教員のICT活用指導力の推移

職員や企業・NPO、地域ボランティア、地元学生などを想定している。教育CIOは教育の情報化を統括し、全体最適解（EA=Enterprise Architecture）の実現をはかる存在である。コーディネータはICT支援員の配置活用・研修に関する管理や調整、指導・助言などを行う存在である。具体的な達成指標が示されているわけでもなく、ハードウェアやソフトウェアの整備に比べると、最も整備が遅れている領域と言えよう。

第4節　学校経営にみる「教育の情報化」の影響と課題

本節では、前節までの整理をもとに、筆者が実施した現職教員を対象としたICT活用に関する実態調査[17]の結果と比較する形で、学校経営に見る「教育の情報化」の影響と課題について検討してみたい。

第1項　教員のICT活用における課題

図12-14は教員のICT活用指導力の内訳を示したものである。A-1からE-2ま

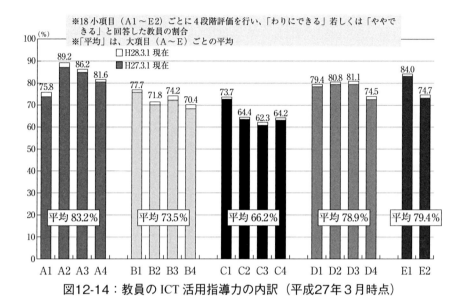

図12-14：教員のICT活用指導力の内訳（平成27年3月時点）

での質問項目は表12-3のチェックリストに基づくものである。結果を見るとおおむねいずれの項目においても高いパーセンテージを示しており、一見活発なICT活用が展開される素地があるようにも感じられる。しかしながら、この調査はICTを活用できるか否かを問うものであり、どれだけICTを活用して・い・る・かを表すものではない。あくまで仮定の状況で尋ねた意識調査を政策形成の基礎資料とするに留まらず、実際にどれだけ活用されているかを把握する必要があるものと考えられる。

表12-3のチェックリストに基づき、実際の活用頻度（1年間に占める活用日数の割合）について調査した結果が図12-15である。

「A：教材研究・指導の準備・評価などにICTを活用する能力」は、平均で36.4％、週あたり1.8日程度活用していることがわかる。同様に、「B：授業中にICTを活用して指導する能力」は週あたり平均1.2日程度、「E：校務にICTを活用する能力」は週あたり平均1.5日程度の活用状況にある。一方、「C：児童のICT活用を指導する能力」は年平均7日程度、「D：情報モラルなどを指導する能力」は年あたり2.2日程度しか実践されていない状況にあり、意識と

表12-3：教員のICT活用指導力チェックリスト

教員のICT活用指導力のチェックリスト（小学校版） 　ICT環境が整備されていることを前提として、以下のA-1からE-2の18項目について右欄の4段階でチェックしてください。	4 わりにできる	3 ややできる	2 あまりできない	1 ほとんどできない

A　教材研究・指導の準備・評価などにICTを活用する能力

A-1 教育効果をあげるには、どの場面にどのようにしてコンピュータやインターネットなどを利用すればよいかを計画する。 … 4 3 2 1

A-2 授業で使う教材や資料などを集めるために、インターネットやCD-ROMなどを活用する。 … 4 3 2 1

A-3 授業に必要なプリントや提示資料を作成するために、ワープロソフトやプレゼンテーションソフトなどを活用する。 … 4 3 2 1

A-4 評価を充実させるために、コンピュータやデジタルカメラなどを活用して児童の作品・学習状況・成績などを管理し集計する。 … 4 3 2 1

B　授業中にICTを活用して指導する能力

B-1 学習に対する児童の興味・関心を高めるために、コンピュータや提示装置などを活用して資料などを効果的に提示する。 … 4 3 2 1

B-2 児童一人一人に課題を明確につかませるために、コンピュータや提示装置などを活用して資料などを効果的に提示する。 … 4 3 2 1

B-3 わかりやすく説明したり、児童の思考や理解を深めたりするために、コンピュータや提示装置などを活用して資料などを効果的に提示する。 … 4 3 2 1

B-4 学習内容をまとめる際に児童の知識の定着を図るために、コンピュータや提示装置などを活用して資料などをわかりやすく提示する。 … 4 3 2 1

C　児童のICT活用を指導する能力

C-1 児童がコンピュータやインターネットなどを活用して、情報を収集したり選択したりできるように指導する。 … 4 3 2 1

C-2 児童が自分の考えをワープロソフトで文章にまとめたり、調べたことを表計算ソフトで表や図などにまとめたりすることを指導する。 … 4 3 2 1

C-3 児童がコンピュータやプレゼンテーションソフトなどを活用して、わかりやすく発表したり表現したりできるように指導する。 … 4 3 2 1

C-4 児童が学習用ソフトやインターネットなどを活用して、繰り返し学習したり練習したりして、知識の定着や技能の習熟を図れるように指導する。 … 4 3 2 1

D　情報モラルなどを指導する能力

D-1 児童が発信する情報や情報社会での行動に責任を持ち、相手のことを考えた情報のやりとりができるように指導する。 … 4 3 2 1

D-2 児童が情報社会の一員としてルールやマナーを守って、情報を集めたり発信したりできるように指導する。 … 4 3 2 1

D-3 児童がインターネットなどを利用する際に、情報の正しさや安全性などを理解し、健康面に気をつけて活用できるように指導する。 … 4 3 2 1

D-4 児童がパスワードや自他の情報の大切さなど、情報セキュリティの基本的な知識を身につけることができるように指導する。 … 4 3 2 1

E　校務にICTを活用する能力

E-1 校務分掌や学級経営に必要な情報をインターネットなどで集めて、ワープロソフトや表計算ソフトなどを活用して文書や資料などを作成する。 … 4 3 2 1

E-2 教員間、保護者・地域の連携協力を密にするため、インターネットや校内ネットワークなどを活用して、必要な情報の交換・共有化を図る。 … 4 3 2 1

出典：文部科学省「学校における教育の情報化の実態等に関する調査」より抜粋。

第12章 教育の情報化政策と学校経営

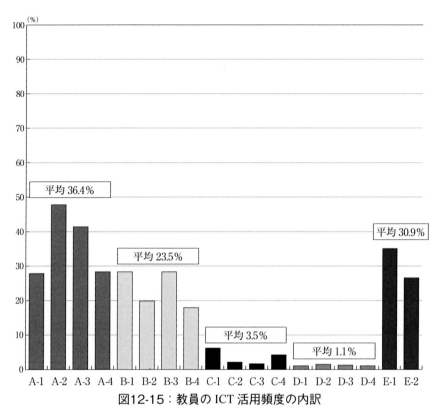

図12-15：教員のICT活用頻度の内訳

出典：筆者作成。

実践頻度に大きな隔たりがある。「やろうと思ったら活用できるが、実際にはあまり活用していない」のが現実と解されよう。

第2項　教員のICT活用環境の実態

　他の調査項目を分析すると、授業準備については週2.4日程度、校務には週2.7日程度と、比較的頻繁にICTが活用されているのに比べて、授業での利用は週1.3日程度、さらに普通教室での授業時のインターネット接続は月2.2日程度と、特に教室でのICT活用になると頻度が大きく下がる傾向にある。これは職員室と普通教室の環境の違いによるものが大きい。

職員室に自分専用の端末があると（回答した）教員は73.1％に対して、普通教室に自分専用の端末がある（と回答した）教員は35.8％にとどまり、19.4％が別室から運び入れる共用方式、さらに14.9％が自前で端末を持ち込む形をとっている。この結果は校務用コンピュータを優先配備してきた政策展開を傍証するものと解されるが、校務用コンピュータの大半はラップトップ型（ノート型）PC であることから、職員室での校務も普通教室での授業も可搬性の高い PC を相互移動することで展開可能と考えることもできる。しかし、実際には情報管理の問題などもあってそのような使用はほとんど行われていないのが実情である。

　また、インターネット接続に関しては、普通教室に LAN が配置されていると答えた教員は67.1％（無線 LAN は32.8％）に対して、自前のスマートフォンやルータなどを用いた「テザリング」で接続する教員が９％存在している。多くの普通教室にはネットワーク接続環境が備えられているにもかかわらず、月に１日前後しか使われていないのは、特に接続できる端末が手元に無いことに起因する問題が大きいことがわかる。さらに、自前の端末として iPhone を授業で利用していると回答した教員が22.4％存在しており、ネットワークの接続と端末の活用を容易に兼ねることのできるスマートフォンやタブレットの活用は ICT 活用の誘因となっている。

　周辺機器に関しては、普通教室へのデジタルテレビの配置は65.7％が常置されているのに対して、実物投影機の49.3％、電子黒板の46.3％、プロジェクタの58.2％が共用（別室移動）であり、実物投影機については4.5％が AppleTVや ChromeCast などの STB（セットトップボックス）を自前で用意し、タブレットやスマートフォンのカメラ機能と組み合わせてデジタルテレビに接続表示する形態をとっていると回答している。

　また、デジタル教科書の配備状況については、44.8％が導入されていると回答しており、算数が最も多い。さらに、教室内の掲示物など学級経営関連の図画や文書、授業で使用するワークシートやプリント類、指導要録や通知表など成績評価関連の資料作成は概ね30〜40％前後の教員が主に ICT を使わず手書きで行うと回答しているのに対して、学級通信などの通信連絡文書や会議資料

などは ICT を活用して作成している教員の割合が90％前後となっている。

　以上の結果を総括すれば、学校現場における ICT 活用を阻害している大きな要因は「普通教室における端末や周辺機器の常置」が実現できていない点にある。教育用コンピュータの配備台数がこの数年停滞しているのは、コンピュータ教室への配備が完了した時点で、普通教室への配備に高い優先順位を設定できる地方公共団体が少ない点が影響している。これは教育の情報化政策における資源配分のスタンスが、1980～90年代当初までの補助金による整備から、1990年代中盤以降の地方交付税措置に移行されたことによる影響も小さくない。

おわりに

　教育の情報化政策に関する資源配分が、無いものねだりで予算措置を要求するだけで解決するような問題ではないことは、従来の数値目標がほとんど達成されてこなかった状況からも看取できる。そこで手がかりと考えられるのは、教員が自前で進める ICT 活用へのアプローチである。従来は個人の端末持込や USB メモリなどによるデータの持出などに際して、厳しい規制やセキュリティロックを課すことで、「使わせない」「持ち込ませない」対応をとってきた。その一方で、児童生徒の携帯電話の使用や Twitter や LINE をはじめとした SNS（social networking service）など、「使わせない」だけでは対応しきれない課題については「いかに安全に使うか」を指導する方向性にシフトしてきた。情報化は草の根的に広がり、ネットワーク化していった経緯なども勘案すれば、公用と私用の機器を明確に区別する工夫などを通じて「使わせない」規制よりも「いかに安全に使うか」を考える基準作りを検討する必要があるだろう。

　もう一つの課題は ICT 活用や整備に伴う「属人性」である。調査結果を見ても利便性や必要性を自覚した活用意識の高い教員とそうでない教員には活用実態に大きな差が生じている。教育の情報化は多くのケースが特定の人物によって先導され、その人物が去ると同時に廃れる場合も少なくない。チームとして役割分担を図れるだけの能力と主体性を全教員に涵養することが重要であろう。

〈注〉

（1）詳細は文部科学省「教育の情報化ビジョン」（平成23年4月）などを参照。

（2）山形積治『学校教育の情報化指針』教育出版、1995年、3頁。

（3）詳細は文部省学習情報課「『ミレニアム・プロジェクトにより転機を迎えた『学校教育の情報化』――『総合的な学習』中心から『教科教育』中心へ――』」2000年7月を参照。

（4）2005年度末までに、全ての公立小中高等学校等（約4万校）について以下のような整備ができるよう、地方交付税措置を実施するものである。これにより、「児童生徒5.4人／台」の水準となる。①すべての「普通教室（学級）」に「各教室2台」、②その他の教室等（特別教室等）用に「各学校6台」（併せてプロジェクター等を整備することを想定）、③小学校の「コンピュータ教室」を「2人で1台」から「1人1台」体制に充実。

（5）2001年度末までに、全ての公立小中高等学校等についてインターネットへの「学校接続」ができるよう地方交付税措置を実施するもの。加えて、2004年度末を目標に、「校内ネットワーク（LAN）」機能の整備により、公立小中高等学校等の「教室接続」を推進するもの。

（6）2004年度末を目標に、私立の小中高等学校等が、公立学校と同程度の水準の整備を目指して、コンピュータ整備・インターネット接続を行えるよう、助成を行うもの。

（7）2001年度末までに、全ての公立学校教員（約90万人）がコンピュータの活用能力を身につけられるよう、研修を実施するもの。

（8）2005年度末までに、学校教育用コンテンツの構築手法の開発や、成果の普及等をはかるもの。

（9）2005年度末を目標に、全国的な視野から教育の情報化を推進する「教育情報ナショナルセンター」機能の整備を目指すもの。

（10）100校プロジェクト「ネットワーク利用環境事業」：1993年、通産省提言の政策プログラム。通産省と文部省が連携し、「初等中等教育において広域ネットワークを利用し、その教育効果を実証する」目的で、特殊法人の情報処理振興事業協会（IPA）と財団法人コンピュータ教育開発センター（CEC）の協同事業で行われた。1994年度募集、111校で1995年～1996年度実施。

（11）新100校プロジェクトは「国際化」「地域展開」「高度化」を柱とし、108校が参加したが、すべて100校プロジェクトの参加校であった。「新」というのは国の予算の都合で、便宜上の区分。

（12）100校・新100校プロジェクトの後を受け、全国の学校がインターネット利用教育を

実践するための支援プロジェクト。詳細は当該 Web サイト（http://www.cec.or.jp/es/E-square/）を参照。

(13) 詳細は首相官邸 Web サイト（http://www.kantei.go.jp/jp/IT/index.html）を参照。

(14) 詳細は、「e-Japan 重点計画2002」参照（http://www.kantei.go.jp/jp/singi/IT2/kettei/020618honbun.html）。

(15) これらの民間主導型事業に関しては、高見茂「地域教育機関のネットワーク化」平成7・8年度科学研究費補助金研究成果報告書『地方議会における公立諸大学の目的及び役割に関する審議内容の研究』平成9年3月、52〜54頁に詳しい。

(16) クラウドとは「クラウド・コンピューティング」の略称であり、ネットワーク上から情報資源を利用する形態を指す。利用形態にはインターネット経由でサーバー上に用意されたソフトウェア（アプリケーション／アプリ）や教材などのコンテンツを利用する「SaaS（Software as a Service）」、アプリケーションを利用するための環境全体（サーバーやオペレーティングシステムなど）を利用する「PaaS（Platform as a Service）」、サーバーやネットワーク機器などのハードウェア環境を総合したインフラ全体を利用する「IaaS（Infrastructure as a Service）」が存在する。Dropbox のようなストレージサービスや Office Online のようなアプリケーションサービス、AppStore やPlay ストアなどのスマートフォン・タブレット向けアプリケーションサービスなどがこれに該当する。

(17) 調査は、17市区町37小学校67名の現職教員を対象に実施したものである。

〈推薦図書〉

文部科学省『教育の情報化に関する手引』開隆堂出版、2011年。

総務省『教育分野における ICT 利活用推進のための情報通信技術面に関するガイドライン（手引書）』総務省情報流通行政局情報通信利用促進課、2013年版（小学校）、2014年版（中学校・特別支援学校）。

文部科学省『ICT を活用した指導方法〜学びのイノベーション事業　実証研究報告書より〜』文部科学省生涯学習政策局情報教育課、2014年。

文部科学省『児童生徒の健康に留意して ICT を活用するためのガイドブック』文部科学省生涯学習政策局情報教育課、2014年。

文部科学省『プログラミング教育実践ガイド』一般社団法人ラーン・フォー・ジャパン、2015年。

第13章

学校運営における保護者・地域住民の連携・協働と参加

第1節　当事者としての保護者・地域住民

　法律によって定義は異なるが、一般に「保護者」とは、親権を行う者や未成年後見人を指し、子どもに対して監護や教育を行う大人（父母、養親等）のことである[(1)]。日本国憲法に「親の教育権」についての規定はないが、民法第820条で「親権を行う者は、子の利益のために子の監護及び教育をする権利を有し、義務を負う。」と規定されるなど、わが子に対する親の自然法的な教育的権利があるものと解されてきた。保護者は就学義務を負い、わが子の教育に直接的に関与する存在である。そこで、PTAや「父母の会」のような、親集団としての学校運営への参加を重視する考え方が従来から見られ、その必要性が論じられてきたが、そのための具体的な制度は未整備であった。

　しかし、価値観の多様化や家族を取り巻く環境の変容が進み、家庭教育機能の低下が指摘される昨今では、保護者が集団としての一様な教育要求を表明して学校がそれを受け止めるという形は難しくなってきている。特に1990年代後半以降、保護者との関係や対応に困難を抱える学校や教職員が急増し、学校側がどうにも対応できない「イチャモン（無理難題要求）」の存在が注目された[(2)]。こうした「保護者対応」は教職員の職務に質量ともに影響を与え、メンタルヘルス不調の背景としても学校に対応を迫る課題となった[(3)]。

　後述のように、2000年代以降、保護者が学校運営に参加するための様々な仕組みが整えられるが、教育基本法改正時に第10条（家庭教育）が新設され、保護者は「子の教育について第一義的責任を有する」ことが明示されて、家庭教

育支援に関する行政の努力義務が規定された。これは、保護者が教育に関わる当事者であり、責任を果たすべき個人としての自主性が尊重され、自身が様々な課題を抱える場合も含めて地域社会を構成する一員としての役割が期待されたものと捉えることができよう。他方、地域住民についても、教育基本法第13条の新設により「教育におけるそれぞれの役割と責任を自覚するとともに、相互の連携及び協力に努めるもの」と規定された。保護者と同様に、地域における教育の当事者として期待され、その守備範囲は学校教育のみならず社会教育や家庭教育支援まで及ぶものである。つまり、学校に対する利己的な要求や教育への不信感を保護者や地域住民が一方的に表明して、対応にあたる関係者が疲弊するのではなく、まずは互いの立場を確認した上で理解や協力を深め、学校を拠点とした関係者の当事者性や信頼度を高めることを通じて地域の教育力を高めることが求められている。

このように、権利論としての保護者の学校参加の必要性から、保護者や地域住民が学校を取り巻く地域社会の構成員であるという意味での機能的な側面へと軸足が移動し、そのための制度や組織づくりがなされてきた。こうした流れの契機となったのが臨時教育審議会の第三次答申である。「学校の活性化のための新しい課題」の一つに、「学校は、家庭・地域社会などに対して努めて開かれたものとし、その教育について理解を得るようにするとともに、家庭・地域社会の建設的な意見をその運営に反映させるなどしてそれらとの連携を密にし、その教育力の向上にさらに努力する。」と示された[4]。この「開かれた学校」論はその後の教育改革の鍵的概念となり、各地で地域の実情に応じた取り組みが行われるようになる。

▲ 第2節　保護者・地域住民の学校運営への参加 ▲

臨教審の「開かれた学校」論以前にも、1971（昭和46）年の社会教育審議会答申「急激な社会構造の変化に対処する社会教育のあり方について」で、学校教育・家庭教育・社会教育の有機的な連携について生涯教育の視点から指摘されるなど、いくつかの審議会答申において「学校と地域の連携」が掲げられて

第13章　学校運営における保護者・地域住民の連携・協働と参加

きた。だが、保護者や地域住民に期待される役割は、学校施設開放の利用や子どもへの体験活動を通じた人材交流等が中心であり、従来型のPTAを除けば学校運営への参加制度の確立には至らなかったと言える。

　日本において学校運営への保護者や地域住民の参加が施策として展開されたのは、「学校評議員制度」（2000（平成12）年）、「学校運営協議会制度」（2004年）、「学校支援地域本部事業」（2008年）などである。このほかにも、学校評価における「学校関係者評価」には保護者や地域住民が関与するが、これについては第14章で述べられている。また、2007年の地教行法改正に伴い、教育委員に保護者を含むことが義務化されたが[5]、これについても第6章を参照いただきたい。本章では特に、学校運営に地域住民が参加する二つの制度と、学校の教育活動を地域住民が支援する事業を中心に検討し、これからの学校が目指す姿とされている「地域とともにある学校」についても考える。

第1項　学校評議員制度

　学校評議員制度は、1998（平成10）年の中央教育審議会答申「今後の地方教育行政の在り方について」を踏まえ、学校教育法施行規則の一部を改正（2000年1月改正、同年4月施行）して導入された。その趣旨は、地域住民の信頼に応え、学校・家庭・地域が連携協力して地域に開かれた学校づくりを推進するため、保護者や地域住民の意向を把握・反映し、その協力を得て、学校としての説明責任を果たしていくことにある[6]。

　中教審に対する諮問（1997年）においては、「今後の地方教育行政については、地域住民からの幅広い多様な要請にこたえ、地域住民に必要な協力を求めることが極めて重要」として、そのための仕組みづくりが求められた[7]。また、「地域や子どもの実態に応じて、学校の主体的な取組や創意工夫を凝らした特色ある学校づくり、保護者をはじめ地域住民等と連携する開かれた学校づくり等を推進することが必要」として、学校の自主性・自律性を確立する観点から地域における学校の在り方が問われていた[8]。

　これを受けた中教審による答申（1998年）では、学校と地域の在り方やそれを支える教育委員会の在り方に関する改善方策が取りまとめられた。その一つ

である学校評議員制度の導入について、「今後、より一層地域に開かれた学校づくりを推進するためには学校が保護者や地域住民の意向を把握し、反映するとともに、その協力を得て学校運営が行われるような仕組みを設けることが必要であり、このような観点から、学校外の有識者等の参加を得て、校長が行う学校運営に関し幅広く意見を聞き、必要に応じ助言を求めるため、地域の実情に応じて学校評議員を設けることができるよう、法令上の位置付けも含めて検討することが必要である。」と提案された[9]。

　加えて、同じ答申では地域の教育機能の向上の観点からも学校評議員に言及しており、「学校・家庭・地域社会の連携の推進」のための具体的方策として学校評議員を地域教育連絡協議会の構成員に加えることで、「学校区単位での教育行政に対する要望の把握とそれに基づく地域社会とのきめ細かな連携の促進に努めること」が期待されている[10]。つまり、学校評議員は、直接的には「学校の自主性・自律性の確立」に向けた「地域住民の学校運営への参画」の制度であるが、同時に「地域の教育機能の向上」もねらいとしており、特色ある学校づくりと地域コミュニティづくりの両方に寄与することが求められたものと言えよう。

　ところで、この時の学校教育法施行規則の一部改正においては、校長や教頭の資格要件の緩和、職員会議の位置づけの明確化等も行われたが、学校評議員に関しては次のように基本的事項が規定された[11]。すなわち、設置者の定めるところにより学校に学校評議員を置くことができ、その役割は、校長の求めに応じて学校運営に関する意見を述べることである。また、人選は、教育に関する理解及び識見を有する者（当該学校の教職員は除く）の中から、校長の推薦によって設置者が委嘱するとされている。

　つまり、学校評議員の設置は任意であり、人数や任期等については学校や地域の実情に応じて設置者が定めるとされ、実際の運用上の工夫については校長の権限と責任において行われる。本制度は、地域住民が学校運営に参画する仕組みとして新たに位置付けられたものである。しかし、あくまで校長の学校運営に関する権限と責任を前提とするため、学校評議員に求める意見の範囲や方法をいかに設定し、どのように反映させるのかは校長の手腕に委ねられる。ま

第13章　学校運営における保護者・地域住民の連携・協働と参加

た、保護者や地域住民が自ら参加できるものではなく、学校評議員自身が学校や地域コミュニティに対して明確な権限を持ち得るものではなかった。

そのため、制度導入から十数年で32,012校の公立学校（全公立学校の80.2％、2012年3月時点）に設置されたが、会合開催数が年3回以下と少ない学校が95％を超え、「地域の名誉職」[12] 等による個人的な動きになりやすく、実質的に形骸化しているという指摘がある[13]。また、近年では、後述の学校運営協議会を設置する学校においては学校評議員を廃止したり、学校評議員を学校関係者評価の委員に任命したりする等、複数の類似の仕組みを見定めながら活用する動きも見られる。もちろん、学校評議員の建設的な意見を学校運営に反映することで特色ある学校づくりができ、校長の相談役や地域とのつなぎ役として一定の役割を果たしている側面もある。文部科学省の「コミュニティ・スクールの推進等に関する調査研究協力者会議」の取りまとめにおいては、特に公立小中学校において、「学校評議員の機能化・活性化を促進し、学校運営協議会への移行を促す。」ことが提言されており[14]、今後も引き続き具体的な検討が行われるものと見られる。

第2項　学校運営協議会制度（コミュニティ・スクール）

学校運営協議会制度は、2000（平成12）年に教育改革国民会議が「新しいタイプの学校（"コミュニティ・スクール"等）の設置を促進する」[15] ことを提案したのを受け、中央教育審議会等での議論を経て、地方教育行政の組織及び運営に関する法律の一部を改正（2004年6月改正、同年9月施行）して導入された。その趣旨は、公立学校に対する地域住民や保護者のニーズが多様化・高度化する中で、開かれた学校運営を進めて地域に信頼される学校づくりを実現する観点から、地域住民や保護者等が一定の権限を持って学校運営に参画する合議制の機関としての学校運営協議会を、各教育委員会の判断で学校を指定して設置できるようにしたものである[16]。

学校運営協議会の設置については当初は任意であり、教育委員会によって指定された、学校運営協議会を置く学校が、「コミュニティ・スクール」（以下、CSとする）と呼ばれてきた。CSに設置される学校運営協議会は、学校の運営

209

について協議する機関であり、委員は当該学校の地域住民や保護者その他教育委員会が必要と認める者から教育委員会によって任命される。

　また、権限に関しては大きく３点あり、①校長が作成する学校運営の基本方針について承認すること、②学校運営について教育委員会や校長に意見を述べること、③教職員の任用について教育委員会に意見を述べること、である。教育委員会は、教職員の任用について述べられた意見を尊重し、学校運営協議会の運営に著しく支障をきたすような場合にはCSの指定を取り消す等、様々な手続きや学校運営協議会の運営に関して必要な事項は、教育委員会規則で定められる。

　学校評議員の場合と同様に、CS指定の可否は教育委員会の責任において判断されるが、一定の権限を有し法的根拠を持つ機関を設置できる本制度は、地域における学校運営の在り方の選択肢を拡げるものである。学校評議員が推薦・委嘱による個人であるのに対して、CSの委員は教育委員会の責任において人選・任命が行われ、身分は非常勤特別職の地方公務員となる。そのため、地域住民や保護者等への周知に努める等して学校運営に関わる適切な人材を幅広く求め、地域に密着した合議体としての意思形成が適切に行われるよう、研修等も含めた運営上の工夫が必要となる。

　この学校運営協議会制度の導入から10年以上が経過した2017（平成29）年、地教行法の一部が改正されて、学校運営協議会の役割の見直しが図られ、全ての公立学校がCSになることを目指して、学校運営協議会の設置が努力義務化された。CSの導入・推進状況は年々急速に増加しており、全国で3,600校（2017年４月１日時点）となった[17]。内訳は、幼稚園115園、小学校2,300校、中学校1,074校、義務教育学校24校、中等教育学校１校、高等学校65校、特別支援学校21校であり、その分布範囲は46都道府県に及ぶ。国の第２期教育振興基本計画では、CSを全公立小・中学校の１割（約3,000校）に拡大するとの推進目標が掲げられたが、これを達成したことになる。CSに類似する仕組みを持つ学校も相当数みられることから[18]、全国的にこうした機運が醸成されつつあることがうかがえる。

　CSの成果については、「学校と地域が情報を共有するようになった」「地域

210

第13章　学校運営における保護者・地域住民の連携・協働と参加

が学校に協力的になった」「特色ある学校づくりが進んだ」等のほか、教職員の意識改革や学力向上・生徒指導の課題解決の面でも成果が認められるとして、各地の好事例の紹介とともに CS の普及が目指されている[19]。たとえば、CS を基盤とした小中一貫教育において地域総ぐるみの教育活動を展開したり、CS を核として連携の推進体制を整え、教職員・地域住民・保護者が「熟議」を通して目標やビジョンを共有したりする等である。つまり、本制度はあくまでシステムであり、学校の実態や地域の実情に応じた学校運営について、当該関係者が共に議論するための土台を作る仕組みと言えよう。

　他方、CS の課題も存在する。地域住民の参画不足や協議の形骸化、負担感、予算面等、従来からも様々に指摘されてきたが、CS の導入・運営における近年の課題には、教育委員会や学校側の理解や実践経験の不足、財政負担や教職員の勤務負担、委員の育成や確保等が挙げられている[20]。また、CS 未指定の学校における課題認識として、CS に対する不要感（類似・既存制度との違いや成果が不明確）や、「任用の意見申し出で人事が混乱しないか、学校の自律性が損なわれるのではないか」等が挙げられている[21]。特に後者の権限に関わる部分への懸念が過剰な警戒感を生み、導入状況に地域的な偏りをもたらしていることも考えられる。こうした点への理解の促進や類似制度との関係も含めて、「学校・家庭・地域の連携・協働」の推進に向けて本制度をいかに活用するのか、関係者の課題意識を共有することが求められる。

　CS の今後の在り方については、教育再生実行会議の第六次提言で「全ての学校において地域住民や保護者等が学校運営に参画するコミュニティ・スクール化を図り、地域との連携・協働体制を構築し、学校を核とした地域づくり（スクール・コミュニティ）への発展を目指すことが重要」[22] とされ、CS の必置化が示された。これを受けて、2015年12月の中央教育審議会答申においても、「全ての公立学校がコミュニティ・スクールを目指すべきであり、学校運営協議会の制度的位置付けの見直しも含めた方策が必要」[23] としており、今回の CS 導入・推進の努力義務化はこうした流れを受けたものといえる。学校運営協議会には、学校運営への支援に関して関係者との連携・協力を推進するため、協議に関する情報を積極的に提供するよう努めるものとされた。また、学校運

営協議会の委員には、新たに地域学校協働活動推進員も追加されている。このように公立学校は「地域とともにある学校」への転換を求められており、持続可能な連携・協働体制の構築が不可欠である。各学校区の信頼関係を基盤として当該関係者の納得が得られるよう、教育委員会や学校に対する丁寧な支援も必要である。

第3項　学校支援地域本部事業

　学校支援地域本部事業は、地域ぐるみで学校運営を支援する体制を整備するために、いち早く各地で取り組まれた先行事例に基づき、2008（平成20）年度から文部科学省が事業化して全国展開が図られたものである。学校評議員や学校運営協議会のように直接的な法的根拠は持たないが、教育基本法第13条を具体化した方策である。その位置づけは、地域住民等によるボランティア活動の任意団体、いわば「学校の応援団」であり、換言すれば社会教育による学校支援である。

　こうした「社会総がかり」や「地域ぐるみ」による取り組みの必要性は、2007（平成19）年の第一次安倍内閣に設置された私的諮問機関である教育再生会議第二次報告[24]や内閣府に設置されている「重要政策に関する会議」の一つである経済財政諮問会議の方針[25]に盛り込まれ、その後の中央教育審議会で議論されてきた。2008年の答申では、「子どもたちを健やかに育むため、地域全体で学校を支えることができるよう、学校と地域との連携体制を構築し、学習支援活動や登下校の安全確保のための活動等、地域住民による積極的な学校支援の取組を促進することは、学校教育と社会教育の新たな関係を築いていくという意味からも重要」[26]として、学校を地域の拠点として社会全体で支援する取組を推進している。その背景には、地域における人間関係の希薄化等による「地域の教育力の低下」や、子どもを取り巻く状況が多様化する中で教員の勤務負担の軽減を図る必要があった。本事業のねらいは、①教員が子どもと向き合う時間の拡充、②社会教育による学習成果の活用、③地域の教育力の活性化、の3点であるが、地域住民による生涯学習の振興や地域の教育力の観点が盛り込まれているのが特徴と言える。

第13章　学校運営における保護者・地域住民の連携・協働と参加

　学校支援地域本部は、当初から全中学校区での整備が念頭に置かれたが、2015年8月時点で全公立小・中学校の約32％に相当する9,607校に設置されており、複数校で一つの本部を形成する場合もあるため、全国で4,146本部が存在する[27]。具体的には、学校と地域の橋渡し役の「地域コーディネーター」を置き、地域住民による「学校支援ボランティア」が学習支援・環境整備・登下校安全指導・学校行事支援等を行い、学校および地域の関係者で「地域教育協議会」を構成するという仕組みで、法的な資格要件や任務等は特に定められていない。要は、従来から見られた学校支援のボランティア活動を、学校側の負担を減らすべく恒常的な仕組みとして効率化したもので、「地域コーディネーター」を要として展開される活動である。

　ところで本事業は、当初3ヶ年は国の委託事業であったが、2011（平成23）年度からは補助事業である「学校・家庭・地域の連携協力推進事業」の一部として、複数事業を組み合わせる等各地域の実情に合わせた展開が可能となった。また、国の第2期教育振興基本計画では、全学校区で学校支援地域本部等の体制を構築することが成果指標に挙げられ、CSと両輪で進められてきた。さらに近年では、CSと学校支援地域本部事業は親和性が高いとして、その相乗効果への期待から、両者の一体的な取り組みが推進されている[28]。両者を有効に機能させ、役割分担や連携協力を図りつつ進めていくためには、「地域コーディネーター」の資質向上や地域住民等の参画の促進はもちろんのこと、学校組織としての総合的なマネジメントの強化が求められる。

◢ 第3節　「地域とともにある学校」とは ◣

　以上に見たように、特に2000年代以降、数々の施策を通じて保護者や地域住民による学校運営への参加制度が整備された。各地で自発的に行われてきた「教育コミュニティ」等も含めると、「学校と地域の連携・協働」が様々に展開され、行事や行動をともにする「参加」だけではなく、立案や決定に関わる「参画」や同じ目的に向けて協力して働く「協働」を求める形が進行している。これからの公立学校は、「開かれた学校」から一歩踏み出し、「地域でどのような子供

たちを育てるのか、何を実現していくのかという目標やビジョンを地域住民等と共有し、地域と一体となって子供たちを育む『地域とともにある学校』へと転換」[29] することが求められている。

　学校が「地域とともにある」とは、学校と地域が、互いの課題解決に向けて目標を共有し、対等な立場で相互補完的に活動する「パートナーとしての連携・協働関係」を築くことであり、学校改善や学校支援にとどまらず、「学校を核とした地域づくり」を推進することが期待される[30]。これがスローガンに終わらないよう、双方が当事者意識を高め、個別の体制にとらわれずに広い視野をもって日々の取り組みを積み重ねていくことが大切である。

　地域住民においては主体的な参画が不可欠となる。地域には、それぞれ多様な意思をもつ機関や団体、個人があり、学校に対する関心や可動範囲も様々である。積極的な人とそうでない人に偏りが生じることもあり、ボランティア活動で支えられる部分が多く、見通しをもった連携・協働体制づくりが難しい場合もある。さらに、コーディネーターの発掘や育成、資質能力の向上等も必要である。こうした地域住民の主体的な参画の促進や学習、ネットワーク化に向けては、社会教育行政における具体的な支援が鍵となる。

　他方、学校の側も、地域と連携・協働するための力量に対する感度を高める必要がある。CS に対する一般教員の関心の低さは以前から指摘されているが、地域との連携・協働は学校全体で取り組むべき職務である。「地域とともにある学校」の「マネジメント力」[31] の強化のためには、学校内で学校と地域をつなぐコーディネート機能の充実が重要となる。たとえば地域連携を担当する教職員を置くことも、「地域とともにある学校」への姿勢となるだろう。今後の方向性として、国は、従来からの活動を基盤として「地域学校協働本部」に発展させ、質の高い「地域学校協働活動」が行われる体制を全小・中学校区に整備するとしており[32]、さらなる機能の強化が求められている。

〈注〉

（1）たとえば、学校教育法では「子に対して親権を行う者（親権を行う者のないときは、

第13章　学校運営における保護者・地域住民の連携・協働と参加

未成年後見人）」、地方教育行政の組織及び運営に関する法律では「親権を行う者及び
未成年後見人」、子ども・子育て支援法では「親権を行う者、未成年後見人その他の者
で、子どもを現に監護する者」、少年法では「少年に対して法律上監護教育の義務ある
者及び少年を現に監護する者」などと定義されている。

（２）保護者の「イチャモン（無理難題要求）」については、小野田正利編著『イチャモン
研究会――学校と保護者のいい関係づくりへ――』ミネルヴァ書房、2009年などがある。

（３）文部科学省の教職員のメンタルヘルス対策検討会議「教職員のメンタルヘルス対策
について（最終まとめ）」（2013年３月29日）11頁では、校長は学校経営（約74％）に
次いで保護者への対応（約65％）に強いストレスを感じる頻度が比較的高く、特に大
規模校ほど保護者への対応にストレスを感じる割合が高いと報告されている。

（４）臨時教育審議会「教育改革に関する第三次答申」1987年４月１日、42-43頁。

（５）文部科学省「教育委員会の現状に関する調査（平成26年度間）」によれば、2015年３
月１日時点の教育委員への保護者の選任状況について、教育委員の中に保護者が含ま
れている教育委員会の割合は、都道府県・指定都市で98.5％、市町村で96.7％である。

（６）文部事務次官通知「学校教育法施行規則の一部を改正する省令の施行について」
2000年１月21日。

（７）中央教育審議会「今後の地方教育行政の在り方について」（諮問）（1997年９月30日）
では、教育委員会を中心とする地方教育行政の在り方を見直す視点として、「地域の特
性を生かした豊かで多様な教育を一層推進するとともに、社会の変化・進展への迅速
かつ積極的な対応を図る」ことや「学校・家庭・地域社会の連携を一層充実強化し、
地域に開かれた学校運営を更に進めていく」ことの必要性が述べられている。

（８）同上。

（９）中央教育審議会「今後の地方教育行政の在り方について」（答申）（1998年９月１日）
における「第３章　学校の自主性・自律性の確立について」の「６　地域住民の学校
運営への参画」で述べられている。

（10）同上、「第４章　地域の教育機能の向上と地域コミュニティの育成及び地域振興に教
育委員会の果たすべき役割について」の「２　地域の教育機能の向上」で述べられて
いる。

（11）学校教育法施行規則により、幼稚園、小学校、中学校、義務教育学校、高等学校、
中等教育学校、特別支援学校、に学校評議員を置くことができる。

（12）学校評議員の属性は、多い順に、自治会関係者、社会福祉施設・団体関係者、元PTA
役員、PTA役員、社会教育施設・団体関係者、等である。「コミュニティ・スクールの推
進等に関する調査研究協力者会議報告書」参考資料集（2015年３月）、38頁（2016年８月

10日確認）http://www.mext.go.jp/b_menu/shingi/chousa/shotou/103/houkoku/1356133.htm

(13) コミュニティ・スクールの推進等に関する調査研究協力者会議報告書「コミュニティ・スクールを核とした地域とともにある学校づくりの一層の推進に向けて」（2015年3月）、6頁。

(14) 同上、32-37頁。

(15) 教育改革国民会議報告「教育を変える17の提案」（2000年12月22日）では、「新しい時代に新しい学校づくりを」という発想のもと、特に、⑫「地域の信頼に応える学校づくりを進める」、⑬「学校や教育委員会に組織マネジメントの発想を取り入れる」、⑮「新しいタイプの学校（"コミュニティ・スクール"等）の設置を促進する」等の提案が行われた。

(16) 文部科学事務次官通知「地方教育行政の組織及び運営に関する法律の一部を改正する法律の施行について」2004年6月24日。

(17) コミュニティ・スクールの導入・推進状況（2017年4月1日確認）http://www.mext.go.jp/a_menu/shotou/community/shitei/detail/1386362.htm

(18) 文部科学省の2016年4月1日時点の調査では、学校運営に参画する会議体を置く公立小・中・義務教育学校のうち、①「コミュニティ・スクール」が2,661校、②「校長の作成する学校運営の基本方針を承認し、主体的に学校運営や教育活動について協議し、意見を述べる会議体がある」学校が3,107校（①を含む）、③「校長の求めに応じた意見聴取にとどまらず、主体的に学校運営や教育活動について協議し、意見を述べる会議体がある」学校が5,750校（①②を含む）、④「学校運営協議会（コミュニティ・スクール）をはじめ、学校ごと又は中学校区単位ごとに地域住民や保護者等が学校運営や教育活動について協議し意見を述べる会議体がある」学校が6,814校（①②③を含む）となっている。（2016年8月10日確認）http://www.mext.go.jp/a_menu/shotou/community/shitei/detail/1372303.htm

(19) 文部科学省パンフレット「コミュニティ・スクール2016地域とともにある学校づくりのために」。

(20) コミュニティ・スクールの推進等に関する調査研究協力者会議「コミュニティ・スクールの推進等に関する調査研究協力者会議におけるこれまでの審議の整理」2014年9月、3-4頁。

(21) 同上。

(22) 教育再生実行会議「『学び続ける』社会、全員参加型社会、地方創生を実現する教育の在り方について（第六次提言）」2015年3月4日、11頁。

(23) 中央教育審議会答申「新しい時代の教育や地方創生の実現に向けた学校と地域の連

携・協働の在り方と今後の推進方策について」、2015年12月21日、15頁。

(24) 教育再生会議第二次報告「社会総がかりで教育再生を」（2007年6月1日）において、「地域ぐるみの教育再生に向けた拠点をつくる」と提言されている。

(25) 経済財政諮問会議「経済財政改革の基本方針2007」（2007年6月19日閣議決定）において、「地域ぐるみの教育再生にむけた拠点づくり」が挙げられている。

(26) 中央教育審議会答申「新しい時代を切り拓く生涯学習の振興方策について～知の循環型社会の構築を目指して～」、2008年2月19日、25頁。

(27) 中央教育審議会答申「新しい時代の教育や地方創生の実現に向けた学校と地域の連携・協働の在り方と今後の推進方策について」参考資料、2015年12月21日（2016年8月10日確認）http://www.mext.go.jp/b_menu/shingi/chukyo/chukyo0/toushin/1365761.htm

(28) 前掲13、15-16頁。

(29) 前掲23、9-10頁。

(30) 同上。

(31) 中央教育審議会答申「新しい時代の教育や地方創生の実現に向けた学校と地域の連携・協働の在り方と今後の推進方策について」（2015年12月21日）では、地域とともにある学校としてのマネジメント力を、「目指すべきビジョンの達成に向かって、学校内の組織運営を管理することにとどまらず、地域との関係を構築し、地域の人材や資源等を生かした学校運営を行っていく力を指す」としている。

(32) 前掲23、50頁。

〈推薦図書〉

池田寛『地域の教育改革——学校と協働する教育コミュニティ——』解放出版社、2000年。

仲田康一『コミュニティ・スクールのポリティクス——学校運営協議会における保護者の位置——』勁草書房、2015年。

佐藤晴雄編著『コミュニティ・スクールの成果と展望——スクール・ガバナンスとソーシャル・キャピタルとしての役割——』ミネルヴァ書房、2017年。

社会教育行政研究会編『社会教育行政読本——「協働」時代の道しるべ——』第一法規、2013年

鈴木眞理・伊藤真木子・本庄陽子編著『社会教育の連携論——社会教育の固有性と連携を考える——』学文社、2015年。

第**14**章

学校評価・教員人事評価と学校改善

第1節　学校評価と学校改善

第1項　学校評価・学校改善の定義と関係性

（1）学校評価の定義

　学校評価の本質は、「学校に関する評価」（大浦猛）である。しかし、戦後の教育改革の中で制度が整備され、理論的にも整理されてきた学校評価は、評価の目的や領域、対象などの視点によって多様な側面を有するものである。その概念を大きく整理すると、学校経営評価と教育課程経営評価の二つに区分することができる[(1)]。

　学校経営評価に着目する論としては、まず高野桂一の論がある。高野は、「一般に『学校評価』と言うとき、学校教育の評価と学校経営の評価とが未分化であり、混在していると言われないだろうか。学校の評価はこの両面の活動の評価を含むものであり、必要性はその各々の機能面において考えなければならない」と指摘している[(2)]。また高野は、「学校経営評価を学校評価の意味と同義に用いることも否定し得ないとしながらも、狭義の教育条件づくり活動としての経営評価に一層着目すること」の必要性を説いている。また牧昌見は、「学校経営評価論」を展開し、「教育目標の具現化と経営評価はいわば表裏一体」のものであり、「学校経営評価というとらえ方の方が、学校評価よりも、その内容や方法を明確になしえる」と指摘している。吉本二郎は、「本質的な学校経営機能に即して重点化が図られなければ、学校評価と称する全域の網羅主義

219

によっては、せいぜい平板な実態把握が施されるに過ぎない。〔中略〕経営機能の評価を別個に重視した学校経営評価を検討すべき」であると指摘している。

　一方、教育課程評価に着目する論としては中留武昭のものがある。中留は、「広い意味での学校評価は教育活動と経営活動との有機的関連をもった概念であること、その意味を徹底すれば結局学校評価とは、教育課程経営の評価が中心、というよりそのものである」としている。

　このように戦後の「学校評価」に関する論を整理すると、1970年代は、学校経営評価か教育課程経営評価という二項対立的な図式であったが、1980年代は、学校経営評価で一旦収束したとされている。しかし、1990年代以降は、「学校」の「評価」と取られる局面は多元化しているので、「学校に関する評価」（大浦猛）という考えを基に、「学校評価は、内部構造を評価主体と評価領域の関係で整理して初めてシステムの形で全体構造を示したものとして特筆される。このような全体をシステムとしてとらえる事態が到来している」[3]と堀内孜は指摘した。その意味で、「学校評価は、一つのまとまりをもった、計画的・組織的教育を行うために設けられた個々の学校が、その機能をどの程度十分に果たしているかを、学校教育の目的・目標の達成度という観点から明らかにし、その結果に基づき、学校が行う活動全般についての改善を図ることを目的として、学校の在り方とその活動全体を対象として行う総合的評価」であるとした幸田三郎の定義に着目すべきであると言える。

　しかし、幸田の組織体としての個々の学校全体にわたって、学校教育の目的や目標に照らして教育機能の達成度を総合的・客観的に評価し、その結果に基づいて改善方策を樹立する一連の過程という定義は「あるべき学校評価」としては示唆的であるが、これが成り立っていない中で適用を図ろうとすると困難に直面すると木岡一明が指摘するように[4]、まずは学校評価を学校内で機能させるための条件を整備していくことが重要である。

（2）学校改善の定義

　学校改善とは、「教育目標を効果的に達成することを究極的なねらいとして、学校の全体的な教育力を向上させるために、学習環境として影響力をもつ諸条

第14章　学校評価・教員人事評価と学校改善

件の改善を目指して行われる体系的で継続的な活動」である。つまり、改善の対象は学校の内外にわたって広範であり、改善の努力が具体的・組織的・継続的で、改善の成果が学校全体の改善につながる活動を学校改善と言うができる[5]。

このような視点に立ち、高野は、「学校経営診断」という考えを提示して、「学校改革－改善論と戦後台頭した学校評価論や学校経営評価論とは、今日、なお体系的に関連づけられていないが、その点の整理が今後の課題である」と指摘している。そして、学校改善を導くには単なる評価に止まらない診断的掘り下げと、学校評価と学校改善の関係を体系化することの必要を説いて、『実践学校経営診断』をとりまとめた[6]。

このように学校評価を学校改善に結びつけることが、学校評価を学校内で機能させる上での重要な視点と言える。

（3）学校評価の目的としての学校改善

わが国において、学校評価の目的は、学校教育法施行規則において、次の3点にまとめられている。第一に、各学校が、自らの教育活動その他の学校運営について、目指すべき目標を設定し、その達成状況や達成に向けた取り組みの適切さ等について評価することにより、学校として組織的・継続的な改善を図ること。第二に、各学校が、自己評価及び保護者など学校関係者等による評価の実施とその結果の公表・説明により、適切に説明責任を果たすと共に、保護者、地域住民等から理解と参画を得て、学校・家庭・地域の連携協力による学校づくりを進めること、第三に、各学校の設置者等が、学校評価の結果に応じて、学校に対する支援や条件整備等の改善措置を講じることにより、一定水準の教育の質を保証し、その向上を図ることである。

すなわち、学校評価は、学校の組織的・継続的な改善を図ることが目的と言える。そして学校には、学校評価の結果を公表、説明することで、説明責任を果たすと共に学校・家庭・地域の連携協力による学校づくりを推進し、設置者はその学校づくりを支援するために、学校評価に基づいた改善措置を講じることが求められている。このように、学校が行う学校評価を軸にして、家庭・地

域の連携・協力と設置者の改善措置との相互関係を踏まえて、学校改善の在り方を考えていくことが重要であると言える。

第2項　学校評価の概要

（1）法制化以前の学校評価

　現在の学校において実施されている学校評価は、2007（平成19）年の学校教育法及び同施行規則の改正により制度化されたものである。しかし、日本においても戦後改革期の頃から繰り返し学校評価の必要性が論じられ、前述したように、様々な論が展開され、また様々な実践が試行錯誤されてきていたが、学校現場には浸透してこなかった経緯がある[7]。

　戦後の学校評価の展開の歴史は、大きく四つの時期に区分することができる[8]。第1期は1950年代前後である。この時期は、科学的手法に基づく教育行政の確立、新教育の導入で混乱した新制学校の整備、地域社会に根ざした民主的学校づくりなどを進めるために文部省（当時）が積極的に学校評価の導入に関わった時期である。戦後教育改革のまっただ中で、荒廃し混乱した日本の教育を立て直すための諸方策を模索する中で、具体的改善方策を解明する大きな希望を託された方策が学校評価であったと指摘されている[9]。この時期に出されたものの代表的なものが、文部省『中学校・高等学校学校評価の基準と手引（試案）』（1951（昭和26）年）である。しかしアメリカの学校評価の翻訳で日本の実情に合わなかったことなどから、「学校評価ブーム」が沈静化していく。

　第2期は1950年代中頃である。この時期の代表的な論としては、学校評価を学校の「組織編成の評価」と「管理運営の評価」に限定した林部一二の論[10]があるが、全体としては学校評価に関する論が少なく、「学校評価ブーム」の停滞を覆ることは出来なかった。その理由としては、学校評価に対する理解の不徹底、評価基準の煩雑性、「勤評」や「学テ」に象徴される教育行政の変質による民主的ムードの退潮などがあると指摘されている[11]。このほか、幸田による、当時の教職員に対する労働条件の劣悪さや教職の専門性確立に対する無自覚という点、高野による、学校評価導入の他律性や経営活動と教育活動の

第14章　学校評価・教員人事評価と学校改善

評価の未分化という点、永岡順による、地方作成の評価基準における地域や学校の特性への配慮の欠落や伝統的な成行管理や法的管理の現実支配という点などの理由もある[12]。

　第3期は1965年前後の時期である。この時期は学校評価が再び見直され、経営学ブームが巻き起こった時期である。その背景としては、学習指導要領の実施状況への関心と、一般経営学の影響による学校経営の合理化への着目と教職の専門職論に基づく自律的教師像の追求の結果という二つの側面があると指摘されている[13]。この時期の活動に影響を与えたものは、学校経営コンサルティング研究会である。テーラー主義に基づく学校経営近代化運動を起こし、「学校経営のチェックリスト」を開発した。その成果等を幾つかの書籍にまとめている[14]。またこの時期の代表的な論者には幸田、伊藤和衛、高野がいる。三者は、学校経営近代化論を基礎として、マネジメントサイクル理論を下敷きに理論を構築している点で共通性がある。しかし、次のような違いもある。幸田は、企業経営学からの影響によって学校評価再検討の機運が高まったと捉えながらも、専門職論に基づいて教師の自主性に重きを置いていた。伊藤は、教育現場と連携して学校経営標準化の試行を重ねつつ企業診断を参考にしながら立論し、学校経営の合理化を目指した。高野は、幸田、伊藤の視点に、教育効率の評価と経営効率の評価との識別と統合の必要性を示唆し、人間関係論をもとにして教師のモラール向上に重きを置き学校経営合理化を追求した。なお、この時期の代表的なものに、東京都教育委員会が編集した『学校評価の基準──学校評価基準とてびき（小・中・高）』（1965～67年）がある。

　1973（昭和48）年から始まる第4期は、学校経営の評価に集約された時期である。たとえば、中留は、教育活動と経営活動の有機的関連を徹底するならば「教育課程経営の評価」こそが学校評価であるとした。牧は、「教育目標の具現化と経営評価はいわば表裏一体」と捉え、学校評価から「学校経営評価」への転換という方向性を提示した。学校評価の組織的典型に着目して各評価組織の機能的連関を強調し、より動態的な評価過程を示唆する論議を、吉本二郎、高野桂一、堀内孜が提示した。吉本は、学校経営の責任を強調し経営計画との関連の重要性を示唆した。永岡は、地域教育経営の視点から計画論の緻密化を図

223

りつつ、学校評価のフィールドフォアード機能を重視した。

この時期は、地方自治体の教育センター等での研究が積極的に行われた時期でもある。たとえば、北海道立教育研究所の『学校を活性化する実践学校評価のすすめ方』(第一法規、1984年) などがある。しかし、このような実践的な研究も見られたが、全国的には一部の動きであり、定着したものではなかった。その要因としては、「教職員の間に学校評価が合理的・民主的に成立する基盤を欠いているという認識が少なからず存する。実践に有効な構造的・総合的な評価基準が開発されてこなかった。様々に行きわたった評価を統合する学校評価システムが未確立である」ということがあったと指摘されている[15]。具体的には、学校に対する諸基準の規制によって学校の独自性発揮の余地が乏しいこと、学校が行政依存・慣習依存の体質をつくりあげ学校評価の必要性と責任を自覚してこなかったこと、「学校の自己評価」原則が一方で、学校の消極的態度が教育委員会の主導性発揮ということを生じさせたことなどが挙げられる。

(2) 法制化の背景

では、なぜ2000年代に入り、改めて学校評価が注目されたのか。その理由として木岡は次の点を指摘している[16]。第一に、中央教育審議会の「今後の地方教育行政の在り方について」の諮問において学校評価問題が取り上げられたことである。その検討を受けて、1998 (平成10) 年9月に答申「今後の地方教育行政の在り方について」が発表された。この答申では、地方分権及び規制緩和の一環として学校の自主性、自律性の確立などが打ち出された。そして、学校 (校長) の裁量権拡大に伴う学校の経営責任の明確化、保護者や地域住民に対する説明責任と絡んで学校の自己点検・評価とその結果の公表が盛り込まれた。

第二に、学習指導要領の改訂である。2000 (平成12) 年2月の教育課程審議会 (当時) が学習指導要領の定着状況という観点から学校点検・自己評価の実施を「学校の責務」として位置づけたことで、教育課程の実施状況を把握するという観点が強調された。

第三に、学校不信の問題である。いわゆる「学級崩壊」などの問題から、内

224

第14章　学校評価・教員人事評価と学校改善

閣総理大臣の私的諮問機関の教育改革国民会議（1999（平成11）～2000（平成12）年）においても学校に対する信頼関係の在り方が議論され、外部評価を含めた評価制度の確立が提言された。

　第四に、2002（平成14）年2月中教審答申「新しい時代における教養教育の在り方について」においても、確かな基礎学力を育てるための取組をより実効あるものとするためには、絶えずその成果を検証することが重要であるとして、そのために各学校において、学校の教育活動の自己点検・評価に取り組む必要があると提言された。このような教育行政や学校教育を取り巻く状況の変化に加えて、行財政改革における新公共経営論（New Public Management; NPM）の考え方の導入も学校評価を推進する要因となった。新公共経営論とは、従来の伝統的な官僚システムからの転換を図り、成果主義や顧客主義、市場主義などを基本的な原理にした考え方である[17]。伝統的官僚システムでは、法令や規則による管理を行っていたが、新公共経営論によるシステムでは、業績や成果によって管理するシステムへの転換を図ろうとしている。このため、業績や成果を把握するための評価が重要となったのである。このような考え方は公的部門である学校教育にも当てはめられ、イギリスやニュージーランドの諸外国においても、監査（inspection）や評価（review）などとして導入、整備されていった。日本でも、許認可や基準行政を中心とした「事前の管理」から、「結果の管理」や「事後の評価」への転換という方向性が示され、アカウンタビリティ（説明責任）を果たすこととの関連で、学校評価への関心が高まった。

（3）学校評価制度の導入の経緯

　2000（平成12）年12月に教育改革国民会議が「教育を変える17の提案」を発表した。この中で、「地域の信頼に応える学校づくりを進める」という項目の中で、「（1）保護者は学校の様々な情報を知りたがっている。開かれた学校をつくり、説明責任を果たしていくことが必要である。目標、活動状況、成果など、学校の情報を積極的に親や地域に公開し、学校は、親からの日常的な意見にすばやく応え、その結果を伝える。（2）各々の学校の特徴を出すという観点から、外部評価を含む学校の評価制度を導入し、評価結果は親や地域と共有

225

し、学校の改善につなげる。〔後略〕」という提案を行った。

　その後、文部科学省が作成した「21世紀教育再生プラン」(2001年)、や内閣府に設置された総合規制改革会議の「規制改革の推進に関する第1次答申」(同年）の提言を受けて、小学校等における自己評価等及び情報の積極的な提供に関する規定を盛り込んだ「小学校設置基準及び中学校設置基準」を2002年3月に制定した。同基準の第2条「自己評価等」において、下記に示す通り、自己評価の目的、項目、結果の公表等について規定されている。合わせて第3条「情報の積極的な提供」において、説明責任を果たす観点から、各学校や地域の状況等に応じて、教育活動その他の学校運営の状況について、保護者や地域住民等に対し積極的に情報を提供することを規定している。なお、中学校、高等学校、幼稚園等についてはこの規定が準用された。

　第2条　自己評価等
・小学校等においては、それぞれの学校や地域の状況等に応じて、適切な方法により教育活動その他の学校運営の状況について自ら点検及び評価（以下「自己評価」という。）を行い、その結果を公表するよう努めること。この場合、学校の状況に応じて適切な校内体制を整えるなど、校長のリーダーシップの下、全教職員が参加して学校全体として評価を行い、教育活動その他の学校運営の改善を図ることが重要であること。
・自己評価を行う対象としては、例えば、学校の教育目標、教育課程、学習指導、生徒指導、進路指導等の教育活動の状況及び成果、校務分掌等の組織運営等が考えられること。
・自己評価を行うに当たっては、学校の教育目標等を踏まえ、適切な項目を設定し、それに応じて評価を行うこと。
・自己評価を行うに当たっては、その評価結果を教育活動その他の学校運営の改善に活用できるよう、年間を通じて計画的に行うことが望ましいこと。
・評価結果の公表方法については、各学校において、例えば、学校便りの活用や説明会の開催、インターネットの利用など、多くの保護者や地域住民等に公表することができるような適切な方法を工夫すること。
・学校や地域の状況等に応じて、自己評価だけではなく、保護者や地域住民等を加えて評価を行ったりする工夫も考えられること。その際、学校評議員制度を

第14章　学校評価・教員人事評価と学校改善

導入している場合には、その適切な活用も考えられること。
・小学校等の設置者や都道府県の教育研究所、教育センター等の関係機関においては、各学校で適切な評価が行われるよう、その内容、方法、公表の在り方等について、不断に研究開発を行うことが望ましいこと。

　小学校設置基準では、自己評価の実施とその結果の公表による説明責任を果たすという観点が重視されていたが、内閣府が発表した「経済財政運営と構造改革に関する基本方針」（2005年）の中では、自己評価に加えて、外部評価の実施と結果の公表や第三者評価の実施などが提案された。このような流れの中で公表されたものが、中教審答申「新しい時代の義務教育を創造する」（2005年）である。同答申において提言されたことを整理したものが、図14-1-1である。新しい時代の義務教育においては、国の役割をインプットの整備とアウトカムの検証とし、その検証のために学校評価システムを位置づけるという形での構造改革を目指すことが提言されたのである。
　小学校設置基準等の制定に伴い、2006（平成18）年3月には『義務教育諸学校における学校評価ガイドライン』が作成され、市区町村立の義務教育諸学校

　義務教育システムについて、
　　①目標設定とその実現のための基盤整備を国の責任で行った上で、
　　②市区町村・学校の権限と責任を拡大する分権改革を進めるとともに、
　　③教育の結果の検証を国の責任で行い、
　義務教育の質を保証する構造に改革すべきである。〔答申より〕

図14-1-1　義務教育の構造改革
出典：中央教育審議会答申「新しい時代の事務教育を創造する」パンフレット、2005年。

（小、中、中等教育学校前期課程、盲聾養護学校の小・中学部）の学校評価に関する内容がまとめられた。

そして、2007年に学校教育法及び同施行規則の改正が行われ、学校評価及び学校の積極的な情報提供について下記の通り規定された。これらを整理すると、第一に教職員による自己評価を行い、その結果を公表すること、第二に保護者などの学校の関係者による評価（学校関係者評価）を行うとともにその結果を公表するよう努めること、第三に自己評価の結果・学校関係者評価の結果を設置者に報告することと言える。

学校教育法
（第42条）
　「小学校は、文部科学大臣の定めるところにより当該小学校の教育活動その他の学校運営の状況について評価を行い、その結果に基づき学校運営の改善を図るため必要な措置を講ずることにより、その教育水準の向上に努めなければならない」
（第43条）
　「小学校は当該小学校に関する保護者及び地域住民その他の関係者の理解を深めるとともに、これらの者との連携及び協力の推進に資するため、当該小学校の教育活動その他の学校運営の状況に関する情報を積極的に提供するものとする。」
　（幼稚園（第28条）、中学校（第49条）、義務教育学校（第49条の8）、高等学校（第62条）、中等教育学校（第70条）、特別支援学校（第82条）にそれぞれ準用）

学校教育法施行規則
（第66条）
　小学校は、当該小学校の教育活動その他の学校運営の状況について、自ら評価を行い、その結果を公表するものとする
2　前項の評価を行うに当たっては、小学校は、その実情に応じて，適切な項目を設定して行うものとする。
（第67条）
　小学校は、前条第1項の規定による評価の結果を踏まえた当該小学校の児童の保護者その他の当該小学校の関係者（当該小学校の職員を除く。）による評価を行い、その結果を公表するよう努めるものとする。

第14章　学校評価・教員人事評価と学校改善

（第68条）

　　小学校は、第66条第１項の規定による評価の結果及び前条の規定により評価を
　行った場合はその結果を、当該小学校の設置者に報告するものとする。

　　（幼稚園（第39条）、中学校（第79条）、義務教育学校（第79条の８）、高等学校（第
　104条）、中等教育学校（第113条）、特別支援学校（第135条）にそれぞれ準用）

　そして、この法改正に合わせて2006年のガイドラインを改訂し、『学校評価
ガイドライン〔改訂〕』（2008年）を策定した。この改訂では、高等学校もガイ
ドラインの中に位置づけられたこと、自己評価において目標の重点化を行い学
校評価の事務負担軽減をはかり学校評価の実効性を高めること、従来の外部評
価を学校関係者評価に改め評価者に保護者を加えること、学校評価結果を設置
者へ報告することにより人事・予算上の支援・改善策が講じられることなどが
強調された。

　また2008年に発表された「教育振興基本計画」においても、「学校評価シス
テムを充実し、その結果に基づく学校運営の改善を促す」という文言が盛り込
まれ、より一層の学校評価の充実が重要な政策課題となった。

　内閣に設置された教育再生会議（2006年10月〜2008年１月）では「社会総が
かりで教育再生を・第三次報告」（2007年）、「社会総がかりで教育再生を・最
終報告」（2008年）が発表され、学校現場の自主性を高めるシステムの一つと
して第三者評価を提言した。

　2010（平成22）年には学校評価ガイドラインの改定が行われ、『学校評価ガ
イドライン〔平成22年改訂〕』が発表された。同ガイドラインでは、基本的事
項は変更せず、学校の第三者評価の在り方に関する記述が盛り込まれた。

　しかしその後は、地域とともにある学校づくりの視点から、学校評価の拡充
整備が提言されていくこととなる。2011（平成23）年７月に発表された、学校
運営の改善の在り方等に関する調査研究協力者会議の『子どもの豊かな学びを
創造し、地域の絆をつなぐ〜地域とともにある学校づくりの推進方策』では、
推進目標の一つとして、「今後の学校運営の必須ツールとして、すべての学校
で実効性ある学校関係者評価を実施」することを設定し、学校関係者評価が学
校と地域の人々とのコミュニケーション・ツールとして、かつ学校運営改善の

229

ツールとして実施されるよう裾野を拡大することを提言している。

　この提言を受けて文部科学省は、学校評価の実施に伴う負担感の軽減、学校評価の結果に基づく学校運営改善への教育委員会の支援、その他学校評価の実質化のために必要となる事項を検討するために、同協力者会議に学校評価の在り方に関するワーキンググループを設置した。同ワーキンググループは、自己評価を含む学校評価の現状と課題を整理し、全ての学校で実効性の高い学校評

表14-1-1　学校評価制度の導入の経緯

年号	
1998	中教審答申「今後の地方教育行政の在り方」
2000	教育改革国民会議「教育を変える17の提案」
2001	文科省「21世紀教育再生プラン」
2001	総合規制改革会議「規制改革の推進に関する第1次答申」
2002	中教審答申「新しい時代における教養教育の在り方について」
2002	文科省「小学校設置基準及び中学校設置基準」
2005	内閣府「経済財政運営と構造改革に関する基本方針」
2006	文科省「義務教育諸学校における学校評価ガイドライン」
2007	教育再生会議「社会総がかりで教育再生を・第三次報告」
2007	文科省「学校教育法」及び「同施行規則」改正
2008	教育再生会議「社会総がかりで教育再生を・最終報告」
2008	文科省「学校評価ガイドライン〔改訂〕」
2008	文科省「教育振興基本計画」
2010	文科省「学校評価ガイドライン〔平成22年改訂〕」
2011	学校運営の改善の在り方等に関する調査協力者会議「子どもの豊かな学びを創造し、地域の絆をつなぐ～地域とともにある学校づくりの推進方策」
2012	学校運会の改善の在り方等に関する調査協力者会議　学校評価の在り方に関するワーキンググループ「地域とともにある学校づくりと実効性の高い学校評価の推進について」
2015	文科省「学校教育法」及び「同施行規則」一部改正
2016	文科省「学校評価ガイドライン〔平成28年改訂〕」

出典：著者作成。

第14章　学校評価・教員人事評価と学校改善

価を推進するために必要な取り組みについて検討し、2012（平成24）年３月に
『地域とともにある学校づくりと実効性の高い学校評価の推進について』をとりまとめた。

　2015（平成27）年６月には学校教育法の一部を改正する法律及び学校教育法施行規則の一部を改正する省令が出され、義務教育学校並びに小中一貫型小学校及び小中一貫型中学校の制度が創設された。これを受けて、小中一貫教育の実施に当たっての学校評価の在り方について検討が行われ、小中一貫教育を実施する学校における学校評価の留意点等を盛り込んだ『学校評価ガイドライン〔平成28年改訂〕』（以下、「ガイドライン」と表記）が2016（平成28）年３月に公表された。

（4）学校評価の制度[18]

　わが国の学校評価制度には、自己評価、学校関係者評価、第三者評価がある。それらの関係性を整理すると図14-1-2となる。

　自己評価は、学校評価の最も基本となるものであり、校長のリーダーシップ

表14-1-2　学校評価の三つの形態

	内容	法令上の位置づけ	
自己評価	各学校の教職員が自ら行う評価	実施の義務 評価結果の設置者への報告の義務	公表の義務
学校関係者評価	保護者、地域住民等の学校関係者などにより構成された評価委員会等が、自己評価の結果について評価することを基本として行う評価	実施の努力義務（実施した場合）評価結果の設置者への報告の義務	公表の努力義務
第三者評価	学校とその設置者が実施者となり、学校運営に関する外部の専門家を中心とした評価者により、自己評価や学校関係者評価の実施状況も踏まえつつ、教育活動その他の学校運営の状況について専門的視点から行う評価	実施者の責任の下で、第三者評価が必要であると判断された場合に行うものであり、法令上、実施の義務や実施の努力義務は課されていない	

出典：著者作成。

231

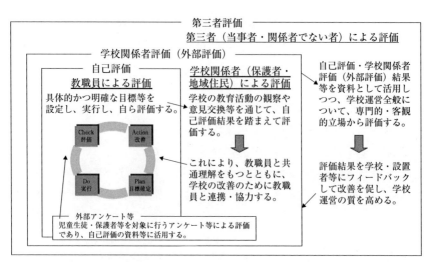

図14-1-2 学校評価の実施手法
出典：『学校評価ガイドライン〔改訂〕』文部科学省、2008年、47頁。

の下で当該学校の全教職員が参加し、設定した目標や具体的な計画等に照らして、その達成状況や達成に向けた取り組みの適切さについて評価を行うものである。自己評価の評価項目及び評価指標等の設定に当たっては、短期的あるいは中期的な重点目標等の達成に向けた具体的な取り組みなどを評価項目として設定する。あるいは、評価項目の達成状況や達成に向けた取り組みの状況を把握するために必要な指標を設定するなど、必要に応じて、指標の達成状況等を把握したり、評価するための基準を設定することが重要である。具体的な評価項目及び指標についてはガイドラインにおいて表14-1-3が提示されている。これらを参考に各学校は必要と判断する評価項目及び指標を設定することが重要である。

　学校関係者評価は、保護者や地域住民などの学校関係者等が、自己評価の結果を評価すること等を通じて、自己評価の客観性・透明性を高めるとともに、学校・家庭・地域が学校の現状と課題について共通理解を深めて相互の連携を促し、学校運営の改善への協力を促進することを目的として行われるものであ

第14章　学校評価・教員人事評価と学校改善

表14-1-3　自己評価項目

教育課程・学習指導	○各教科等の実施状況 ・説明、板書、発問など、各教員の授業の実施状況 ・視聴覚機器や教育機器などの教材・教具の活用　など ○教育課程等の実施状況 ・学校の教育課程の編成・実施の考え方についての教職員間の共通理解の状況 ・児童生徒の学力・体力の実施状況を把握し、それを踏まえた取り組みの状況　など
キャリア教育(進路指導)	・学校の教職員全体として組織的にキャリア教育（進路指導）に取り組む体制の整備状況 ・児童生徒の能力・適正等の理解に必要な個人的資料や、進路情報についての収集・活用　など
生徒指導	○生徒指導の状況 ・学校の教職員全体として生徒指導に取り組む体制の整備の状況 ・問題行動への対処状況　など ○児童生徒の人格的発達のための指導の状況 ・自ら考え、自主的・自律的に行動でき、自らの言動に責任を負うことができるような指導の状況 ・保護者と連携協力して基本的な生活習慣を身につけさせることの工夫の状況　など
保健管理	・児童生徒を対象とする保健に関する体制整備や指導・相談の実施状況 ・家庭や地域の保健・医療機関等との連携の状況　など
安全管理	・学校事故等の緊急事態発生時の対応の状況 ・家庭や地域の関係機関、団体との連携の状況　など
特別支援教育	・特別支援学校や特別支援学級と通常の学級の児童生徒との交流及び共同学習の状況 ・医療、福祉など関係機関との連携の状況　など
組織運営	・校長など管理職の教育目標等の達成に向けたリーダーシップの状況、また他の教職員からの信頼の状況 ・校務分掌や主任等が適切に機能するなど、学校の明確な運営・責任体制の整備の状況　など
研修（資質向上の取り組み))	・授業研究の継続的実施など、授業改善の取り組みの状況 ・校内における研修の実施体制の整備状況　など

教育目標・学校経営	○教育目標の設定と自己評価の実施 ・児童生徒や学校の実態、保護者や地域住民の意見や要望を踏まえた学校としての目標等の設定の状況 ・学校の状況を踏まえ重点化された短（中）期な目標等の設定の状況　など ○学校関係者評価の実施状況 ・「外部アンケート等」を除き、保護者その他の学校の関係者による主体的・能動的な評価が年1回以上定期的に実施されているかなどの実施状況 ・学校関係者評価が自己評価の結果を踏まえたものとなっているかどうかの状況　など ○学校に対する児童生徒・保護者の意見・要望等の状況 ・児童生徒・保護者の満足度の把握の状況 ・教育相談体制の整備状況、児童生徒・保護者の意見や要望の把握・対応状況　など
情報提供	・学校に関する様々な情報の提供状況 ・学校公開の実施の状況　など
保護者、地域住民等との連携	・学校運営へのPTA（保護者）、地域住民の参画及び協力の状況 ・地域住民から寄せられた具体的な意見や要望の把握・対応の状況　など
教育環境整備	○施設・設備 ・施設・設備の活用（余裕教室、特別教室等の活用を含む）状況 ・設置者と連携した施設・設備の安全・維持管理のための点検の取り組みの状況　など ○教材・教具等 ・設置者と連携した教材、教具、図書の整備の状況 ・設置者と連携した学習、生活環境の充実のための取組状況

出典：文部科学省『学校評価ガイドライン〔平成28年改訂〕』2016年、51-56頁より筆者作成。

る。すなわち、学校、家庭、地域を結ぶ「コミュニケーション・ツール」として活用を図ることが重要である。そのため、アンケートへの回答や自己評価結果についての単なる意見交換などの受動的な評価ではなく、評価者の主体的・能動的な評価活動が重要なのである。

　そこで重要となるのが学校関係者評価を行う学校関係者評価委員会の構成である。ガイドラインにおいては、当該学校に在籍する児童生徒の保護者を評価

者に加えることが基本となっている。義務教育学校の場合は、前期課程及び後期課程の双方の保護者を加えることも基本としている。また、小中一貫型小学校及び中学校においては、学校関係者評価委員会を両校横断的な組織とし、小学校及び中学校双方の保護者を加えることが望ましいとしている。このほかには、次のような関係者が例示されている。

- ・学校評議員　　　　　　　　・地域住民や地元企業関係者
- ・青少年健全育成関係団体　　・警察の関係者
- ・接続する他段階の学校の教職員　・大学の研究者

　第三者評価とは、自己評価や学校関係者評価に加え、学校評価全体を充実する観点から評価をおこない、学校の優れた取り組みや今後の学校運営の改善につなげるための課題や改善の方向性を提示する取り組みである。この点から第三者評価の目的は、学校運営の改善に資することと言える。第三者評価については、法令上の実施や努力義務は課されていないので、具体的な実施体制については、地域や学校の実情等に応じて、柔軟に対応することが可能である。実施方法としては、一つ目に学校関係者評価の評価者の中に、学校運営に関する外部の専門家を加え、学校関係者評価と第三者評価の両方の性格を併せ持つ評価を行うこと、二つ目に中学校区単位などの一定の地域内の複数の学校が協力して、互いの学校の教職員を第三者評価の評価者として評価を行うこと、三つ目に学校運営に関する外部の専門家を中心とする評価チームを編成し、評価を行うことなどが例示されている。これらはそれぞれにメリットとデメリットがあるので、各学校や教育委員会が学校や地域の実情から適切な方法を選択することが重要である。

　第三者評価の評価者としては、次のような人たちが想定されている。

- ・教育学等を専門とする大学教授等（教育学部等や教職大学院の教授等）
- ・校長経験者や指導主事経験者など、学校運営に関与した経験のある者
- ・教育委員会の指導主事・管理主事、他の学校の教職員等、学校の教育活動等に造詣の深い者
- ・学校運営に関する知見を有する民間研究機関等の構成員
- ・PTAや青少年団体など学校と地域の連携に取り組んでいる団体の統轄団

体の役員など、学校と地域の連携に関する知見を有する者

・組織管理に造詣の深い企業や監査法人等の構成員

　評価項目としては、表14-1-4に示したものが例示されている。この中から重点化を図り、評価項目を設定することが重要である。

（5）学校評価の現状と課題

　2014（平成26）年度の学校評価実施状況調査において、学校関係者評価は、国公私立学校では、85.7％実施していることが明らかとなっている。しかし、学校種別で見た場合、国立学校、公立学校共に95％が実施している一方で、私立学校では44.8％となっており、国公立と私立学校の差があり、私立学校での活用という点に課題があるとされた。

　また、同実施状況調査において、学校評価の効果として、学校運営の組織的・継続的改善に効果（大いに効果があった、効果があったの合計）があったかに

表14-1-4　第三者評価の評価項目

組織運営等の状況	・学校の組織運営の状況 ・学校と設置者の連携の状況 ・目標設定と自己評価の状況 ・学校関係者評価の状況
授業等の状況	・教育課程等の状況 ・授業の状況 ・特別支援教育の状況 ・教職員の研修の状況
指導・管理の状況	・生徒指導の状況 ・児童生徒の人格的発達の状況 ・保健管理の状況 ・安全管理の状況 ・キャリア教育（進路指導）の状況 ・部活動の状況
家庭・地域との連携協力の状況	・学校に対する児童生徒・保護者の意見・要望等の状況 ・学校に関する情報提供の状況 ・保護者・地域社会との連携の状況

出典：文部科学省『学校評価ガイドライン〔平成28年改訂〕』2016年、58-62頁より筆者作成。

第14章 学校評価・教員人事評価と学校改善

ついては、自己評価では94.4％、学校関係者評価では91.6％という結果であった。しかし、詳細に見ると、大いに効果があったと回答している割合は、自己評価で20.2％、学校関係者評価では13.7％となっており、より学校評価の実効性を高めるための取り組みが必要であると言える。

　平成23年度の学校評価実施状況調査の結果では、評価項目や評価指標の設定、教職員の多忙感、評価結果の活用が、自己評価において課題や困難を抱えている上位三つの項目となっている（図14-1-3）。このように、学校評価の根幹に関わる、評価項目や評価指標の設定、評価結果の活用という点が課題となっていることは、学校評価を普及させていく上では重要な問題と言える。また学校評価の実施自体が教職員に多忙感を与えている点も問題である。学校評価に関わるデータや資料の収集、分析等の作業負担を軽減していくとともに、学校評価を改善に結びつけ、学校評価の有用感を持たせていくための手立てを考えていくことが重要である。

第3項　学校改善に資する学校評価制度の構築に向けての展望と課題

　学校評価とは、「学校に関わる事項（特性や雰囲気を含む）に対する一定の価値判断」である、と木岡は定義している[19]。その上で、その学校評価の内、「学校全体の在り方の変化を触発するポテンシャル（潜在的なエネルギー）」が現実の力を発揮した時に、学校組織開発[20]のための方略に学校評価がなる」と指摘している。では、学校組織開発のための方略に学校評価をしていくためにはどうしたらいいのであろうか。

（1）実効性の高い学校評価

　学校の課題が発見され、改善に結びつき、その結果として学校に対する保護者や地域住民の理解や信頼が高まることに学校評価を活用していることを実効性の高い学校評価と言うことができる。このためには、目標の重点化、マネジメントサイクルの運用、組織的な実施体制の三つが重要であるとされている。

　野村総合研究所が行った調査では、目標の共有、プロセスの設計、チームワークの三つの要素（図14-1-4）がバランス良く構築されている学校ほど、実効性

237

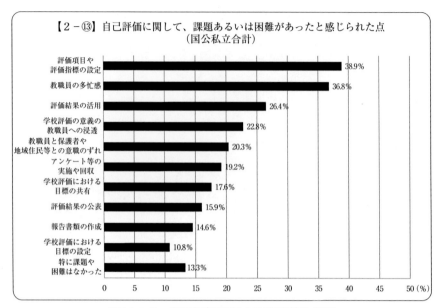

図14-1-3　自己評価に関する課題等の認識

出典：文部科学省、『学校評価実施状況調査平成23年度』より引用

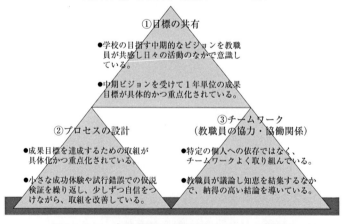

図14-1-4　自己評価を機能させる三つの要素

出典：野村総合研究所『学校関係者評価の充実・活用に関する調査研究報告書』2011年。

第14章　学校評価・教員人事評価と学校改善

の高い学校評価が行われ、学校評価の成果実感が高いことが明らかとなっている[21]。このように目標を重点化した上で共有化し、マネジメントサイクルを設計した上で、全教職員が参画する仕組みを構築することが重要であると言える。

　またこのような仕組みを円滑に進めていくためにも、根拠データや資料に基づいた仕組みをつくることが重要である。このような考え方は現在の政策決定や行政の在り方においても重視されている考え方である。学校評価においても、なぜその内容でその方向性に向かって進むのかということを共通理解して進んでいくために、根拠となる多様な根拠データや資料を常に収集、整理し、分析しながら「見える化」[22]をして、根拠に基づいた学校評価にしていくことが重要である。

（2）設置者による支援体制の整備

　自己評価及び学校関係者評価は、設置者である教育委員会に対して報告することが、義務及び努力義務となっている。教育委員会は、学校からの評価結果の提出を受け、それを踏まえた予算措置等の学校への支援、改善等の条件整備を行うことが重要である。そのためには、行政サイクルと学校評価サイクルの連動を意識した体制の整備が必要である。

　また、学校評価の実効性を高めていくためには、自己評価や学校関係者評価に関わる評価者の知識や評価能力の向上も重要である。そのための研修等の機会を提供することも設置者の支援として重要である。

　そして、各学校において学校改善に取り組む際には、評価結果に基づいた指導主事等による指導・助言も重要となる。

　ガイドラインにおいても「学校評価を進めるに当たり、各教育委員会に置かれる指導主事は、学校に対しては指導・助言を行うとともに、教育委員会内においては評価結果に基づく支援・改善のための取り組みを立案・推進する重要な役割を担う」[23]として、指導主事の学校評価に関する知識や資質の向上の研修の充実と、学校等への指導・助言等の役割を円滑に遂行できるような環境整備の必要性を指摘している。

239

（3）新しい教育施策に対応した学校評価の構築

　小中一貫型の小中学校や義務教育学校、またコミュニティ・スクールの拡大、あるいは中学校区を単位としたコミュニティ・スクールの展開、地域や保護者の学校への参画の促進、新たな専門性を有した職種の配置など新たな教育施策が矢継ぎ早に展開されている[24]。これらの動きはこれまでの一つ学校内で行われてきた学校評価の在り方や、学校関係者評価の在り方等に影響を与えると言える。

　今後は複数の学校での評価活動の在り方やそこでの教職員、保護者、地域住民の関わり方、そしてそれらを統括する学校長のリーダーシップなどの在り方も検討する必要がある。このような視点から、新しい時代に求められる学校が、学校改善に取り組むことができるような学校評価の仕組みを構築していくことが重要である。

〈注〉

（1）窪田眞二・木岡一明編著『学校評価のしくみをどう創るか』学陽書房、2004年、184-185頁。

（2）高野桂一「学校評価はなぜ必要か（二）」『学校運営研究』1962年12月号に掲載された論文に記述されている。

（3）窪田・木岡編著、前掲書、186頁。

（4）木岡一明『新しい学校評価と組織マネジメント――共・創・考・開を指向する学校経営――』第一法規、平成15年、139頁。

（5）同上書、121頁。

（6）同上書、62頁。

（7）戦後改革期からの学校評価の系譜については、木岡一明「戦後日本における学校評価論の系譜的検討」大塚学校経営研究会紀要『学校経営研究』第6巻、1981年や、中留武昭「学校経営の評価と診断」中留武昭他編『学校経営』日本教育図書センター、1987年などに記述されている。

（8）日本教育経営学会・学校改善研究委員会編『学校改善に関する理論的・実践的研究』ぎょうせい、平成2年、58頁。

（9）同上書。

第14章　学校評価・教員人事評価と学校改善

(10) 林部一二「学校評価の方法」『文部時報』第953号、1957年に掲載された論文に記述されている。

(11) 日本教育経営学会・学校改善研究委員会編、前掲書、59頁。

(12) 同上書。

(13) 同上書。

(14) 1962年に『総合教育技術』（小学館）において運動を展開した。1963年には『学校経営コンサルティング』（東洋館）、1965年には『学校の経営改革−原則・手順・様式・事例』（東洋館）を刊行している。

(15) 木岡、前掲書、62頁。

(16) 窪田・木岡編著、前掲書、179頁や、木岡一明「教育における評価政策の現状と理論的課題」『日本教育行政学会年報』第28号、2002年に詳しく記述されている。

(17) ニューパブリックマネジメントの理論については、大住荘四郎『ニューパブリックマネジメント：理念・ビジョン・戦略』日本評論社、1999年に整理されている。

(18) 文部科学省『学校評価ガイドライン〔平成28年改定〕』平成28年3月の記載の内容を中心に制度の概要を記述する。

(19) 窪田・木岡編著、前掲書、177頁。

(20) 学校組織開発とは、「学校が、社会的な刺激を受け、その刺激に向かい合いながら、自己の有り様を自ら省察し、その長短得失を見定めて、自らの判断と振る舞いによって自己の組成を組み替えていく営み」である。（窪田・木岡編著、前掲書、177頁）

(21) 野村総合研究所『学校関係者評価の充実・活用に関する調査研究報告書』平成23年、17頁。

(22) 遠藤功『見える化――強い企業をつくる「見える」仕組み』、東洋経済新報社に「見える化」の概念や枠組みが示されている。

(23) 文部科学省『学校評価ガイドライン〔平成28年改訂〕』20016年3月、30頁。

(24) 20015（平成27）年12月に中央教育審議会から、「新しい時代の教育や地方創生の実現に向けた学校と地域の連携・協働のあり方と今後の推進方策について（答申）」、「これからの学校教育を担う教員の資質能力の向上について〜学び合い、高め合う教員育成コミュニティの構築について〜（答申）」、「チームとしての学校の在り方と今後の改善方策について（答申）」が発表され、これらの方針を推進するために翌年1月に「『次世代の学校・地域』創生プラン」（通称「馳プラン」）がまとめられ、その実現に向けた法制度の整備が検討されている。

241

〈推薦図書〉

天笠茂『学校経営の戦略と手法』ぎょうせい、2006年。

木岡一明『新しい学校評価と組織マネジメント』第一法規、2003年。

日本教育経営学会・学校改善研究委員会編『学校改善に関する理論的・実証的研究』ぎょうせい、1990年。

第14章　学校評価・教員人事評価と学校改善

第2節　教員人事評価と職能成長

　前節で見た、新たな基軸での学校改善（その具体的施策としての学校評価）を指向する動きは、最前線の教員に対しては何を求めることとなるだろうか。ここでは、2000年代以降全国的に普及した教員人事評価（と職能成長）の制度を中心に解題することとしたい。

第1項　勤務評定制度

　教員には、直面する職務（学習指導・生徒指導等）の不定型性、あるいは付与される裁量の広さから、しばしば他職種と異なる特性が指摘される[1]。しかし、公立学校教員は地方公務員としての身分を有し、基本的には地方公務員法に基づく（他の一般職地方公務員と同様）人事管理制度の適用を受ける。

　戦後長期にわたり、日本の公務員法制では「勤務評定」制度が採用されていた。これは、かつて地方公務員法において、任命権者に対して「職員の執務について定期的に勤務成績の評定を行い、その評定の結果に応じた措置を講じなければならない」（第40条1項、現在は削除）ことが規定されていたことを根拠とする。勤務評定は、職務遂行の実績や職務遂行に関連して見られた能力・適性等を評価・記録することを通じて適正な人事管理を実現することを目的とし、評定の結果は任用（昇任・転任・降任）、昇給、免職の基礎資料と位置づけられた。公立学校教員対象の勤務評定制度は、1956（昭和31）年の地方教育行政の組織及び運営に関する法律の制定・施行を象徴的な契機に、全国に普及した。

　勤務評定は、同じく戦後導入された職階制との併用により、民主的・能率的人事管理を実現する制度的手段として期待された。ただし、公立学校教員における勤務評定制度は、基本的に成績主義原則（能力開発・人材育成を直接の目的としない）に貫かれていることや制度導入時の勤評反対運動の影響もあって、評定結果が必ずしも教職員の処遇に反映されない（年功序列の重視）、評定項目・結果が開示されず本人への指導育成に活かし難い、といった「機能の形骸

243

化」が課題視されるようになった[(2)]。

第2項　勤務評定制度の見直しと新たな人事評価制度の構築

　従来の勤務評定と公務員人事管理については、1990年代後半以降その課題が指摘され、制度見直しが求められることになった。見直しのポイントは、以下の2点に整理できる。

　第一は、能力主義及び能力開発を重視した制度への移行である。国・地方政府の審議会では、年功序列的で硬直化した人事慣行が、公務員のコスト意識や政策立案能力向上の妨げとなっているとの課題意識が示された。そして、能力主義・成果主義を徹底した新たな人事評価制度をベースに、能力本位で適材適所の人事配置や計画的人材育成のしくみを再構築することが、公務員の効率的・良質なサービス提供に向けて必要との見解が示された。

　第二は、民間企業における新たな組織経営手法（Management by Objectives、「目標による管理」）の積極的導入と言える。個々の職員による自己目標の申告と実行管理を核とする「目標による管理」は、半世紀以上前よりドラッカー（Peter F. Drucker）らにより提唱されていたが[(3)]、成果主義のもと現場に権限を委譲する方向（新公共経営）での改革を進めつつあった行政組織において、組織目標・方針と個人目標を有機的に連結する方法論として再び注目された。

　公務員全体の制度改革の動きとしては、2001（平成13）年12月閣議決定「公務員制度改革大綱」が、「能力等級制導入」「能力評価・業績評価からなる新評価制度導入」等の改革項目を具体的に示した。その後2007年には国家公務員法等が改正（2009年施行）され、従来の勤務評定制度・職階制を廃止し、能力評価・業績評価に基づく人事評価制度、標準職務遂行能力の定義に基づく任用制度が導入された。また、2008年に成立した国家公務員制度改革基本法では、業績評価に関わる個人目標設定は所属組織の目標を踏まえて行われる旨の規定（第9条）が盛り込まれた。2014年には地方公務員法等が改正（2016年施行）され、上記の国家公務員の場合と同様に、地方公務員に対しても新たな人事評価制度・任用制度が導入された。

　公立学校教員の人事評価・管理制度の改革も、上述の公務員制度改革と歩調

第14章　学校評価・教員人事評価と学校改善

を合わせながら、学校教育の文脈を加味する形で進められた。文部科学省は2001年公表の「21世紀教育新生プラン」を契機に、信頼される学校づくりに向けて「教師の意欲や努力が報われて評価される体制」整備の必要性を提示し、教員評価システム改善の調査研究の委嘱等を通じて都道府県等教育委員会での改革を促進した。この時、新たな教員人事評価制度には、教員全般の資質能力向上につなげる意図とともに、優秀教員あるいは指導力不足教員への対応改善の意図も盛り込まれた点が特徴的と言えた。これらの国レベルの促進施策を通じて、2000年代半ばには大半の都道府県等教育委員会において、新たな教員人事評価制度（勤務評定の運用改善を含む）が試行・実施された[4]。現在は、2014年地方公務員法改正を踏まえた教員人事評価制度の見直しが各地で進んでいる。また、2006年度以降の文部科学大臣による優秀教職員表彰[5]、2007年教育公務員特例法改正による指導改善研修制度など、教員の能力・業績の把握・評価に基づく関連制度も整備されている。

第3項　教員の新たな人事評価制度の内容

　以上の経緯で導入された、新たな人事評価制度の内容について確認したい。
　地方公務員法は、人事評価を「職員がその職務を遂行するに当たり発揮した能力及び挙げた業績を把握した上で行われる勤務成績の評価」（同法第6条）と定義している。つまり、人事評価制度によっては、職員が「職務遂行に当たり発揮した能力」の実証・評価（能力評価）、「職務遂行に当たり挙げた業績」の実証・評価（業績評価）が行われる。その上で、地方公務員法では、任命権者が、予め設定した基準・方法により定期的に職員の人事評価を行わなければならないこと（同法第23条の2）、そして人事評価を任用、給与、分限その他の人事管理の基礎として活用すること（同法第23条第2項）を規定している。なお、地方教育行政の組織及び運営に関する法律第44条は、市町村立小・中・義務教育学校等の教職員の大半を占める県費負担教職員の人事評価を、都道府県教育委員会の計画の下に市町村教育委員会が行うことを定めている。
　さらに、2014年地方公務員法等改正法の運用に関する総務省自治行政局長通知（2014年8月15日総行公第67号）では、各地方公共団体に対して、人事評価

245

制度の一連の過程を通じて職員の効果的・主体的な能力開発につながるように努めること等に留意すべき旨を示しており、人事評価制度において能力本位かつ人材育成の要素が重視されていることがわかる。

　各都道府県等教育委員会においては、以上の制度枠組みのもとで、新たな教員人事評価制度を、教育委員会規則等を通じて具体化している。多くの自治体に共通する内容を整理すると、以下のようになる（図14-2-1参照）。

①評価者の設定：被評価者（各教員）の能力評価・業績評価を行う、また被評価者の能力開発に向けた指導助言を行う「評価者」（「評価・育成者」）が予め指定される。評価の公正性・客観性を担保する趣旨から、大半の自治体は複数の評価者を定めている（教頭・副校長を一次評価者、校長を二次評価者として、管理職を評価者に指定する場合が多い）。

②評価方法：評価期間（１年間）における能力評価・業績評価が行われるが、多くの自治体では、各教員が学校の経営方針・計画等を踏まえた自己目標を予め設定し、その達成度を自己評価する「目標管理手法」を評価制度に組み込んでいる。この場合、教員の職務の広汎性に照らして「学習指導」「生徒指導」「学校運営」等の項目区分がなされ、各教員には項目ごとに、期間内に実現可能な目標を設定（所定のシートに具体的に記載）することが求められる。また、目標設定・中間・最終申告等の段階で評価者（管理職）と各教員の面談機会が設定され、指導助言が行われる。

　そして管理職は、教員の自己申告や自身が授業観察・職務観察等で蓄積した記録を参照しながら各教員の「能力評価」「業績評価」を行い（絶対評価を基本に、数段階の評語による最終評定を求める場合が多い）、結果を設置者の別により都道府県または市町村教育委員会に提出する[6]。

③評価結果の開示・苦情対応等：多くの自治体では、主として管理職の行う絶対評価の結果について各教員に開示・フィードバックする機会を設定しており、管理職の説明責任遂行や教員の意欲・能力の向上、管理職と教員の相互理解の深化が企図されている（開示機会の設定・対象者等については自治体間での相違が見られる）。また、開示された評価結果について管理職と各教員で見解の相違があり解決を見込めない場合について、各教員の苦情申出・

第14章　学校評価・教員人事評価と学校改善

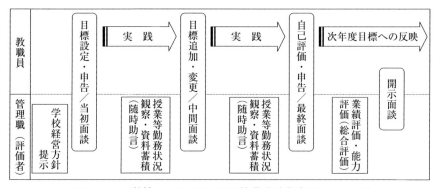

図14-2-1　学校レベルにおける教員人事評価のイメージ

出典：筆者作成。

対応の手続きも各自治体で整備されてきている。なお、評価結果については、任用、給与、研修や人材育成の他、優秀教職員表彰、指導改善研修の認定を含めた人事管理全般の基礎資料とすることが期待されている。

新たな教員の人事評価制度については、2000年代の文部科学省の推進施策により各地の文脈に応じた開発が進められたこともあり、運用面で自治体間に多様性が見られる（2014年地方公務員法等改正法の施行により、今後一定程度の共通化が進む可能性はある）。たとえば大阪府教育委員会においては[7]、教員人事評価制度について、項目区分のうち「授業力」の評価・指導助言に特に重点を置いた運用を行っている（生徒及び保護者の授業アンケート結果の評価への活用、特別な様式を用いた授業観察の強化等）。あるいは奈良県教育委員会[8]においては、教員の職務経験を数値化し、それに対応する「期待される教職員像（3ステージを設定）」に基づく評価（総合評価）を行うこととし、教員のキャリア段階に対応した評価・育成の工夫を試みている。

第4項　教員の人事評価制度の課題

新たな教員の人事評価制度は、主体的な目標設定・進捗管理及び納得性の高い評価・支援を通じた能力開発PDCAサイクルの確立と、上位目標（学校経営方針）－下位目標（教員自己目標）の連鎖による学校組織活性化を同時的に

達成することで、「学校のバージョンアップ」（教育改革国民会議第2分科会審議報告2000年7月）を指向するものと言えた。現在までに各自治体は修正改善を加えながら制度を構築してきたが、本制度に随伴する課題はなお少なくない。

「教員の評価・能力開発の改善」の側面に関して言えば、まず、教員の職務の広汎性・曖昧さの一方で「重点化された目標」設定を求めることに困難性が潜在している。この困難性から、教員の自己目標は、他職種と比しても具体性に乏しく検証の難しいもの、目標水準（挑戦度）が低く成長につながりにくいものとなりがちであり、制度運用上の注意を要するポイントと言える。また、評価場面についても課題は少なくない。新しい人事評価は、評価者に多方面での職務観察・記録作成や指導助言の実施（「評価コスト」）を求めるが、学校管理職の側にはその時間的余裕をもてない、あるいは評価・支援技量に習熟していない等の苦悩を抱えるケースも散見される。この点は教育行政機関における条件整備が必要となろう。さらに、標準職務遂行能力の設定や人事評価結果の給与等処遇への反映は、2014年地方公務員法等改正法の強調点であるが、これまでの学校組織の同僚性や協働性、教員の専門性の在り方への影響も想定されるために、今後の各自治体での制度化の推移を注視する必要がある。

目標管理導入による「上位目標・下位目標の連鎖」の側面についても課題を指摘できる。一部の自治体においては、学校評価の評価項目と各教員の目標設定を明確に連動させる等の制度運用により「目標の連鎖」を図る自治体も見られるが、この点に踏み込むことに困難性を感じる自治体も少なくない[9]。その基底には、教員の目標設定の基盤となる学校経営方針・計画の未成熟による個人目標の立てづらさ等の課題や、「広域人事異動」の前提を持つ学校教員における（学校の文脈と個人の職能成長を両立する）目標設定の難しさ[10]といった、より根源的な制度的課題も指摘しうる。

以上のように、本章で見てきた学校評価・教員人事評価を通じた新たな枠組みでの学校改善については、実際の具体化の難易度の高さを確認できる。各自治体レベルでの制度調整・条件整備と、学校現場レベルにおける制度運用の技術・方法論の両者の成熟が求められよう。

第14章　学校評価・教員人事評価と学校改善

〈注〉

（１）榊原禎宏「公教育経営における教員の位置と教職の専門性」堀内孜編著『公教育経営の展開』東京書籍、2011年、90-107頁。

（２）髙橋寛人「教員の勤務評定制度の経緯と新人事考課制度──公務員制度改革との関連をふまえて──」八尾坂修編著『教員人事評価と職能開発──日本と諸外国の研究──』風間書房、2005年、261-284頁。

（３）Drucker, P., *The Practice of Management*, Harper & Brothers, 1954.（P.F. ドラッカー（上田惇生訳）『現代の経営（上）』ダイヤモンド社、1996年）

（４）文部科学省の調査によれば、2006年４月時点で、57都道府県・指定都市が新しい教員人事評価システムを試行または実施していたとされる。中央教育審議会初等中等教育分科会第41回配付資料、2006年７月10日。

（５）各都道府県等教育委員会においても、2000年代を中心に優秀教職員表彰制度の整備が進行し、2014年度時点で導入59都道府県・指定都市が制度導入している。文部科学省「平成26年度公立学校教職員の人事行政状況調査について」2015年12月25日発表（文部科学省ウェブサイト〈http://www.mext.go.jp/a_menu/shotou/jinji/1365310.htm〉2016年７月31日確認）。

（６）新たな教員の人事評価制度では、評価者による評価は絶対評価を基本とするものの、昇給等給与への反映は予算によって定められた人件費の枠内で運用される関係から、評価者の絶対評価の後に県・市教育委員会教育長等による相対化を組み込む自治体も存在する。

（７）大阪府教育委員会「教員の評価・育成システム 手引き」2016年３月改訂。

（８）奈良県教育委員会「教職員の人事評価制度手引書（平成28年度用）」2016年７月。

（９）文部科学省調査によると、調査対象の67都道府県・指定都市のうち、2015年４月１日現在「教職員評価と学校評価を連動させている」自治体は38、連動させていない自治体は28、その他１であった。前掲注（５）文部科学省「平成26年度公立学校教職員の人事行政状況調査について」。

（10）公立学校教員の場合、広域人事を前提とする人事異動がインフォーマルな人材育成システムの機能も持つために、学校経営目標と整合性を持つ個人目標設定が特に難しくなる側面があることも指摘できる。川上泰彦「教員人事行政と学校・自治体の教育行政ガバナンス－ガバナンスの単位をどう捉えるか」坪井由実・渡部昭男編著『地方教育行政法の改定と教育ガバナンス』三学出版、2015年、104-117頁。

〈推薦図書〉

金井壽宏・高橋潔編著『組織行動の考え方――ひとを活かし組織力を高める9つのキーコンセプト――』東洋経済新報社、2004年。

金子真理子・苅谷剛彦編著『教員評価の社会学』岩波書店、2010年。

八尾坂修編著『教員人事評価と職能開発――日本と諸外国の研究――』風間書房、2005年。

第15章

リスクマネジメント

第1節　リスクマネジメントの主体

第1項　危機管理とリスクマネジメント

　文部科学省「学校事故対応に関する指針」[1] の4頁においては、「危機管理に当たっては、危険をいち早く発見して事件・事故の発生を未然に防ぐこと（事前の危機管理）、万が一事件・事故が発生した場合に、適切かつ迅速に対処し、被害を最小限に抑えること（発生時の危機管理）、そして、保護者等への説明や児童生徒等の心のケアを行うとともに、発生した事故等をしっかりと検証し、得られた教訓から再発防止に向けた対策を講じること（事後の危機管理）が重要」として、事前・発生時・事後の3段階の危機管理を説明している。しかし、事前の危機管理は危機と捉えにくいこと、管理の対象がいずれの段階でも捉え方が多様になってしまうことから、本章の展開にあたってまずはリスクマネジメントと用語を置き換えたい。

　マネジメントの対象は自らコントロールできるものであり、所与のもの、自らの意志ではどうしようもできないことについては、マネジメントの対象外とされる。この原則から言って、たとえば施設設備の点検を日常的に行って安全管理を行うのは、学校の施設設備が学校にとってマネジメントの対象であるからである。ところが、構造体が地震に耐えうるか・耐震補強が必要かどうかということになると、学校によるマネジメントの対象ではなくなる。そこからは、構造判定をする専門家を派遣したり改築計画策定・予算化を図ったりする教育

委員会・地方公共団体によるマネジメントの対象となる。

Danger という単語は一般的な「危険」を意味し、コントロール不能なものも可能なものも全てを含むため、マネジメントとの組み合わせには適さず、コントロール可能な・対処すべき危険に限定した Risk を用いる。すなわち、リスクマネジメントは、事前の危機管理を意味する。事故等の発生時および事後においては、コントロール可能な危険という状況ではもはやないため、すでに陥ってしまった危機をあらわす Crisis を用いて、クライシスマネジメントとする。したがって、危機管理は、事故等の事前の危機管理であるリスクマネジメントと、発生時・事後の危機管理であるクライシスマネジメントを合わせたものを言う。

本章でクライシスマネジメントを軽視するとか扱わないということではないが、クライシスマネジメントの底流は既にリスクマネジメントにある。事故等が生じた際、迅速な被害者の救済保護といった対応が求められるが、それさえもその時に用意されたものではなく事前に策定されたマニュアルに従っての行動であったり、臨機応変に見えてもその行動規範は事前の研修等によって培われたものであったりする。

これは学校評価の PDCA サイクルに似ている。計画 Plan →実行 Do →点検評価 Check →改善 Action と進めていく際、D の後で立ち止まって C の項目を考えていては、せっかくの PDCA サイクルが回らなくなってしまう。P の段階で C のことをしっかりと考えておき、D から C に移行したら即座に A を行えるくらいの準備をしておくことで、PDCA サイクルを早く回すことができる。素早く実効性のある A のためには、C の段階で初めて考えるのではなく、入念な P が必要なのである。

同様に、クライシスマネジメントを適切に行えるためには、その場で動けるための準備であるリスクマネジメントが重要なのである。本章はそのための教育経営に関わるリスクマネジメントを中心に展開していく。

第2項　教育委員会のリスクマネジメント

地方教育行政の組織及び運営に関する法律（以下「地教行法」）第21条に教

育委員会の職務権限が19号にわたり規定されている。これらの職務を行う中で人的管理、物的管理、財務管理を教育委員会が主体となって進める部分も多々あるが、学校等教育機関が執行することへの指導助言援助が中心であり、指揮命令監督することは抑制的に行われるべきと言われる。

危機管理に関しては、リスクマネジメントがその中心となる。全国のどこかで事故等が起きるとそれに呼応して様々な通知等が文部科学省から示され、新たな対応が迫られる中で、教育委員会はその文書等を学校等教育機関、関係機関に再通知したり、自ら基準等を策定したりする。この対応を行わなければ行政責任が問われかねないものであり、教育委員会は主体的に行動して、自らの行政責任を果たそうとする。

この時に、通知・基準策定等をもって行政責任を果たしたと言えるであろうか。受け取った学校等教育機関がそれに対応しなかったために事故等が起きた場合、教育機関のみの責任であろうか。そのような場合、教育委員会は形式的に監督責任を問われるだけのことが多いが、通知等にどのように教育機関が対応したかを把握していれば起きなかった事故もあるはずである。学校においては予算上あるいは技術上対応できない通知・基準である、という回答があれば、教育委員会が何らかの手当をして改善する方途もあったはずである。つまり、通知・基準策定、情報提供等を教育機関に行うだけでなく、その求める水準に各教育機関が達していることを確認するという、実質的な監督責任まで果たすべきであり、それが教育委員会における主体的リスクマネジメントと言えよう。

教育委員会の場合、発生時の危機管理は少ない。事故等は学校等で起きることが多いからである。事後の危機管理には当然に関わるべきであろうが、事故等の起きた教育機関が事前にクライシスマネジメントの対応準備をしていればさほど教育委員会の出番はない。ここで出番のあまりないように、各教育機関に準備をさせておくこと、すなわちリスクマネジメントの徹底確認が教育委員会の責務である。仮に学校等のクライシスマネジメントが機能不全となり、教育委員会が関わらなければならなくなったような場合、それはリスクマネジメントの失敗の側面もある。あるいは、学校等の対応レベルを超えるような事象も当然に生じるのであるから、そのような場合には、教育委員会自体のリスク

マネジメントとして想定していた対応の成否が問われる。

第3項　地域のリスクマネジメント

　地方公共団体の長は、（地域の教育の）大綱の策定に関する事務のほか、次に掲げる教育に関する事務を管理し、及び執行する（地教行法第22条）のであるが、ここに掲げられている事務6号は、大学・幼保連携型認定こども園・私立学校に関することと、教育財産の取得処分・教育委員会所掌事項の契約・予算執行という、教育機関と財務の大きく二つに分けられる。

　教育機関に対しては、教育委員会と同じように指導助言援助を中心、指揮命令監督は抑制的でありながらも、リスクマネジメントに係るものについては主体的に監督的色彩を強めざるを得ないであろう（もちろん、教育機関がその監督に応えられるような指導助言援助が伴わなければならない）。

　財務に係ることについては適正執行・適正管理さえしていれば何も起きないはずであるが、何かしら起こるのが世の常であり、リスクマネジメントを進めておくことの必要性は言うまでもない。

　学校も教育委員会もクライシスマネジメントを十全に行えなかった場合、首長が対応せざるを得なくなる事態も生じる。その場合は、教育長及び教育委員を任命（地教行法第4条第1項・第2項）した首長の任命責任も併せて問われることもある。これらを想定したリスクマネジメントが必要となる。

　さらに地域に目を転ずれば、教育機関の所在する地域ごとに、他の機関、住民が組織する自治会・自主防災組織等の地域団体が存在し、それぞれにリスクマネジメントを行い、いざという時にはクライシスマネジメントにあたる。これら諸機関・団体の間の相互の連携を視野に入れたリスクマネジメントがいずれの機関・団体においても求められる。

第15章　リスクマネジメント

第2節　学校保健安全法におけるリスクマネジメント

第1項　学校保健安全法の制定と学校保健のリスクマネジメント

　2011（平成23）年の東日本大震災により急に学校保健安全法への注目が集まったが、同法自体は、学校保健法等の一部を改正する法律（2008（平成20）年6月18日法律第73号）により、法律名改称、国・地方公共団体の責務（財政上の措置その他の必要な施策の実施、国による学校安全の推進に関する計画の策定等）及び学校の設置者の責務（学校の施設設備・管理運営体制の整備充実等）の明記を行って、2009年4月1日より施行されている。とはいえ、「第3章　学校安全」（第26条～第30条）の部分よりも、元々の学校保健法から学校保健計画等の拡充された学校保健の部分、同一部改正法により学校給食法に追加された食育や栄養教諭等に関心が集中し、新しい施策もそちらのものがほとんどであった。

　「第2章　学校保健」（第4条～第25条）においては、学校の設置者の責務（児童生徒等及び職員の心身の健康の保持増進を図るため、学校の施設及び設備並びに管理運営体制の整備充実その他の必要な措置を講ずるよう努める。第4条関係）、学校環境衛生基準（文部科学大臣が定め、学校の設置者は、学校の適切な環境の維持に努め、校長は適正を欠く事項があると認めた場合に対応する。第6条関係）、保健指導（養護教諭等による児童生徒等への指導・保護者への助言。第9条関係）、地域の医療機関等との連携（学校が救急処置、健康相談又は保健指導を行うに当たり地域の医療機関その他の関係機関との連携を図るよう努める。第10条関係）といったことが新しく規定された。

　また、学校保健法第2条は「学校においては、幼児、児童、生徒又は学生及び職員の健康診断、環境衛生検査、安全点検その他の保健又は安全に関する事項について計画を立て、これを実施しなければならない」として「学校保健安全計画」を規定していたが、学校保健安全法ではこの計画が「学校保健計画」（第5条）と「学校安全計画」（第27条）に分けられた。リスクマネジメントと

255

しては、学校がこの二つの計画をしっかりと立てることが要求される。「児童生徒等及び職員の心身の健康の保持増進を図るため」と明記された学校保健計画は、児童生徒等に対する指導も新たな内容に加えて策定される必要がある。

第2項　学校安全の推進に関する計画

　それでは、学校安全計画の方はどうであったろうか。東日本大震災が起きて「国は、各学校における安全に係る取組を総合的かつ効果的に推進するため、学校安全の推進に関する計画の策定その他所要の措置を講ずるものとする」という同法第3条第2項の規定がやっと機能した。2011（平成23）年9月22日に中央教育審議会に諮問、同審議会スポーツ・青少年分科会に学校安全部会が設置され9回の部会審議等を経て、「学校安全の推進に関する計画の策定について（答申）」（中教審第150号2012（平成24）年3月21日）が出された。これを受けて、「学校安全の推進に関する計画」（2012（平成24）年4月27日閣議決定）が定められた[2]。

　同計画では、おおむね5年間（2012（平成24）年度〜2016（平成28）年度）にわたる学校安全の推進に関する施策の基本的方向と具体的な方策を示している。すでに5年間が経過しているところであり、計画期間中における成果や課題、情勢の変化等を検証した上で、適切に見直すことが必要とされてはいるが、その基本的方向・具体的方策については十分に有効と考えられるため、まず同計画の内容を確認する。

　同計画では、学校における児童生徒等の安全の現状とこれまでの取組及び今後の学校安全の方向性を図15-1のようにとらえ、四つの学校安全を推進するための方策を示している。第一に、安全に関する教育の充実方策であり、（1）安全教育における主体的に行動する態度や共助・公助の視点、（2）教育手法の改善、（3）安全教育に係る時間の確保、（4）避難訓練の在り方、（5）児童生徒等の状況に応じた安全教育、（6）情報社会への対応、（7）原子力災害への対応、が述べられている。

　第二に、学校の施設及び設備の整備充実であり、（1）学校施設の安全性の確保のための整備、（2）学校における非常時の安全に関わる設備の整備充実、

第15章　リスクマネジメント

```
■学校における安全教育                      ■学校における安全管理
┌──────────────────────┐    ┌──────────────────────┐
│○安全に関する知識、行動する力が課題      │    │○学校管理下の事故は増加傾向          │
│○指導時間の確保と教育手法、指導体系の整理 │    │○不審者侵入、交通事故への対応も課題    │
│                                          │    │○東日本大震災の教訓を踏まえた自然災害による│
│☆学校教育の充実                          │    │  被害軽減の取組                      │
│ ・安全に関する知識とともに行動する態度の視 │    │                                      │
│  点                                      │    │☆学校安全体制整備                    │
│ ・学校安全の指導時間確保、より有効な教育手 │    │ ・学校内の安全体制の確立（施設設備・組織的取組）│
│  法導入                                  │    │ ・地域や家庭と連携した安全体制の確立  │
│ ・東日本大震災の教訓を踏まえた安全教育    │    │→事件・事故災害による被害減少        │
│→安全教育による安全文化の構築            │    │                                      │
└──────────────────────┘    └──────────────────────┘
```

```
┌──────────┐    ■より実証的な学校安全施策の推進        ┌──────────┐
│「自立」「協働」│    ┌──────────────────────┐    │○負傷      │
│「創造」      │    │○セーフティプロモーションの考えに基づいた施策展開│    │ 減少傾向  │
│第２期教育振興基本│    │ ・事件・事故災害に関する情報収集体制の整備・充実│    │          │
│計画の策定に向けた│    │ ・実証的な安全管理につなげる分析調査機能の強化│    │○死亡      │
│基本的な考え方に示│    │ ・優れた取組事例（ISSなど）の推奨      │    │ ゼロとな  │
│されたキーワード│    │→実証的で科学的な学校安全の取組推進    │    │ るよう最  │
└──────────┘    └──────────────────────┘    │ 大限努力  │
                                                              └──────────┘
```

```
┌──────────────────────────────────┐
│         総合的かつ効果的な学校安全に係る取組の推進                  │
└──────────────────────────────────┘
```

図15-1　「学校安全の推進に関する計画」概念図

出典：文部科学省「学校安全の推進に関する計画の概要」
http://www.mext.go.jp/a_menu/kenko/anzen/__icsFiles/afieldfile/2012/04/27/1320286_1.pdf

について展開されている。第三に、学校における安全に関する組織的取組の推
進であり、（1）学校安全計画の策定と内容の充実、（2）学校における人的体
制の整備、（3）学校における安全点検、（4）学校安全に関する教職員の研修
等の推進（①教職員研修の推進、②教職を志す学生への学校安全教育）、（5）
危険等発生時対処要領の作成と事件・事故災害が生じた場合の対応、といった
内容で構成される。第四に、地域社会、家庭との連携を図った学校安全の推進
であり、（1）地域社会との連携推進、（2）家庭との連携強化、について述べ
られている。

第3項　安全教育の推進

学校保健安全法には「学校安全計画の策定等」として、第27条に「学校にお
いては、児童生徒等の安全の確保を図るため、当該学校の施設及び設備の安全
点検、児童生徒等に対する通学を含めた学校生活その他の日常生活における安

257

項目＼月			4	5	6	7・8	9
月の重点			通学路正しく歩こう	安全に休み時間を過ごそう	梅雨時の安全な生活をしよう	自転車のきまりを守ろう	けがをしないように運動をしよう
道徳			規則尊重	生命の尊重	思いやり・親切	勤勉努力	明朗誠実
安全教育	安全学習	生活	・地域巡り時の交通安全 ・遊具の正しい使い方	・野外観察の交通安全 ・移植ベラ、スコップの使い方	・公園までの安全確認	・虫探し・お店探検時の交通安全	・はさみの使い方
		理科	・野外観察の交通安全 ・アルコールランプ、虫めがね、移植ごての使い方	・カバーガラス、スライドガラス、フラスコの使い方	・スコップ、ナイフの使い方	・夜間観察の安全 ・試験管、ビーカーの使い方	・観察中の安全 ・フラスコ、ガラス管の使い方
		図工	・はさみ、カッター、ナイフ、絵の具、接着剤の安全な使い方	・写生場所の安全 ・コンパスの安全な使い方	・糸のこぎり、小刀、金槌、釘抜きの使い方	・木槌、ゴム、糸のこぎり、ニスの使い方	・作品の安全な操作
		家庭	・針、はさみの使い方	・アイロンのかけ方	・食品の取扱い方	・包丁の使い方	・実習時の安全な服装
		体育	・固定施設の使い方 ・運動する場の安全確認	・集団演技、行動時の安全	・水泳前の健康観察 ・水泳時の安全		・鉄棒運動の安全
		総合的な学習の時間	「○○大好き～町たんけん」（3年）「交通安全ポスターづくり」（4年）				
	安全指導	学級活動 低学年	●通学路の確認 ◎安全な登下校 ◎安全な給食配膳 ●子ども110番の家の場所	●休み時間の約束 ◎防犯避難訓練の参加の仕方 ●遠足時の約束 ●運動時の約束	●雨天時の約束 ◎プールの約束 ●誘拐から身を守る	●夏休みの約束 ◎自転車乗車時の約束 ●落雷の危険	◎校庭や屋上の使い方ときまり ●運動時の約束
		中学年	●通学路の確認 ◎安全な登下校 ◎安全な清掃活動 ●誘拐の起こる場所	●休み時間の安全 ◎防犯避難訓練への積極的な参加 ●遠足時の安全 ●運動時の約束 ●防犯教室（3年生）	●雨天時の安全な過ごし方 ◎安全なプールの利用の仕方 ●防犯にかかわる人たち	●夏休みの安全な過ごし方 ◎自転車乗車時のきまり ●落雷の危険	◎校庭や屋上の使い方ときまり ●運動時の安全な服装
		高学年	●通学路の確認 ◎安全な登下校 ◎安全な委員会活動 ◎交通事故から身を守る ◎身の回りの犯罪	●休み時間の事故とけが ◎防犯避難訓練の意義 ◎交通機関利用時の安全 ●運動時の事故とけが	●雨天時の事故とけが ◎救急法と着衣泳 ◎自分自身で身を守る ◎防犯教室（4、5、6年生）	●夏休みの事故と防止策 ◎自転車の点検と整備の仕方 ●落雷の危険	◎校庭や屋上で起こる事故の防止策 ●運動時の事故とけが
		児童会活動等	・新1年生を迎える会 ・クラブ活動・委員会活動開始			・児童集会	
		主な学校行事等	・入学式 ・健康診断 ・交通安全運動	・運動会・遠足 ・防犯避難訓練	・自然教室 ・プール開き		・防災引き取り訓練 ・交通安全運動 ・防災避難訓練（地震）
安全管理	対人管理		・安全な通学の仕方 ・固定施設遊具の安全な使い方	・安全のきまりの設定	・プールでの安全のきまりの確認 ・電車・バスの安全な待ち方及び乗降の仕方	・自転車乗車時のきまり、点検・整備 ・校舎内での安全な過ごし方	・校庭や屋上での安全な過ごし方
	対物管理		・通学路の安全確認 ・安全点検年間計画の確認（点検方法等研修含む）	・諸設備の点検及び整備	・学校環境の安全点検及び整備	・夏季休業前や夏季休業中の校舎内外の点検	・校庭や屋上など校舎内外の整備
学校安全に関する組織活動			・登下校時、春の交通安全運動時の教職員・保護者の街頭指導	・校外における児童の安全行動把握、情報交換	・地域ぐるみの学校安全推進委員会 ・学区危険箇所点検	・地域パトロール	・登下校時、秋の交通安全運動時の教職員・保護者の街頭指導地域パトロール
研修			・遊具等の安全点検方法等に関する研修 ・通学路の状況と安全指導に関する研修	・熱中症予防に関する研修	・防犯に関する研修（緊急時の校内連絡体制、マニュアルの点検） ・心肺蘇生法（AED）研修（PTA含む）		・防災に関する研修（訓練時）

図15-2　学校安全計画例（小学校）

※学級活動の欄　◎…1単位時間程度の指導　●…短い時間の指導
出典：文部科学省「『生きる力』をはぐくむ学校での安全教育」116-117頁。http://www.mext.go.jp/component/a_menu/education/detail/__icsFiles/afieldfile/2010/10/26/1289314_03.pdf

第15章　リスクマネジメント

10	11	12	1	2	3
乗り物の乗り降りに気をつけよう	けがをしないように運動をしよう	安全な冬の生活をしよう	災害から身を守ろう	道路標識を守ろう	安全な生活ができるようにしよう
思いやり親切	家庭愛	勇気	勤勉努力	節度節制	愛校心
・たけひご、つまようじ、きりの使い方	・郵便局見学時の安全	・はさみ、ステープラーの使い方	・はさみの使い方	・昔遊びの安全な行い方	・移植ごての使い方
・太陽観察時の注意	・ポリ袋、ゴム風船の使い方	・鏡、凸レンズ、ガラス器具の使い方	・スコップ、ナイフの使い方	・夜間観察の安全 ・試験管、ビーカーの使い方	・観察中の安全 ・フラスコ、ガラス管の使い方
・彫刻刀の管理の仕方と使い方	・水性ニスの取扱い方	・竹ひご、細木の使い方	・糸のこぎり、小刀、金槌、釘抜きの使い方	・木槌、ゴム、糸のこぎり、ニスの使い方	・作品の安全な操作
・熱湯の安全な取扱い方	・ミシンの使い方	・油の安全な取扱い方	・食品の取扱い方	・包丁の使い方	・実習時の安全な服装
・用具操作の安全	・けがの防止（保健）	・ボール運動時の安全	・持久走時の安全	・跳躍運動時の安全	・器械運動時の安全
「安全マップづくり」（5年）「社会の一員として活動しよう」（6年）					
◎乗り物の安全な乗り降りの仕方 ●廊下の安全な歩行の仕方	◎誘拐防止教室 ●安全な登校	●安全な服装 ◎冬休みの安全な過ごし方	◎「おかしも」の約束 ●危ないものを見つけたとき	●身近な道路標識 ◎暖房器具の安全な使用	●1年間の反省 ◎けがをしないために
◎車内での安全な過ごし方 ●校庭・遊具の安全な遊び方	◎校庭や屋上の使い方のきまり ●安全な登下校	◎冬休みの安全な過ごし方 ●凍結路の安全な歩き方	◎「おかしも」の約束 ◎安全な身支度	◎自転車に関係のある道路標識 ●暖房器具の安全な使用	●1年間の反省 ◎けがをしやすい時間と場所
◎乗車時の事故とけが ●校庭・遊具の安全点検	◎校庭や屋上で起こる事故の防止策 ●安全な登下校	◎冬休み中の事故やけが ●凍結路の安全な歩き方	・災害時の携行品 ●安全な身支度、衣服の調節	◎交通ルール ◎暖房器具の安全な使用	●1年間の反省 ◎けがの種類と応急処置
		・児童集会			
・地区別運動会 ・収穫祭と子ども祭り	・修学旅行 ・防災避難訓練（火災）			・学校安全集会	・卒業式
・校外学習時の道路の歩き方 ・電車・バスの安全な待ち方及び乗降の仕方	・安全な登下校	・凍結路や雪道の歩き方	・災害時の身の安全の守り方	・道路標識の種類と意味	・1年間の評価と反省
・駅・バス停周辺の安全確認	・通学路の確認	・校内危険箇所の点検	・防災用具の点検・整備	・学区内の安全施設の確認	・通学路の安全確認 ・安全点検の評価・反省
・学校安全委員会（学校保健委員会）	・地域教育会議	・年末年始の交通安全運動の啓発	・地域パトロール	・学校安全委員会（学校保健委員会）	・地域ぐるみの学校安全推進会議
	・防災に関する研修（訓練時）	・応急手当（止血等）			・校内事故等発生状況と安全措置に関する研修

全に関する指導、職員の研修その他学校における安全に関する事項について計画を策定し、これを実施しなければならない」と定められている。

　学校安全計画という文言だけから言えば管理的なものと思いかねないが、「児童生徒等に対する通学を含めた学校生活その他の日常生活における安全に関する指導」について「計画を策定し、これを実施しなければならない」とされているのである。児童生徒の安全管理については、学校にいる時は当然、登下校時も学校の管理下にあるとされる[3]ため学校が監督責任を有するが、学校保健安全法においては、「通学を含めた学校生活」にとどまらず、学校の管理下にはない「その他の日常生活における安全に関する指導」を行わなければならないとされている。学校から帰って、あるいは休みの日などの日常生活で児童生徒が自転車での事故、水難等に遭うことがたびたび報道されるが、家庭の管理下にあるとはいえ、学校は「正しい自転車の乗り方」、「水辺に近づかない」などの指導を全く行っていなければ責任が問われかねない厳しい条項である。

　そのため、各学校が安全教育に取り組めるよう、学校保健安全法が施行された年度末の2010（平成22）年3月に文部科学省は、学校安全参考資料として『「生きる力」をはぐくむ学校での安全教育』[4]を発刊した。同書は、1991（平成13）年に教職員用の参考資料として作成した同名書を、近年の児童生徒等の安全を脅かす事件・事故災害の発生等及びその対応を踏まえ、また学校保健安全法や学習指導要領に則した内容とするため改訂発行したものである。都道府県教育委員会においてもこれをひな型に市町村教育委員会や学校に示して、計画策定を促している。

　図15-2には、小学校の年度学校安全計画の例を示したが、この他にも同書には、幼稚園、中学校、高等学校、特別支援学校高等部（知的障害）の例がある。また、学級活動等における安全指導の目標・内容についても、生活安全・交通安全・災害安全と分けて、「幼稚園」と「小学校、中学校及び高等学校」の例を載せており、各学校はこれらを参考にしつつ学校安全計画を策定し、安全教育を行うことでリスクマネジメントが図られるのである。

第15章　リスクマネジメント

第4項　校内外の物理的安全確保

　学校保健安全法は児童生徒等の安全の確保を図るため、第26条で学校安全に関する学校の設置者の責務として、当該学校の施設及び設備並びに管理運営体制の整備充実その他の必要な措置を講ずる「努力義務」を課し、第27条で学校に対し、施設及び設備の安全点検の実施「義務」を課している。これを受けて、学校保健安全法施行規則は「第6章　安全点検等」（第28条・第29条）を定め、「法第27条の安全点検は、他の法令に基づくもののほか、毎学期一回以上、児童生徒等が通常使用する施設及び設備の異常の有無について系統的に行わなければならない」（第28条。第2項略）、「学校においては、前条の安全点検のほか、設備等について日常的な点検を行い、環境の安全の確保を図らなければならない」（第29条）としている。

　このような安全点検を行ったうえでの問題が生じることについて、学校保健安全法第28条では校長に、当該学校の施設又は設備について、児童生徒等の安全の確保を図る上で支障となる事項があると認めた場合には、遅滞なく、その改善を図るために必要な措置を講じ、又は当該措置を講ずることができない時は、当該学校の設置者に対し、その旨を申し出るものとしている。

　児童生徒が毎日の生活を送る場である学校には安全確保の義務を課し、学校はそれを日々果たそうとするのがリスクマネジメントであるが、学校設置者に課されているのは「努力義務」であるため、ここでリスクマネジメントがうまく機能しない部分が出てくる。たとえば、学校の耐震化は、表15-1に見るように毎年進んでいるとはいえ、いまだに3,737棟（加えるに木造建築物については75棟）では、安全度が低いまま児童生徒の活動が行われている。建物（構造体）よりも非構造部材の耐震点検・耐震対策となると、さらに数値が低下する。財政状況厳しい中でも児童生徒の物理的安全確保を図るために、速やかな改修が最低限のリスクマネジメントであることを理解する必要があるだろう[5]。

　学校内の物理的安全が確保されていくとどういうことが生じるであろうか。学校外でも同様に安全とは限らないという事実が意識されなくなってしまうという問題が生じる。もちろん、だからといって学校内が危険なままでいいとい

261

表15-1　公立学校施設の耐震改修状況調査３年間の推移

	耐震化率			残棟数	第２次診断等実施率
	H26	H27	H28	H28	H28
小中学校	92.5%	95.6%	98.1%	2,228棟	99.1%
幼稚園	83.6%	86.7%	91.0%	405棟	92.5%
高等学校	90.0%	93.7%	96.4%	1,054棟	98.7%
特別支援学校	96.5%	98.1%	99.1%	50棟	99.7%
合計	91.9%	95.1%	97.6%	3,737棟	98.9%

＊非木造建物の数値。
出典：文部科学省「公立学校施設の耐震改修状況調査」(2016（平成28)年４月１日現在) ２頁。
http://www.mext.go.jp/component/b_menu/houdou/__icsFiles/afieldfile/2016/07/26/1374618_3.
pdf

うことではなく、学校内の安全がどのように守られているのかということを児童生徒が理解し、学校外ではそうではないからこそ行動に注意しなければならないという、安全教育への配慮が必要となる。

第３節　リスクマネジメントの諸側面

第１項　生徒指導におけるリスクマネジメント

　文部科学省は「児童生徒の問題行動等は、教育関係者のみならず、広く国民一般の憂慮するところであり、その解決を図ることは教育の緊急の課題となっていることに鑑み、児童生徒の問題行動等について、事態をより正確に把握し、これらの問題に対する指導の一層の充実を図るため、毎年度、暴力行為、いじめ、不登校、自殺等の状況等について調査を行っている」[6]と述べ、統計法に基づいてこれらの調査を行い、結果を公表し、各学校はそれぞれの児童生徒に向き合って、問題解決を図ろうと対処している。

　一方で「どの子にも起こりうること」[7]とされることによって、学校はこれらの問題を通常に起こることであって、危機と捉えないと見受けられる向きも

あるが、これは既に発現した危機、いわばクライシスマネジメントの対象と捉えるべき事態である。この危機認識が希薄であったため、学校で解決せず、教育委員会で解決せず、首長部局にまでクライシスマネジメントが拡大し、教育委員長と教育長の責任関係の外部から見た解りにくさなどを解消する地教行法改正が生じたような事態もある。

となれば、まさに問われるべきはリスクマネジメントであり、そのことを如実に表すのが、いじめ防止対策推進法（2013（平成25）年６月28日法律第71号）の制定である。同法第１条に「いじめの防止等（いじめの防止、いじめの早期発見及びいじめへの対処をいう。以下同じ。）のための対策」とあるように、まず、いじめに係るリスクマネジメントとしていじめの防止、ついで、重大化する前のリスクマネジメントかつ軽微な状態でのクライシスマネジメントを兼ねる早期発見、およびクライシスマネジメントとしてのいじめへの対処という構造になっている。

不登校や校内暴力などの問題や、児童虐待の防止等に関する法律（2000（平成12）年５月24日法律第82号）といった他の法律に定めのあることなど、いずれもこういった考えで臨む必要があるだろう。

また、いじめ防止対策推進法ではいじめ防止基本方針について、地方公共団体には制定の努力義務が課されている（第12条）のに対し、学校はそれより一段高く、文部科学大臣と同様、制定が義務付けられている（第11・13条）。いじめ防止のためには日々子どもに直接対応する学校・教職員の対応が重要であることの表れであり、「学校及び学校の教職員は、基本理念にのっとり、当該学校に在籍する児童等の保護者、地域住民、児童相談所その他の関係者との連携を図りつつ、学校全体で いじめの防止及び早期発見に取り組むとともに、当該学校に在籍する児童等がいじめを受けていると思われるときは、適切かつ迅速にこれに対処する責務を有する」（第８条）という定めを誠実に履行することが求められている。

第２項　教育活動におけるリスクマネジメント

学校保健におけるリスクマネジメントについてはすでに第２節第１項で記し

たところであるが、近年の特筆すべき事項として、学校給食におけるアレルギー
対応の問題がある。2012（平成24）年12月20日、学校給食において食物アレル
ギーによるアナフィラキシーショックの事故があった。アレルギー反応のなか
でも複数の臓器等に影響が出て生命の危機にも及ぶ状態であるアナフィラキ
シーショックは、多くの学校でも起こりかねない。表15-2に見るように、6年
間で食物アレルギーを持つ子どもの割合は、いずれの学校段階でも大きく増え
ている。アナフィラキシーショックを緩和する補助治療剤のアドレナリン自己
注射薬「エピペン」について、小学生の保持率は0.4％であるから250人に1人、
すなわち1学年1学級程度の学校であれば平均1人であるが、1学年2学級以
上の学校であれば複数名の児童が保持し、学校はその管理で区別する必要にも
迫られる。一方で、同調査では食物アレルギーの児童生徒4.5％のうち学校生
活管理指導表・診断書等を提出している割合は20.4％にとどまり、アレルギー
対応が正確に行われている保障もないことになる。給食指導は学級担任が行っ
ているのであるから、最低限、学級担任、養護教諭、栄養教諭（ないし管理栄

表15-2　公立小中高等学校におけるアレルギー等の状況

単位：人（％）

	食物アレルギー	アナフィラキシー	エピペン®保持者
小学校	210,461　（4.5％）	28,280　（0.6％）	16,718　（0.4％）
中学校・中等教育学校	114,404　（4.8％）	10,254　（0.4％）	5,092　（0.2％）
高等学校	67,519　（4.0％）	4,245　（0.3％）	1,112　（0.1％）
合計	453,962　（4.5％）	49,855　（0.5％）	27,312　（0.3％）

（参考値平成19年「アレルギー疾患に関する調査研究報告書」）

	食物アレルギー	アナフィラキシー
小学校	194,445　（2.8％）	10,718　（0.15％）
中学校・中等教育学校	88,100　（2.6％）	5,023　（0.15％）
高等学校	46,878　（1.9％）	2,582　（0.11％）
合計	329,423　（2.6％）	18,323　（0.14％）

出典：文部科学省「学校生活における健康管理に関する調査」（2013（平成25）年8月現在）
http://www.mext.go.jp/b_menu/houdou/25/12/1342460.htm

養士、調理員）の協働が必要であり、これに学年主任や教頭等管理職の全体把握によるリスクマネジメントが求められる。

近年の変化で言えば、気候の高温化に伴う熱中症の増加が、学校においても懸念されるため、注意喚起がされている。文部科学省「熱中症事故の防止等について（依頼）」では「学校の管理下における熱中症事故は、ほとんどが体育・スポーツ活動によるものですが、運動部活動以外の部活動や、屋内での授業中においても発生しており、また、暑くなり始めや急に暑くなる日等の体がまだ暑さに慣れていない時期、それほど高くない気温（25〜30℃）でも湿度等その他の条件により発生していることを踏まえ、教育課程内外を問わずこの時期から熱中症事故の防止のための適切な措置を講ずるようお願いします」[8]とあり、前年の同名文書（27ス学健第12号2015（平成27）年5月18日）においては、加えて「屋外での体育活動をはじめとする教育活動においては、指導者は、落雷の危険性を認識し、事前に天気予報を確認するとともに、天候の急変などの場合にはためらうことなく計画の変更・中止等の適切な措置を講ずること」という注意喚起もされている。

第3項　校内外の人的リスクマネジメント

天候に無頓着で、どんなに暑くても、むしろ暑いからこそ激しい練習によって強くなると思い込んだり、落雷や竜巻のおそれがあってもグラウンドでの活動を強行したりするような部活動指導は減っているとはいえ、そういったところでの体罰は多い[9]。2012（平成24）年度に全国の中学校で起きた体罰2,805件のうち1,073件、同じく高等学校全2,272件のうち948件が部活動の場面で起きており、それぞれ全体の38.3％、41.7％を占める。

いかに学校安全計画や学校保健計画を立て、安全指導や保健指導に注力しても、教職員の非違行為があってはリスクマネジメントは根本から揺らぐ。保護者や地域からの信頼を失うからである。

そもそも保護者や地域からの全幅の信頼を学校は持ち得ているだろうか。保護者や地域住民に対し関係づくりのリスクマネジメントがうまくいかず、クライシスに陥ってしまった学校は、苦情や要望等に苦労している。「保護者等へ

の対応として、マニュアルや手引き等を作成したり、専門家チームを設置することによって、組織的な対応を行い、教員の勤務負担軽減を図る取組を行っている教育委員会」(10) は多い。最近では、鳥取県教育委員会が2016（平成28）年7月にリーフレット「保護者及び地域住民と学校とのより良い関係づくりのために」を作成している(11)。これらの取り組みの中で共通的な内容について、鳥取県のリーフレット4頁から以下に抜粋する。

> 　学校の教育活動の成果は「子どもの姿」であり、そこには同じベクトルでの保護者や地域住民の支えが必須です。子どもが幸せで豊かな人生を送るために何が必要なのかということを軸にした話題や協議、さらに熟議が、保護者・地域住民・学校の三者において行われ、相互理解が深まっていくことが最も重要であると言えます。

　このことは、実はリスクマネジメント全体に通用する部分がある。

　一般に、校内でリスクに対応する組織として考えられるのは、既存組織で言えば、管理職、運営委員会、保健（安全）委員会、その他個別委員会（情報、生徒指導など）である。また、これからは新設の組織として、横断的・総合的な学校安全委員会を設けることも効果的であろう。

　しかし、組織には組織の限界がある。新たなリスクへの対応が遅れるということであるとか、自分の分掌以外のリスクへの意識が低いことである。そこで必要となるのが学校基本目標の徹底であり、そのことにより行動指針を明確化し、各教職員が判断基準を共有することができるため、様々なリスク、クライシスの場面で一致した行動がとれるのである。学校内の組織を越えたコミュニケーションがリスクマネジメントに効果的であり、それは保護者や地域住民についても同じことである。開かれた学校づくり、地域と共にある学校づくりは、リスクマネジメントと親和性の高い方向性と言えるのではないだろうか。

〈注〉
（1）文部科学省「『学校事故対応に関する指針』の公表について（通知）」（27文科初第

第15章　リスクマネジメント

1785号）　www.mext.go.jp/a_menu/kenko/anzen/1369565.htm

（2）文部科学省「学校安全の推進に関する計画について」http://www.mext.go.jp/a_menu/
kenko/anzen/1320286.htm

（3）独立行政法人日本スポーツ振興センター法第15条に「センターは、第三条の目的を
達成するため、次の業務を行う。〔中略〕七 学校の管理下における児童生徒等の災害（負
傷、疾病、障害又は死亡をいう。以下同じ。）につき、〔中略〕災害共済給付（医療費、
障害見舞金又は死亡見舞金の支給をいう。以下同じ。）を行うこと。〔後略〕」とあり、
同法施行令第5条（学校の管理下における災害の範囲）において、その「学校の管理下」
として「児童生徒等が通常の経路及び方法により通学する場合」（第2項第4号）を掲
げていることなどから明らかである。

（4）文部科学省「学校安全＜刊行物＞：学校安全参考資料「生きる力」をはぐくむ学校
での安全教育（平成22年3月文部科学省）」http://www.mext.go.jp/a_menu/kenko/
anzen/1289310.htm

（5）非構造部材については、文部科学省「学校施設の非構造部材の耐震化ガイドブック（改
訂版）」（2015（平成27）年3月）などを参照して対応。http://www.mext.go.jp/compo
nent/a_menu/education/detail/__icsFiles/afieldfile/2015/03/27/1292090_1.pdf

（6）文部科学省「児童生徒の問題行動等生徒指導上の諸問題に関する調査－調査の概要
－調査の沿革」http://www.mext.go.jp/b_menu/toukei/chousa01/shidou/gaiyou/chousa/
1267368.htm

（7）「不登校については、特定の子どもに特有の問題があることによって起こることでは
なく、どの子どもにも起こりうることとしてとらえ」（文部科学省「不登校への対応の
在り方について」http://www.mext.go.jp/a_menu/shotou/seitoshidou/04121502/021.
htm）、「いじめについては、『どの子どもにも、どの学校においても起こり得る』もの
であることを十分認識する」（文部科学省「学校におけるいじめ問題に関する基本的認
識と取組のポイント」http://www.go.jp/a_menu/shotou/seitoshidou/06102402/002.htm）
など。

（8）文部科学省「熱中症事故等の防止について（依頼）」（28初健食第9号2016（平成
28）年5月20日）http://www.mext.go.jp/a_menu/kenko/anzen/1307567.htm

（9）文部科学省「体罰の実態把握について（第2次報告）2013（平成25）年8月9日（金）」
http://www.mext.go.jp shotou/seitoshidou/__icsFiles/afieldfile/2013/08/09/
1338569_01_2_1.pdf

（10）文部科学省「保護者や地域等からの要望等に関する教育委員会における取組」http://
www.mext.go.jp/a_menu/shotou/uneishien/detail/1297348.htm

267

(11) 鳥取県教育委員会「保護者及び地域住民と学校とのより良い関係づくりのために」
　　　http://www.pref.tottori.lg.jp/258918.htm
【図表及び注に示されている URL については、すべて2016年8月7日確認】

〈推薦図書〉

青木栄一編『復旧・復興へ向かう地域と学校』東洋経済新報社、2015年。

天笠茂・牛渡淳・北神正行・小松郁夫編著『東日本大震災と学校──その時どうしたか 次
　　にどう備えるか──』学事出版、2013年。

小笠原正・諏訪信夫編『体育・部活のリスクマネジメント』信山社、2014年。

小野田正利『普通の教師が"普通に"生きる学校──モンスター・ペアレント論を超えて
　　──』時事通信社、2013年。

田中正博・佐藤晴雄『教育のリスクマネジメント』時事通信社、2013年。

索引

【ア行】

アカウンタビリティ(説明責任)… 12, 113, 225
アクティブ・ラーニング ……………… 76, 170
アクレディテーション …………………… 80
旭川学テ事件 ………………………………… 167
新しい学力観 ………………………………… 73
新しい時代における教養教育の在り方
　について ……………………………… 225, 230
新しい時代の義務教育を創造する ……… 227
新しい時代の教育や地方創生の実現に向
　けた学校と地域の連携・協働の在り
　方と今後の推進方策について ……… 137
アナフィラキシーショック ……………… 264
新たな職 ……………………………………… 146
新たな人事評価制度 ………………… 244, 245
アレルギー対応 …………………………… 264
安全・安心な学校づくり交付金 ………… 52
安全教育 …………………………… 256-257
閾値 …………………………………………… 161
生きる力 ……………………………… 73, 168
意思決定 …………………… 145, 153-155
いじめ防止基本方針 ……………………… 263
いじめ防止対策推進法 …………… 159, 263
1条校 ……………………………… 42, 155
一律支援配分 ………………………………… 11
一般行政からの独立 ………………… 25, 44
因果関係 …………………………… 121, 130
運営管理 …………………………… 23, 139

運営組織 ……………………………… 144-145
運営費交付金 ………………………………… 11
エビデンス(科学的根拠)… 117, 119, 127-130
　——・センター …………………………… 121
　——・リテラシー ……………………… 129
　——に基づく PDCA ………………… 128
　——に基づく教育 ……………………… 122
　——による政策と実践のための情報
　　連携（EPPI）センター ……………… 126
　——のレベル …………………………… 130
エピペン …………………………………… 264
援助 …………………………………… 20, 25
公の性質 ……………… 40, 110, 112, 138-139

【カ行】

改正教育令 ………………………………… 105
介入 …………………………………… 121, 126
学際的研究 …………………………………… 14
学習指導要領 ………………… 31, 165-172
学習指導要領の「基準性」……………… 167
学習する学校 ……………………………… 129
学習組織 …………………………………… 143
学制 …………………………………… 104-105
学年・学級制 ……………………………… 143
学問の自由 …………………………… 36, 145
学級担任制 ………………………………… 143
学校安全計画 ………………… 257-258, 260
学校運営協議会制度 ………… 12, 81, 149, 209

269

学校改善 …………………………… 220-221
学校関係者評価 …………………… 231-232
学校管理 ………………………… 21-23, 98
学校管理規則 ………… 45, 96, 140, 166
学校管理権限 ……………………………… 139
学校給食 ………………………………… 264
学校教育法 ……………………………… 32, 42
学校教育法施行規則 ………… 32-34, 165
学校教育法施行令 ………………………… 32
学校教育目標 …………………………… 142, 174
学校経営 ……………… 8-9, 21-23, 60, 144
　　　　──コンサルティング研究会 ……… 223
　　　　──参加 ………………………………… 14
　　　　──診断 ……………………………… 221
　　　　──組織 …………………………… 144-146
　　　　──の自律性 ……………………… 149
　　　　──評価 ……………………………… 219
学校支援地域本部 ……………… 82, 212-213
学校支援ボランティア ………………… 213
学校施設開放 …………………………… 207
学校設置者 …………………………… 138-139
学校選択制 ………………………………… 12
学校徴収金 ……………………………… 61-62
学校と地域の連携 …………… 137, 206, 213
学校の自律性 …………………… 149, 150
学校の自主性・自律性 ……………… 207
学校の組織特性 …………………… 153, 178
学校のバージョンアップ ……………… 248
学校評価 ……………… 82, 177, 219, 221-223
　　　　──・人事評価 …………………… 14
　　　　──ガイドライン ……………… 177
　　　　──ガイドライン〔改訂〕 ……… 229
　　　　──制度 ………… 149, 225, 230-231

　　　　──の目的 ……………………… 221
学校評議員制度 ………… 12, 143, 207-208
学校フレーム予算 ……………………… 64
学校法人 …………………… 40, 103, 110
学校保健 ………………………………… 255
　　　　──安全法 …………………… 255
　　　　──計画 ………………… 255, 265
学校予算 ……………………………… 62-64
家庭教育 ………………… 36, 47, 205
ガバナンス ……………………… 12, 27
カリキュラム・マネジメント …… 76, 100, 173
監督 ………………………… 20, 25, 114
監督権限 …………………………………… 9
官僚制 ……………………… 142, 156
企画提案型競争的資金配分 ……………… 11
機関別認証評価 …………………………… 11
危機管理 ………………………………… 251
技術的な助言 …………………………… 88
希少資源化 ………………………………… 11
規制改革の推進に関する第1次答申 …… 226
規制緩和 ………………………… 11, 13
規則 ……………………………………… 31
機能概念 ……………………… 9-10, 13
義務教育 ……………………… 35, 39
　　　　──国庫負担金 ……………… 51
　　　　──諸学校教用図書検定基準 …… 171
　　　　──諸学校等施設費国庫負担金 …… 51
　　　　──費国庫負担制度 …………… 58
教育CIO ……………………………… 195
教育アクション・フォーラム ……………… 13
教育委員会会議 ………………………… 93
教育委員会規則 …………… 31, 44-45, 96, 166
教育委員会事務局 …………………… 93-96

索引

教育委員会制度 …………………… 44, 89
教育改革国民会議 ………………… 81
教育改善推進地域（Education Action Zone：
　EAZ） …………………………… 13
教育学習ツールキット（道具箱）……… 118
教育課程 ……………………… 165-172
　――経営 …………… 173, 177-178
　――の実施 ……………………… 176
　――の評価 ……………… 177, 220
　――の編成 …………… 166, 173, 175
　――評価 ………………………… 220
教育機関 ………………… 42, 139-140
教育基金財団（Education Endowment
　Foundation ; EEF） ………………… 121
教育基本法 ………… 33, 37-42, 168, 172
教育行政機能 …………………… 10, 13-14
教育局 ……………………………… 94
教育クラウド ……………………… 192
教育経営機能 ……………………… 10
教育公務員特例法 ………………… 34
教育財政 ……………………… 47-48
教育再生会議 …………………… 229
教育再生実行会議 ………………… 193
教育財政制度 ……………………… 48
教育刷新委員会 ………………… 109
教育資源 ………………… 60, 65-66
　――の希少化 …………………… 10
教育事務所 ………………………… 94
教育職員免許法 ………………… 34, 109
教育振興基本計画 …………… 23, 42, 72
教育組織 ………………… 142, 144
教育大綱 …………………………… 44
教育長 ………………… 44, 90, 93, 95

教育勅語 …………………………… 36
教育の機会均等 …………………… 24
教育の情報化 ………………… 181-182
教育費 ………… 49-50, 53-57, 60
　――の財源内訳 ……………… 49, 50
　――の性質別内訳 …………… 54-55
　――の目的別内訳 …………… 54-55
教育法制 ………… 29, 33, 38, 45
教育用コンピュータ整備計画 ……… 184, 186
教育令 ……………………………… 105
教育を受ける権利 …………… 34-35, 138
教育を変える 17 の提案 ………… 225
教員人事評価制度 …………… 245-247
教科書 …………………………… 170-172
　――検定制度 …………………… 170
　――の採択 ……………………… 171
　――の使用義務 ………………… 170
教科担任制 ……………………… 142-143
教授・学習関係 ………………… 143
教授組織 ………………………… 143-144
行政責任 ………………………… 253
業績・成果による評価 ………………… 10
競争原理 ………………………… 113-114
教頭 ……………………………… 146-147
協働 ……………………………… 213
近代経営学 ………………………… 7
勤務評定制度 …………………… 243-244
偶発性 …………………………… 156
クライシスマネジメント ……… 252
倉敷宣言 ………………………… 128
経営機能 …………………………… 10
経営協議会 ………………………… 11
経営資源の調達 …………………… 9

271

経済財政運営と構造改革に関する基本方針
　　………………………………………… 230
経済財政諮問会議 …………………… 128, 212
建学の精神 …………………………… 110, 114
研究ポートフォリオ ……………………… 132
権限移譲（エンパワメント）の拡大 ……… 12
研修 …………………………………………… 40
　　――組織 ……………………………… 144
県費負担教職員制度 ………………… 54, 92-93
権力的作用 ………………………………… 9, 19
効果的・効率的配分 ………………………… 9
公教育費 …………………………………… 60-62
公共財 ……………………………… 47, 56-57
公共性 …………………………………… 108-111
校長 …………………… 22, 63, 96-99, 145, 146
高等学校教科用図書検定基準 …………… 171
行動経済学 ………………………………… 123
高度情報通信ネットワーク社会形成基本法
　　………………………………………… 183-184
校務 ………………………………………… 146
　　――分掌 ………………………………… 98
公務員制度改革大綱 ……………………… 244
公立学校施設災害復旧費国庫負担金 ……… 51
公立義務教育諸学校の学級編制及び教職
　　員定数の標準に関する法律 …………… 58
効率性 …………………………………… 26, 65
顧客主義 …………………………………… 10, 225
個業 ………………………………………… 143
告示 …………………………………………… 31
国立教育政策研究所 ……………………… 127
国立大学法人評価 ………………………… 11
国立大学法人法 …………………………… 11
コスト ……………………………………… 126

国庫支出金 ………………………………… 49-50
国庫負担金 …………………………………… 50
国庫補助金 …………………………………… 52
子どもの貧困 ……………………………… 39, 58
コホート研究 …………………………… 128, 130
コミュニティ・スクール ………… 12, 209-211
これからの学校教育を担う教員の資質能
　　力の向上について～学び合い、高め
　　合う教員育成コミュニティの構築に
　　向けて～ ……………………………… 137
混合財 ………………………………………… 57
今後の地方教育行政の在り方について
　　…………………………………………… 23, 224
法令遵守（コンプライアンス）………… 159

【サ行】

裁量権の拡大 …………………………… 10, 63
参加 …………………………………… 205-206, 213
参画 ……………………………… 12, 82, 208, 213
三権分立 …………………………………… 17
三位一体改革 …………………………… 55-56
私学志向 …………………………………… 104
私学助成 …………………… 36, 107-108, 111-113
私学の自主性 …………………… 36, 108, 110
指揮 ………………………………………… 20
私教育費 …………………………………… 60-62
資源制約 ……………………………………… 8
自己責任 ……………………………………… 8
事後の危機管理 ………………………… 252-253
自己評価 ………………………… 177, 226, 232
資質・能力 ………………………………… 169
私塾 ………………………………………… 104

自主性 ·················· 25, 108-109, 145, 173,
　　207-208, 224, 229
自主的・自律的学校づくり ············ 12
市場原理 ·························· 12, 113
市場メカニズム ······················ 10
システマティック・レビュー ·········· 126
事前の危機管理 ················ 251-252
執行機関 ························· 89-91
質的研究 ························· 122
実物投影機 ······················ 190
指定 ···························· 210
指定管理者制度 ···················· 12
指導・助言 ············ 21, 88-89, 166, 239
　　──行政 ························ 25
指導教諭 ····················· 146, 148
指導主事 ·················· 94-96, 166
指導助言機能 ···················· 148
事務組織 ························ 144
社会総がかりで教育再生を・第三次報告
　　······························ 229
社会に開かれた教育課程 ·············· 76
就学援助 ······················ 47, 58, 83
宗教的中立性 ······················ 41
集権的分散システム ················· 56
主幹教諭 ······················ 146-148
授業時数 ················ 165, 168, 174
主体概念 ···················· 9-10, 13
主任 ···················· 99, 148, 162
準公共財 ························· 57
奨学金 ················ 47, 58, 60, 74
小学校設置基準及び中学校設置基準 ····· 226
情報公開 ···················· 26, 156
省令 ···························· 31

条例 ···························· 31
所轄庁 ························· 103, 111
職員会議 ························ 145
助言 ····················· 20-21, 25
私立学校審議会 ···················· 110
私立学校振興助成法 ················· 112
私立学校法 ················ 109, 111-112
私立学校令 ······················ 106
私立大学審議会 ···················· 110
自律的教育組織体 ··················· 11
新公共経営 ······················ 224
　　──論 ························ 225
人的管理 ····················· 23, 139
スーパーシンセシス ················· 125
ステイクホルダー ··················· 12
スポンサーアカデミー制度 ············· 13
政策評価 ····················· 24, 26
政治的中立性 ·················· 26, 41
政令 ···························· 30
セーフティプロモーション ········· 127, 257
是正の要求 ······················ 88
設置者管理主義 ············· 22, 43, 138
設置者負担主義 ················ 43, 138
設置認可 ························· 8
説明責任 ·············· 12, 113, 127, 225
全国学力・学習状況調査 ··········· 127-128
戦術的な意思決定 ············ 153-154, 160
戦略的な意思決定 ·················· 155
総額裁量予算制度 ··················· 64
総合教育会議 ··············· 44, 91-92
属人主義 ························ 162
組織 ························· 140-143
組織マネジメント ················ 81-82

273

【タ行】

第一次米国使節団報告書 …………………… 109
大学令 ………………………………………… 108
第三者評価 ………… 11, 177, 231-232, 235-236
耐震化 ………………………………………… 261
第2期教育振興基本計画 ……………… 186,213
大日本帝国憲法 ……………………………… 34
体罰 …………………………………… 160, 265
タブレット ………………… 181, 188, 190
「試し、知り、変える」…………………… 123
多領域併合概念 ……………………………… 9, 14
地域学校協働活動 ………………………… 214
地域学校協働本部 ………………………… 214
地域コーディネーター …………………… 213
地域住民 ……………………… 12, 81-82, 206
地域とともにある学校 …………………… 213
地域の教育力 ……………………………… 212
チームとしての学校の在り方と今後の改善
　　方策について ………………… 137, 149-150
地方教育行政の組織及び運営に関する法律
　　…………………………… 34, 87, 243, 245
地方交付税交付金 ………………………… 53
地方公務員法 ………………… 33, 243, 245
地方自治 ………………………………… 24-25
地方の歳出 ……………………………… 54
地方の歳入 …………………………… 48-49
地方分権 ………………………………… 56
中央教育審議会 …………………………… 169
中央集権 ………………………………… 48
仲介機関 ………………………………… 121
中学校・高等学校学校評価の基準と手引
　　（試案）…………………………… 222
中期計画 ………………………………… 11

中期目標 ……………………………………… 11
中立性 …………………………… 25-26, 41
懲戒 ……………………………………… 43, 92
テザリング ………………………………… 200
デジタル教科書 ………………… 192, 194
電子黒板 ……………………………… 190-191
伝習館高校事件 ………………………… 167
当事者 …………………………… 156, 206
特別支援教育就学奨励費負担金 ………… 51
特別の教科である道徳 ………… 165-166, 168
トラスト（マルチアカデミートラスト）… 13

【ナ行】

内閣府行動洞察チーム …………………… 123
二元的行政 …………………………………… 111
日本国憲法 ……………………… 30, 33-34
　　——第26条第1項 …………………… 138
日本私学振興財団法 ……………………… 112
熱中症 ……………………………………… 265
脳科学 ……………………………………… 131
能力評価 ………………………………… 244-246

【ハ行】

発生時の危機管理 ………………………… 251
反転授業 …………………………………… 189
非言語 …………………………………… 157-158
非権力的作用 …………………………… 9, 19-20
非公務員型 ………………………………… 11
ビッグデータ ……………………… 131-132
ピューピル・プレミアム ………………… 118
評議員会 …………………………………… 110
標準授業時数 …………………… 165, 169
標準職務遂行能力 ………………………… 244

索引

開かれた学校 ················· 81, 206-207
　　──づくり ··············· 12, 81, 207
貧困アクションラボ ················· 124
副校長 ····························· 146-147
物的管理 ···························· 23, 139
不当な支配 ····························· 42
ブレア労働党政権 ···················· 122
プログラミング教育 ·················· 193
分権化 ···························· 11, 13
分権的分散システム ··················· 56
文書主義 ····························· 156
法的対等性 ···························· 25
法律 ······························· 29-30
　　──主義 ························ 24, 42
　　──に定める学校 ·············· 138-139
保護者 ····················· 12, 81, 205-207
　　──対応 ····················· 154, 205
保守党・自由民主党連立政権 ··········· 123

【マ行】

マネジメント・サイクル ················ 21
マネジメント（能）力 ············· 10, 214
ミレニアム・プロジェクト ········· 183-184
民間委託 ···························· 12, 14
民間資金の導入 ························· 7
命令 ····················· 20, 25, 29, 30, 45
メタアナリシス ···················· 125, 130
メタ認知 ····························· 120
目的概念 ························ 9-10, 13
目的管理手法 ························· 246
目標による管理 ······················ 244
目標の連鎖 ···························· 248
問題行動 ····························· 262

【ヤ行】

緩やかに連結されたシステム（loosely coupled system）················· 142
予算配賦 ······························· 8

【ラ行】

ランダム化比較試験（Randomised Controlled Trial; RCT）··············· 123, 134
リーダーシップ ················ 155, 161-163
理事会 ······························ 110
リスクマネジメント ················· 251-252
量的研究 ····························· 122
臨時教育審議会 ··············· 73, 182, 206
レイマンコントロール ·················· 90
労働集約的組織特性 ···················· 8

【アルファベット】

BYOD ······························· 189
G7倉敷教育大臣会合 ·················· 128
ICT ························· 181, 192-193
IoT ································· 193
NPM（New Public Manage-ment：新公共管理）
····························· 10-11, 225
PDCAサイクル ·············· 21, 173, 252
PFI（Private Finance Initiative：民間資金による社会資本整備）················ 12-13
PTA ································· 205
SNS ································· 201
STB ································· 200

【数字】

21世紀教育再生プラン ················ 226

275

21世紀出生児縦断調査（平成13年出生児）
··· 128

【人名】

バーナード（Barnard, C. I.）················· 141

キャメロン（David Cameron）·············· 123

ピーター・F・ドラッカー（Peter Ferdinand Drucker）································ 154

ベン・ゴールドエイカー（Ben Goldacre）
··· 123

デイヴィッド・ハルパーン（David Halpern）
··· 123

D.H. ハーグリーブズ（D.H. Hargreaves）··· 122

ジョン・ハッティ（John Hattie）··········· 125

スティーヴ・ヒギンズ（Steve Higgins）·· 118

マジョリー・F・ヴァーガス（Majorier F. Vargas）···································· 157

ヴェーバー（Weber, M.）····················· 142

ワイク（Weick, K. E.）······················· 142

伊藤和衛·· 223

大浦猛·· 219-220

木岡一明··· 220

幸田三郎··· 220

高野桂一··· 219

中澤渉··· 57

中留武昭··· 220

堀内孜·· 220

牧昌見·· 219

吉本二郎·························· 144, 219, 223

276

編著者・執筆者一覧

教職教養講座　第14巻　教育経営
編著者・執筆者一覧

[編著者]

高見茂（たかみ　しげる）……………………………………第1章
　　京都大学白眉センター特任教授。京都大学大学院教育学研究科博士課程単
　　位取得満期退学後、奈良大学教養部助教授、京都大学教育学部助教授・教
　　育学研究科助教授・教授、京都大学大学院教育学研究科長・教育学部長を
　　経て、現職。主要著作:『よくわかる教育学原論』（共著、ミネルヴァ書房、
　　2012年）、『教育法規スタートアップ ver.3.0　教育行政・政策入門』（共編、
　　昭和堂、2016年）。『教育行政提要（平成版)』（共編著、協同出版、2016年）

服部憲児（はっとり　けんじ）…………………………………第2章
　　京都大学大学院教育学研究科准教授。京都大学博士（教育学）。京都大学
　　大学院教育学研究科退学後、広島大学大学教育センター助手、宮崎大学教
　　育文化学部助教授、大阪教育大学教育学部准教授、大阪大学大学教育実践
　　センター准教授・全学教育推進機構准教授を経て、現職。主要著作:『フ
　　ランスＣＮＥによる大学評価の研究』（単著、大阪大学出版会、2012年）、
　　『学生と楽しむ大学教育』（共著、ナカニシヤ出版、2013年）『教育行政提
　　要（平成版)』（共編著、協同出版、2016年）

[執筆者]

山下晃一（やました　こういち）………………………………第3章
　　神戸大学大学院人間発達環境学研究科准教授

竺沙知章（ちくさ　ともあき）…………………………第4章第1節
　　京都教育大学大学院連合教職実践研究科教授

江上直樹（えがみ　なおき）……………………………第4章第2節
　　京都大学学際融合教育研究推進センター特任講師
　　福知山公立大学地域経営学部助教

中岡司（なかおか　つかさ）……………………………………第5章
　　文化庁次長

米原泰裕（よねはら　やすひろ）…………………………………第6章
　　内閣官房日本再生総合事務局参事官補佐
　　（前文部科学省大臣官房政策課評価室室長補佐）

小松茂久（こまつ　しげひさ）……………………………………第7章
　　早稲田大学教育・総合科学学術院教授

惣脇宏（そうわき　ひろし）………………………………………第8章
　　京都大学学際融合教育研究推進センター特任教授

南部初世（なんぶ　はつよ）………………………………………第9章
　　名古屋大学大学院教育発達科学研究科教授

榊原禎宏（さかきばら　よしひろ）………………………………第10章
　　京都教育大学大学院教育学研究科教授

西川和孝（にしかわ　かずたか）……………………………第11章第1節
　　内閣事務官（内閣官房副長官補付）
　　（前文部科学省初等中等教育局教育課程課専門官）

浅田昇平（あさだ　しょうへい）……………………………第11章第2節
　　四天王寺大学教育学部准教授

開沼太郎（かいぬま　たろう）……………………………………第12章
　　大阪大谷大学教育学部教授

宮村裕子（みやむら　ゆうこ）……………………………………第13章
　　畿央大学教育学部准教授

植田みどり（うえだ　みどり）………………………………第14章第1節
　　国立教育政策研究所総括研究官

大野裕己（おおの　やすき）………………………………第14章第2節
　　滋賀大学大学院教育学研究科教授

雲尾周（くもお　しゅう）…………………………………………第15章
　　新潟大学大学院教育学研究科准教授

278

編著者・執筆者一覧

[索引制作協力者]

西川潤（にしかわ　じゅん）
　　京都大学大学院教育学研究科博士後期課程

菅谷尚平（すがや　しょうへい）
　　京都大学大学院教育学研究科修士課程

難波崇文（なんば　たかふみ）
　　京都大学大学院教育学研究科修士課程

白井皓大（しらい　こうた）
　　京都大学大学院教育学研究科修士課程

吉原南海（よしはら　みなみ）
　　京都大学大学院教育学研究科修士課程

喜村奈都子（きむら　なつこ）
　　京都大学大学院教育学研究科修士課程

教職教養講座　第14巻

教育経営

平成29年10月24日　第1刷発行

監修者　高見　茂

　　　　田中耕治

　　　　矢野智司

　　　　稲垣恭子

編著者　高見　茂 ⓒ

　　　　服部憲児 ⓒ

発行者　小貫輝雄

発行所　協同出版株式会社

　　　　〒101-0054　東京都千代田区神田錦町2-5

　　　　　　　　　　電話 03-3295-1341

　　　　　　　　　　振替 00190-4-94061

乱丁・落丁はお取り替えします。定価はカバーに表示してあります。

ISBN978-4-319-00336-5

教職教養講座

高見 茂・田中 耕治・矢野 智司・稲垣 恭子　監修

全15巻　A5版

第1巻　**教職教育論**
京都大学特任教授　高見 茂／京都大学名誉教授　田中 耕治／京都大学教授　矢野 智司　編著

第2巻　**教育思想・教育史**
京都大学教授　鈴木 晶子／京都大学教授　駒込 武／東京大学教授・前京都大学准教授　山名 淳　編著

第3巻　**臨床教育学**
京都大学教授　矢野 智司／京都大学教授　西平 直　編著

第4巻　**教育課程**
京都大学教授　西岡 加名恵　編著

第5巻　**教育方法と授業の計画**
京都大学名誉教授　田中 耕治　編著

第6巻　**道徳教育**
京都大学名誉教授　田中 耕治　編著

第7巻　**特別活動と生活指導**
京都大学教授　西岡 加名恵　編著

第8巻　**教育心理学**
京都大学教授　楠見 孝　編著

第9巻　**発達と学習**
京都大学名誉教授　子安 増生／京都大学教授　明和 政子　編著

第10巻　**生徒指導・進路指導**
放送大学大学院教授・前京都大学准教授　大山 泰宏　編著

第11巻　**教育相談と学校臨床**
京都大学教授　桑原 知子　編著

第12巻　**社会と教育**
京都大学教授　稲垣 恭子／京都大学教授　岩井 八郎／京都大学教授　佐藤 卓己　編著

第13巻　**教育制度**
京都大学特任教授　高見 茂／京都大学教授　杉本 均／京都大学教授　南部 広孝　編著

第14巻　**教育経営**
京都大学特任教授　高見 茂／京都大学准教授　服部 憲児　編著

第15巻　**教育実習 教職実践演習 フィールドワーク**
京都大学准教授　石井 英真／新潟大学教授・京都大学特任教授　渡邊 洋子　編著

協同出版